大学生创新创业基础
——理论与实践

DAXUESHENG
CHUANGXIN CHUANGYE JICHU
——LILUN YU SHIJIAN

邢　岗　任艳玲　孙中原◎主编

重庆大学出版社

内容提要

本书是一本为大学生提供创业实践指导的实用性教材,旨在培养学生的创新创业意识、创新创业精神、创新创业思维、创新创业能力等多方面综合素质。全书基于大学生创新创业的特点,注重理论与实践紧密结合,以创业过程为主线,系统科学地编排创业相关内容,辅以创新创业案例、课堂互动与训练、延伸阅读等模块,帮助学生拓宽思路、扩展知识面,为提升创新创业能力提供理论和实践指导。

全书内容包括:创新创业认知、创新思维和方法、创业机会评估、创业团队建设、商业模式设计、产品和服务、市场分析、营销策略、企业创建、初创企业管理、创业风险管理、创业计划书,共 12 章。本书可作为高等院校创新创业教育的通用教材,同时也可作为创业培训及自学的参考教材,还适合作为有创业兴趣读者的参考资料。

图书在版编目(CIP)数据

大学生创新创业基础:理论与实践 / 邢岗,任艳玲,
孙中原主编. -- 重庆:重庆大学出版社,2024.7.
-- ISBN 978-7-5689-4606-3

Ⅰ. G647.38

中国国家版本馆 CIP 数据核字第 2024SZ4094 号

大学生创新创业基础——理论与实践

主编 邢 岗 任艳玲 孙中原
策划编辑:龙沛瑶

责任编辑:夏 宇　　版式设计:龙沛瑶
责任校对:邹 忌　　责任印制:张 策

*

重庆大学出版社出版发行
出版人:陈晓阳
社址:重庆市沙坪坝区大学城西路 21 号
邮编:401331
电话:(023) 88617190　88617185(中小学)
传真:(023) 88617186　88617166
网址:http://www.cqup.com.cn
邮箱:fxk@ cqup. com. cn(营销中心)
全国新华书店经销
重庆市远大印务有限公司印刷

*

开本:787mm×1092mm　1/16　印张:17　字数:406 千
2024 年 7 月第 1 版　　2024 年 7 月第 1 次印刷
ISBN 978-7-5689-4606-3　定价:45.00 元

前言

世界已进入知识经济时代,国与国之间综合实力的竞争主要是科学技术及创新创业型人才的竞争,只有创新型国家才能在国际竞争中取得有利的位置。大学生是最具创新创业潜力的群体,习近平总书记指出:"要把创新创业教育贯穿人才培养全过程,以创造之教育培养创造之人才,以创造之人才造就创新之国家。"

随着我国高等教育改革的不断深入,创新创业教育的内涵建设也得到了进一步的发展,并获得了充分重视与关注。《国务院办公厅关于深化高等学校创新创业教育改革的实施意见》(国办发〔2015〕36 号)明确指出,深化高校创新创业教育改革是推进高等教育综合改革的重要举措,树立先进的创新创业教育理念,努力造就大众创业、万众创新的生力军。《国务院关于推动创新创业高质量发展打造"双创"升级版的意见》(国发〔2018〕32 号)指出,推进"大众创业、万众创新"是深入实施创新驱动发展战略的重要支撑,是深入推进供给侧结构性改革的重要途径。继续强化大学生创新创业教育,在全国高校推广创业导师制,把创新创业教育和实践课程纳入高校公共基础课系列,支持高校、职业院校深化产教融合。《国务院办公厅关于进一步支持大学生创新创业的指导意见》(国办发〔2021〕35 号)明确了纵深推进大众创业、万众创新是深入实施创新驱动发展战略的重要支撑,大学生是大众创业、万众创新的生力军,支持大学生创新创业具有重要意义。

教材是创新创业教育的基础。鉴于此,我们结合大学生应用实际,编写了这样一部教材,以"人才培养质量显著提升,学生的创新精神、创业意识和创新创业能力明显增强,投身创业实践的学生显著增加"为目标,主要介绍创新创业认知、创新思维和方法、创业机会评估、创业团队建设、商业模式设计、产品和服务、市场分析、营销策略、企业创建、初创企业管理、创业风险管理、创业计划书等方面的内容。希望本书对提升大学生创新创业能力、实践能力和素质拓展有所助益。

本书力图体现以下三个特色:(1)知识结构系统化。充分考虑大学生创新创业特点,关注创新思维,以创业过程为主线,系统科学地编排创业相关内容,使学生初步具备从零开始产生创业想法,到能撰写商业计划书,并具备进行路演的能力。(2)实践形式丰富多样。本书注重理论与实践相结合,在介绍创业相关理论知识的基础上,设计多种实践形式,如案例导入、课堂互动、实践游戏、案例故事、延伸阅读等增强学生的实践能力,开阔学生的视野,使创业学习生动有趣。(3)附录真实的创业案例,该案例累计为全国 300 余所高校 600 余万名师生提供信息化服务,得到了使用的高校学生管理部门的广泛认可。

本书由邢岗、任艳玲、孙中原主编,参加编写的人员有王洁芳、杨柳青、吴学龙、王帅勋、武嘉政、雷秀军、王为石等。全书共 12 章,其中,第 1、7、8、10 章由西安邮电大学邢岗整体负责,具体分工为邢岗编写第 1、7、8 章,西安邮电大学硕士研究生吴学龙编写第 10 章,西安邮电大学本科生武嘉政负责收集资料;第 3、4、5 章由西安邮电大学任艳玲整体负责,具体分工为任艳玲编写第 3、4 章,西安邮电大学硕士研究生王帅勋编写第 5 章,西安邮电大学本科生雷秀军负责收集资料;第 2、6、9、11 章由西安邮电大学孙中原整体负责,具体分工为孙中原编写第 2、6、11 章,西安邮电大学硕士研究生杨柳青编写第 9 章,西安邮电大学本科生王为石负责收集资料;第 12 章由西安美术学院讲师王洁芳编写。

本书在编写过程中参阅了大量的文献资料,限于篇幅,恕不一一列举,特此说明并对文献资料作者致以最诚挚的谢意!引用与理解不当之处,敬请谅解!另外,深圳市因纳特科技有限公司和西安见微网络科技有限公司为本书编写提供了实践素材,在此表示感谢。

由于水平有限,书中难免有疏漏与不足之处,恳请广大读者批评指正。

编　者

2023 年 12 月

目 录

第1章
创新创业认知

知识提要

(1)创新的概念、类型和基本特征;

(2)创业时代及创业的概念、类型、核心要素、动机和过程;

(3)创业者的含义以及大学生创业者的基本素质;

(4)创新创业对大学生的意义。

学习目标

(1)了解创业的类型;

(2)理解创新与创业的概念;

(3)理解创新与创业之间的关系;

(4)掌握蒂蒙斯创业的核心要素。

名人名言

创新是指把一种新的生产要素和生产条件的"新结合"引入生产体系。

——熊彼特

案例导入

"我在校园"微信小程序校园生活服务平台

西安邮电大学创业团队开发的微信小程序"我在校园"智慧学生全周期安全管理平台,针对高校学工管理多头、场景多样、突发事件多、业务集成难、数据收集效率低等问题,从一体化管理与服务师生的视角出发,以网格化管理为基石,以场景化应用为主体,以移动化功能为手段,以数据融合为目标,为高校学工过程管理、日常精准管理、安全校园管理提供了一套高效便捷的解决方案。目前,平台为西安邮电大学、长安大学、西北大学、陕西师范大学、昆明理工大学、广东外语外贸大学等28个省市及自治区300余所高校的600余万名师生用户提供信息化服务,得到了使用高校学生管理部门的广泛认可。

"我在校园"智慧学生全周期安全管理平台内化学校管理层级,构建本研一体化的学生动态管理快速反馈机制,实现在同一平台上同时对本科及研究生的管理,根据学生类型自动实现本研管理流程及数据分流、校级环节本研管理流程及数据的统一。按照"应用为王、服务至上、简洁高效、安全运行"的原则不断深入学校管理需求,做细学生动态管理。"我在校园"先后获得了"互联网+"大赛、挑战杯及电子商务三创大赛等多项国家级及省级奖项,受到了教育部、陕西省教育厅、央视新闻频道、人民网、中国教育报等相关机构媒体的报道。

思考:

1. "我在校园"创业项目的类型是什么?
2. "我在校园"创业项目产生的社会效益是什么?

1.1 创新认知

1.1.1 创新的概念

创新,顾名思义,就是创造新的事物。《广雅》曰:"创,始也。"新,与旧相对。"创新"一词出现很早,如《魏书》中有"革弊创新",《周书》中有"创新改旧"。与"创新"含义相近的词有"维新""鼎新"等,如"咸与维新""革故鼎新""除旧布新""苟日新,日日新,又日新"。

在西方,英语"innovation"(创新)一词起源于拉丁语。它包含三层含义:一是更新,即对原有的东西进行替换;二是创造新的东西,即创造出原来没有的东西;三是改变,即对原有的东西进行发展和改造。

经济学家熊彼特在《经济发展概论》一书中首次提出创新理论(Innovation Theory)。熊彼特认为,所谓创新就是把一种从来没有的关于生产要素和生产条件的"新组合"引进生产体系中,以实现对生产要素或生产条件的"新组合"。创新包括五种基本形式:引入一种新产品或某产品的一种新的特性,引入一种新的生产方式,开辟新市场,获得原材料或半成品的一种新的供应来源,建立任何一种新的组织形式。创新者将资源以不同的方式进行组合,创造出新的价值。这种新组合往往是不连续的,也就是说,现行组织可能产生创新,然而,大部分创新产生在现行组织之外。

1.1.2 创新的类型

麦肯锡全球研究院采用"原型"分析模式,通过对中国国内30多个行业企业的创新活动研究,提出了创新的四大基本类型:效率驱动型创新、客户中心型创新、工程技术型创新和科学研究型创新。

1)效率驱动型创新

效率驱动型创新是指通过改进流程来降低成本、缩短生产时间、提高产品质量,即通过对现有生产流程的梳理、完善和改进,在质量、成本、速度、服务等效率评价指标上取得新的突破。效率驱动型创新来源于生产知识和规模,对资本和劳动密集型行业尤为重要。

2)客户中心型创新

客户中心型创新是指通过产品、服务或业务模式上的进步来解决消费者的问题。此类创新主要源于消费者洞察,找出消费者未被满足的需求,针对性地开发新的产品与业务模式,然后依据市场反馈不断进行修改和更新。

3)工程技术型创新

工程技术型创新是指整合、吸收供应商和合作伙伴的技术,设计开发新产品。该创新源于企业自身的知识储备,以及供应商和技术合作伙伴,是科研与实践技艺的结合,通常需要专利保护。

4)科学研究型创新

科学研究型创新是指企业与学术研究人员合作,通过研究成果的商业转化,获取商业价值。生物、医药、电子等均为高度依赖科学研究创新的行业,此外,科技含量比较高的行业,如互联网企业,也应把科学研究创新视为企业创新能力的关键因素。

课堂互动 1

以下是四家企业的创新实例,请指出它们各属于哪种创新类型。

1. 2017 年阿里巴巴宣布成立全球研究院——阿里巴巴达摩院,3 年内计划投资 1 000 亿元。该院致力于探索科技未知,由全球建设的自主研究中心、与高校和研究机构建立的联合实验室和全球开放研究项目三个部分组成,主要进行基础科学和颠覆式技术创新研究。创新类型:_____。

2. 美图公司推出的美图美妆 App,主打"轻松拍照科技测肤,量身定制美肤方案"的用户诉求,搭载了美图 AI 测肤技术 MTskin,用户可通过一张素颜自拍的照片,得到皮肤的详细测量报告,帮助用户全面了解皮肤状况,并给出针对性的护肤建议,推荐合适的护肤产品,让用户"变美"。创新类型:_____。

3. 2017 年 11 月 18 日,在新一代信息技术产业展上展出的顺丰物流无人机(图 1-1)。创新类型:_____。

图 1-1 顺丰物流无人机展出现场

4.酷特通过大数据、云计算等现代信息技术,对个性化服装生产的流程进行智能化创新改造,将传统服装定制的生产周期由原来的20～50个工作日缩短至7个工作日,达到单个生产单元年生产150万套(件)定制服装的产量。创新类型:＿＿＿＿＿＿＿＿＿＿。

1.1.3　创新的基本特征

1)创新的起点在于问题

爱因斯坦说过:"提出一个问题往往比解决一个问题更重要,因为解决一个问题也许仅是一个数学上或实验上的技能而已,而提出新的问题、新的可能性,从新的角度去看旧的问题,都需要有创新性的想象力,而且标志着科学的真正进步。"

案例故事 1

美国各大新闻媒体竞相报道了这样一件事:一位名不见经传的学生,利用他的智慧和执着精神,创造性地解决了旧金山市政当局悬赏1 000万美元久而未决的旧金山大桥堵车问题。据报道,该青年的成功主要得益于掌握科学的研究方法和解决实际问题的能力。经过细心观察和缜密调查,他发现了久而未决的旧金山大桥堵车问题不但具有上下班高峰时段的时间性特征,而且还具有上班时段进城方向发生堵车和下班时段出城方向发生堵车的方向性特征,从而找到了同时发生时间性和方向性特征堵车问题的根本原因,即"市郊农民上下班的车流太大"。他创造性地采用可改变"活动车道中间隔栏"的方法,巧妙地改变上班时段"活动车道中间隔栏",使进城方向四个车道变为六个车道,出城方向四个车道变为两个车道,下班则相反,把问题轻而易举地以最小的代价圆满地解决。这充分说明,在人的能力中最可贵的是发现问题和提出问题的能力。

2)创新的关键在于突破

要创新就要突破常规节律,突破固有习惯,突破条条框框,突破已有经验,突破过去的思维定式。创新就是对传统的背叛。

案例故事 2

从前有一个富人,住在自己豪华的别墅里,过着奢华的生活,但他并不快乐,于是他去拜访一位智者,以解答心中的疑惑。智者听了富人的疑问,没有直接回答,而是指着窗户问富人:"你从这儿看到了什么?"富人透过窗户看了看,说他看到了房子、道路、行人等。而后智者又给了他一面镜子,问富人看到了什么。富人说他看到了自己。智者说:"镜子只是比玻璃多了一层银,但是就因为多了这一层银,你只看到了自己,而失掉了整个世界。"富人一下子明白了。朋友,你又明白了多少呢?我们每一个人都不能把自己局限在自设的圈子里,要敞开心扉,这样你才会得到更多的东西,才会感到真正的快乐!

3)创新的本质在于新颖

创新的意义在于"出新",新是创新的本质,是创新的价值所在。所有创新都必须在创新思维的作用下,用新的思路、新的方法去解决问题,从而获得新的理论、新的技术、新的设计、新的方案、新的产品。

4）创新的基础在于继承

牛顿曾说："如果说我比别人看得更远些，那是因为我站在巨人的肩膀上。"这就很好地说明了新与旧的关系，无旧便无新。新是在旧的基础上发展变化而来的。因此，继承是一切创新的基础，只有在继承的基础上创新才是科学的。

5）创新的目的在于发展

创新的目的性很明确，就是要看是不是有利于自然界的发展、有利于社会的发展、有利于人的发展。

1.2　创业认知

1.2.1　创业时代

1）迈入数字经济发展的新时代

随着数字技术的发展，在数字经济的赋能下，线下线上的深度融合创造了更高效的新业态。在此背景下，创业将面临更多的机遇和挑战。数字经济是以使用数字化的知识和信息为关键生产要素、以现代信息网络为重要载体、以信息通信技术的有效使用为效率提升和经济结构优化的重要推动力的一系列经济活动。

2）数字经济促进创业创新蓬勃发展

（1）数字化催生新产业、新业态、新模式涌现

在数字化时代，数字知识和信息转化为关键生产要素，通过信息技术创新、管理创新和商业模式创新融合，不断催生新产业、新业态和新模式。数字经济的发展以及互联网创新科技成果的涌现开始催生出一批全新的产业形态，如移动支付、共享经济、人工智能等。

（2）数字化与传统行业深度融合

在数字化时代，传统行业迎来数字化驱动的转型升级热潮，不断催生出智能化生产、网络化协同、个性化定制、服务化延伸等新型模式。

（3）数字技术降低了创业门槛

首先，数字技术的应用，使成本较低廉的信息资源成为新的创业要素，减少了中间环节和沟通成本；其次，数字创业基于线上线下相结合的创业网络资源整合和团队组建，突破了传统实体模式，大大降低了沟通成本和资源获取成本限制；最后，数字技术能够把市场信号更快、更匹配地传递到创业者，并加快创业者和需求方之间的信息交换，通过线上的方式实现供需精准匹配。

（4）数字技术促进产品和服务更新

在数字经济发展的新时代，以数字技术为基础的创新创业在多个领域并行，商业领域的新模式和新业态持续涌现，产业组织形态和实体经济形态不断重塑。

案例故事 3

青岛红领集团将互联网技术、数字技术与传统制造业结合,实现了个性化定制服装的数字化大工业 3D 打印模式。这种数字化大工业 3D 打印模式可以低成本、高效率地改造传统企业。整个红领集团就是一台数字化大工业 3D 打印机,全程数据驱动。所有信息、指令、语言、流程等最终都转换成计算机语言。一组客户量体数据完成所有的定制、服务全过程,无须人工转换、纸质传递,数据完全打通、实时共享传输,真正实现了在线工作而不是在岗工作,每位员工都在互联网云端上获取数据,与市场和用户实时对话,零距离服务。数字化大工业 3D 打印模式具备超强的满足个性化定制需求能力,大大提升了效率质量,增强了市场的竞争力。

1.2.2 创业的概念

"创业"一词由"创"和"业"组成,所谓"创"就是创造,即创建、创立、创新之意,《辞海》的解释是"创立基业"。

从"创业"在汉语使用中表达的意思分析,一般强调三层含义:一是强调创业开端的艰辛和困难;二是突出创业过程的开拓和创新意义;三是侧重在前人的基础上有新的成就和贡献。国内外对"创业"的表述具有代表性的有以下几点:

①李志能等认为,创业是一个发现和捕捉机会并由此创造出新颖的产品或服务和实现其潜在价值的过程。

②刘常勇认为,创业是一种无中生有的过程,是创业者依自己的想法及努力工作来开创一个新企业,包括新公司的创立,以及提供新产品或新服务,以实现创业者的理想。

③宋克勤认为,创业是创业者通过发现和识别商业机会,组织各种资源提供产品和服务,以创造价值的过程。创业包括创业者、商业机会和资源等要素。

④史蒂文森认为,创业是探寻机会,能够整合不同的资源,然后开发和使用机会,实现创造价值的过程。

⑤德鲁克认为,创业不是个人性格特征,而是一种行为,是经过合理组织的系统性工作,创造出新价值的活动。

综合以上学者的观点,本书认为"创业是一个发现和捕捉机会并由此创造出新颖的产品或服务和实现其潜在价值的过程"。该定义重点在于强调"实现其潜在价值",其内涵包括以下四个方面:

①创业包括一个创造过程。创业意味着创造某种新事物,这种新事物必须是有价值的。

②创业需要付出时间和努力。创业是一项创造新事物和新价值的过程,这就要求创业者能够付出必要的时间和努力。

③承担风险。创业的意义在于创新和创造,通俗地说就是要"走他人没有走过的路"。只有这样才能称得上具有独创性。既然是做他人没有尝试过的事情,就必然存在风险。这种风险可能来自多个方面,如技术、资金、管理、政策及其他环境因素。

④回报。风险与回报可以说是一对孪生兄弟。这种回报可以是金钱,也可以是理想的实现,还可以是荣誉感、成就感、得到认可和尊重等。

1.2.3 创业的类型

一般而言,创业类型的选择与创业动机、创业者风险承受能力密切相关,而创业活动涉及各行各业,创业者的创业动机又千差万别,因此创业活动的类型也呈现出多样化的趋势。

1)基于创业动机的分类

根据创业动机的不同,创业可分为生存型创业、机会型创业和变现型创业。

(1)生存型创业

生存型创业是指创业者受生活所迫,出于没有其他更好的选择,不得不参与创业活动来解决其面临的困难。

(2)机会型创业

机会型创业是指创业者基于实现自我价值的强烈愿望,在发现或创造新的市场机会下进行的创业活动。比尔·盖茨就是一个典型的机会型创业者。他舍弃在哈佛大学法学院的学业毅然决定创业,是因为他在商业实践中发现了软件产业存在的巨大商机。

生存型创业与机会型创业不是创业者的主观选择结果,而是由创业者面临的环境和能力决定的。相对于生存型创业,机会型创业能带来更多的就业、更好的创新、更新的市场和更大的成长潜力。

(3)变现型创业

变现型创业是指创业者利用以往工作中积攒的资源(包括人脉、信息、资金等)进行的创业活动。

2)基于创业主体的分类

根据创业活动主体的不同,创业可划分为个体创业和公司创业。

个体创业主要是指不依附于某一特定组织而开展的创业活动。公司创业主要是指已有组织发起的组织创新活动,这些创新活动是由组织中工作的个体或团队推动的。从创业的本质来看,个体创业与公司创业有许多共同点,但是由于创业主体在资源禀赋、组织形态和战略目标等方面的不同,在创业风险承担、成果收获、创业环境、创业成长等方面均存在较大差距。

3)基于创业绩效的分类

根据创业者的创业绩效对创业进行分类是一种常见的分类形式,这种分类方法有助于创业者关注创业活动绩效,提升创业活动质量,有助于创业活动取得成功。克里斯琴依照创业对市场和个人的影响程度,把创业分为以下四种类型:

(1)复制型创业

复制型创业是复制原有公司的经营模式,创新的成分很低。例如,某人原本在一家美容院担任美容师,后来离职,创立了一家与原美容院类似的新美容院。虽然新创企业中属于复制型创业的比例很高,但由于这种类型创业的创新贡献太低,缺乏创业精神的内涵,这种类型的创业基本上只能称为"如何开办新公司",不是创业管理研究的主要对象。

（2）模仿型创业

模仿型创业虽然很少给顾客带来新创造的价值,创新的成分也很低,但对创业者自身命运的改变还是很大的。它与复制型创业的不同之处在于,创业过程对于创业者而言,具有很大的冒险成分。这类创业者如果具有企业家的基本特质,经过系统的创业管理培训,一旦把握了市场时机,获得成功的概率将大大提高。

（3）安定型创业

安定型创业虽然为市场创造了新的价值,但对于创业者而言,本身并没有太大的改变,做的也是比较熟悉的工作。这种创业类型强调的是创业精神的实现,也就是创新的活动,而不是新组织的创造,企业内部创业即属于这一类型。如组织内的研发小组在开发完成一项新产品后,继续在该企业部门开发另一项新产品。这种创业形式强调的是个人创业精神的最大限度实现,而不是对原有组织结构进行设计和调整。

（4）冒险型创业

冒险型创业除了对创业者本身带来极大改变,个人前途的不确定性也很高。对于新创企业的产品创新活动而言,也将面临很高的失败风险。冒险型创业是一种难度很高的创业类型,有较高的失败率,但成功所得的报酬也很惊人。这种类型的创业想要获得成功,必须在创业者能力、创业时机、创业精神发挥、创业策略研究拟定、经营模式设计、创业过程管理等各方面都要有很好的配合。

课堂互动 2

大学生创业通常属于哪种类型?

1.2.4　创业的核心要素

课堂互动 3

创业需要什么

蒂蒙斯在《新企业创立:21世纪的创业学》一书中提出了一个关于创业理论的基本框架,即著名的蒂蒙斯创业三要素模型。该模型高度提炼了创业过程中的三个关键要素:机会、资源和团队,这三个关键要素相互影响。

该模型认为,创业是一个高度动态的过程,其中,机会、资源和团队是创业过程中最重要的驱动因素。商业机会是创业过程的核心要素,创业的核心是发现和开发机会,并利用机会实施创业,因此,识别与评估市场机会是创业过程的起点,也是创业过程中具有关键意义的阶段。资源是创业过程的必要支持,为了合理利用和控制资源,创业者往往要设计模式最巧妙、用资最少的战略,这种战略对新创企业极为重要。团队是新创企业的关键组织要素。

蒂蒙斯认为,外在环境等因素对创业活动的影响使创业过程充满了风险,创业过程的三种驱动力量可能会导致比重失衡,因此需要创业者对其不断进行调整。创业过程的三要素构成了一个倒三角形,而创业者位于该三角形的最下方,他们要利用卓越的创造能力、领导能力和沟通能力来调整机会、资源和团队三要素之间的比重,使其相互匹配,从而实现创业活动的平衡(图1-2)。

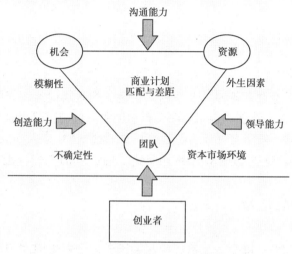

图 1-2　蒂蒙斯创业三要素模型图

1)创业团队

创业团队是创业活动的中心。创业是一种高强度的活动,创业者要进行市场分析、项目评估、资金筹集、风险管理等多项工作,需要的是一个有着共同追求且能力互补的团队。因此,高度匹配的团队是创业的关键要素。

2)创业机会

创业机会是创业活动的前提,绝大多数创业活动源自创业机会的发掘,理智的创业者会选择在掌握高价值创业项目的基础之上开始组建团队并整合资源。随着数字化技术的发展,创业机会呈现碎片化和创业机会识别的动态性特征。

3)创业资源

创业资源是创业活动的基础,创业资源是初创企业在创造价值的过程中需要的特定资产,包括有形资产和无形资产,是企业创立和运营的必要条件。创业资源对创业的重要意义,不仅仅局限于单纯的量的积累,还应当看到创业过程是一个各类创业资源重新整合,获取竞争优势的过程。因此,在创业过程中不仅要广泛地获取创业资源,更要懂得如何使用这些资源。

案例故事 4

线上男士定制平台 MatchU(码尚)在一年内完成三轮融资,累计融资超过 6 000 万元。码尚成立于 2016 年 1 月,从男士衬衫品类切入,为男士定制个性化服装。在定制行业仍是大规模依赖 O2O 模式的当下,AI 在线量体的出发点只有一个:极致方便的用户体验。码尚自主研发了 Vega system,它基于亚、欧、美 4 000 万人体净尺寸的大数据,AI 持续学习人体特征与尺码间的计算方法,实现了 3 分钟非接触式远程在线量体:用户只需要在手机端输入 6

项身体特征(身高、体重、胸型、肩型、腹型、背部),AI Vega 即可计算出高精度的人体净尺寸,准确率超过98%。人体尺码数据嫁接码尚自主研发的 WOMS 系统,通过 AI 技术自动生成成衣尺寸和每个人专属的版型,订单通过 ERP 直达工厂,单件单裁7个工作日内配送到用户手中。

1.2.5　创业动机

1)创业动机的概念

创业动机是创业者愿意冒各种风险去创立新企业的激励因素。其中,最普遍的是独立性,即不愿意为别人工作。性别和国家是两个影响创业动机的重要因素。对于男性而言,金钱通常是第二激励因素。对于女性而言,满意度、成就感、抓住个人的发展机遇和金钱均是创业的部分激励因素。这些创业动机部分反映了创业者的工作境遇、家庭境遇、社会角色等。

2)大学生创业动机的类型

（1）生存的需要

经济因素通常是创业动机中一个重要的影响因素。一些家庭在国家助学贷款、奖学金制度下也无法承担学费,为了顺利完成学业,部分学生利用课余时间进行兼职活动,在这一过程中发现商机且把握商机,开始走向创业的道路。另外,部分学生为了培养自己的独立性,加入了学校的创业项目,也从中产生了一定数量的创业先行者。

（2）积累的需要

部分学生在自己生存需要已经满足的前提下,为了增加自己的实践经验,丰富自己的阅历,或为了自己今后的发展或实现自己某个目标做好经济上的准备,在条件成熟的情况下也会利用课余时间走上创业的道路。这个类型的创业者往往以锻炼为目的。

（3）自我实现的需要

对于大学生群体而言,这个年龄段的青年正处于创造力的觉醒期,对创新充满了渴望和憧憬。他们的思维、创新意识较强烈,受约束较少。与此同时,大学生所处的环境,使他们更容易接触一些新的发明和学术上的新成果,其中部分人本身也具有自主知识产权的科研成果。

（4）就业的需要

当前我国就业形势严峻,一方面表现为需求不足,另一方面大学毕业生工资较低。为了符合自己的就业期待,部分大学生选择了创业。

课堂互动4

创业动机调查

1.调查内容:假如你想创业,那么是出于什么原因?（多选）（　　　）

A.实现个人理想　　　　B.想变得更有钱　　　　C.发现好的创业机会

D.想自己当老板　　　　E.解决失业困境　　　　F.亲友的鼓励和支持

G.其他

2.调查结果:将调查的数据以图表的形式展示。

1.2.6 创业的过程

创业活动一般可划分为产生创业动机、识别创业机会、整合创业资源、新企业的创建和成长、收获创业回报五个阶段。

1）产生创业动机

创业活动的主体是创业者,创业活动首先取决于个人是否想要成为创业者。一个人是否成为创业者,直接受个人特质、创业机会和机会成本三个因素的影响。

2）识别创业机会

识别创业机会是创业过程的起点,国家产业政策的调整、人口及家庭结构的变化、人们对物质和精神需要的变化、新技术的应用、社会的时尚变化等都可能形成创业机会。识别创业机会后还需对创业机会进行评价,进而做出创业决策,这就需要创业者将知识、技能、经验和其他资源进行整合。

3）整合创业资源

整合创业资源是创业过程中最为关键的阶段之一。整合创业资源要围绕人、财、物展开。首先,必须集聚资源,即确定资源需求及其潜在的供应者;其次,企业必须参与获取必要资源的交易过程;最后,整合选中的资源,推动创意转换成可销售的产品或服务。

4）新企业的创建和成长

企业的创建需要做大量的准备工作,其中创业计划、创业融资和注册登记是必需的环节,而且是最关键的环节。另外,由于内外部环境的变化,企业的战略必然会进行相应的调整,所以需要相应的组织机构来支持和保障。财务稳健是创新企业实现安全和可持续发展的前提,而适度的负债与结构的优化是财务稳健的关键问题,这就需要建立健全财务监控体系,特别是要抓好现金流量管理,确保财务结构的动态优化。

5）收获创业回报

追求回报是创业活动的主要目的。回报可能是多种多样的,对回报的满意程度在很大程度上取决于创业者的创业动机。

延伸阅读

创业的七大必备条件

有关专家总结出创业的七大必备条件,具体如下:

1. 充分的资源(resources)

包括人力和财力,创业者要具备充足的经验、学历、流动资金、时间、精神和毅力。

2. 可行的概念(ideas)

生意概念不怕旧,最重要的是可行,有长久性,可以继续开发、扩展。

3. 适当的基本技能(skills)

不是行业中的一般技能,而是通常性的企业管理技能。

4. 有关行业的知识(knowledge)

创业者不能只沉迷于自己的理想。

5. 才智(intelligence)

创业者不一定要有高智商,但要能够善于把握时机,做出明智的决定。

6. 网络和关系(network)

创业者需要有人帮助和支持,不断扩大朋友圈和搞好人际关系会带来不少方便。

7. 确定的目标(goal)

有了确定的目标,可使创业者有奋斗的方向,少走弯路。

将七大条件的英文首字母连在一起,恰好是"risking"(冒险)一词,这也反映出创业的风险。

1.2.7 创新与创业的关系

创新是以新思维、新发明和新描述为特征的一种概念化过程。创业是人类社会生活中最能体现人的主体性的社会实践活动。

虽然创新与创业是两个不同的概念,但是,这两个概念之间存在着本质上的契合,内涵上相互包容,实践过程中互动发展。

1)创新是创业的基础,而创业推动创新

总体上,一方面,科学技术、思想观念的创新促进人们物质生产和生活方式的变革,引发新的生产、生活方式,进而为整个社会不断地提供新的消费需求,这是创业活动源源不断的根本原因;另一方面,创业在本质上是人们的一种创新性实践活动。无论是何种性质、何种类型的创业活动,它们都有一个共同的特征,那就是创业是主体的一种能动性、开创性的实践活动,是一种高度的自主行为。在创业实践过程中,主体的主观能动性将会得到充分的发挥,正是这种主观能动性充分体现了创业的创新性特征。

2)创新是创业的本质和源泉

熊彼特曾提出,创业包括创新和未曾尝试过的技术。创业者只有在创业的过程中具有持续不断的创新思维和创新意识,才可能产生新的富有创意的想法和方案,才可能不断寻求新的模式、新的思路,最终成功创业。

3)创新的价值在于创业

从一定程度上来说,创新的价值就在于将潜在的知识、技术和市场机会转变为现实生产力,实现社会财富的增长,造福于人类社会,而实现这种转化的根本途径就是创业。创业者可能不是创新者或是发明家,但必须具有能发现潜在商机的能力和勇于冒险的精神。创新者也并不一定是创业者或是企业家,但创新的成果是经由创业者推向市场的,使潜在的价值市场化,创新成果才能转化为现实生产力。这也从侧面体现了创新与创业的相互关联性。

课堂互动 5

1. 背景资料

出生在贵州,在成都和南京上大学,第一份工作在上海当码农,随后前往北京当记者,最后决定自己创业……他就是知乎的创始人周源。他用十年时间将知乎打造成全球最大的中文知识社区,并于 2021 年 3 月 26 日在美国上市,市值超 347 亿元,周源个人财富超过24 亿元。

时间回到 1999 年,当时的周源是东南大学计算机系的一名学生。入学初期,周源在图书馆看了一本比尔·盖茨的《未来之路》,这是他的创业冲动之源。

大二时,周源读到一篇文章,说的是一名叫周奕的程序员,编写了一个音乐软件,一个月可以赚几万美元,这让他意识到,写代码和设计产品是自己发展的方向。在校期间,周源就有了创业的尝试,他和几个编程高手一起组建了一个计算机服务部,卖出了 14 台电脑,小获成功。

2004 年,硕士毕业生周源"随大流"去了上海,在一家加拿大公司的研发中心做起了程序员,参与搭建数据库。奋斗了 8 个月后产品发布,但一个用户也没有。不知道做出来的产品可以给谁用,也不清楚能提供什么样的价值,这对于踌躇满志的周源来说是一个非常沉痛的打击,于是一年后他辞掉了这份工作。当时,有一本《IT 经理世界》在业界很有名,周源早在成都读大学时就经常购买,于是他决定"跨界",应聘成为这家杂志社的一名记者。

在从记者真正转型到创业者的过程中,周源首先要面对的还是逆境。周源组建团队开发了一套可以同时启动几千个浏览器模拟人类行为的"机器人农场",但由于没有深入了解用户的需求场景,导致首战告负。第二次尝试是打造一套自动竞价系统,既能帮用户节省人工费用,也可以提高广告竞价的效率。但很遗憾,系统上线后,周源发现自己又一次找错了痛点,用户对省钱没那么在乎。

这两次失败都不是技术上的问题,周源的失误是没有切入要害,对市场需求过于想当然。如果市场方向和目标客群定位不清晰,那再好的技术也难有商业价值。

于是,周源开始思考如何帮助用户赚钱。

时间来到了 2009 年。彼时,一些聪明的企业已经开始利用搜索引擎引流,然后有针对性地改进产品和营销手段,由此很多中小企业都萌生了创造关键词的需求。针对这一变化,周源及其团队推出了 Meta 搜索,那是一款可以帮助用户了解网站关键词排名的数据分析工具。这一次,有用户开始接受,团队也看到了希望。但不幸的是公司的资金已所剩无几,所以需要快速推出商业版本,建立收费机制。然而,几个月后周源还是失败了。

周源的首次创业只持续了不到 3 年便宣告失败。但是第一次创业并非一无所获,最大的收获是当时组建的那支团队,一支充满战斗力的"部队"。休整了几个月,周源重新出发。

2010 年夏天,周源去创新工场找做记者时结识的张亮和黄继新交流,这次交流给了周源很大的启发和思考,虽然创业两年有了一些积累,但还感觉缺少创业的知识和经验。而这一次的交流也让他开始重新思考。结合他们之前创办 Apple4us 的经历,周源很早就在想,有没有一个更低成本、更高效的方法,让大家可以在交流的同时学习到好的东西?如何更大规模地产生高质量信息?这时国外一款叫 Quora 的新产品走进了周源的视线。这款由 Facebook 前雇员开发的 SNS 问答社区让他开始思考全新的内容创造及传播机制,思考人与人、人与信息之间的关注关系。"我发现有一个网站非常打动我,就是 Quora。因为这个网站除了关注人以外,还能关注到知识和思考,能产生和沉淀好的内容。但 Quora 不支持中文,甚至连中文输入都不可以,这是驱使我去做的直接原因。"

在周源刚过完 30 岁生日的第二天,知乎从 2010 年 12 月 19 日开始运转,用户内测 40 多天。经历了几十天的蛰伏后,知乎上已经有了 200 多位用户。首批绿洲建造者中就有像李开复、王兴、王小川、徐小平和马化腾这些富有创新精神的企业家和风险投资家。

如今,知乎全网用户已达到 3.7 亿,积累了超过 2.6 亿个问答,用户数持续增长的同时,"小众精英知识分享社区"的标签越来越模糊,知乎正在变成"大众化知识内容平台"。

2. 互动任务

分析周源创业的特点及创业成功的主要原因。

3. 互动步骤

(1)个人阅读。教师先介绍案例,然后对学生进行分组。

(2)小组讨论。围绕互动任务进行讨论,要求每个小组将讨论要点或者关键词记录下来,便于课堂互动。具体要点如下:

小组名称或编号:＿＿＿＿＿＿＿＿＿＿＿＿＿＿

组长:＿＿＿＿＿＿＿＿＿＿＿＿＿＿＿＿＿＿

小组成员:＿＿＿＿＿＿＿＿＿＿＿＿＿＿＿＿

记录人:＿＿＿＿＿＿＿＿＿＿＿＿＿＿＿＿＿

①小组讨论记录:

发言人 1:＿＿＿＿＿＿＿＿＿＿＿＿＿＿＿＿

发言人 2:＿＿＿＿＿＿＿＿＿＿＿＿＿＿＿＿

发言人 3:＿＿＿＿＿＿＿＿＿＿＿＿＿＿＿＿

②小组共识要点:＿＿＿＿＿＿＿＿＿＿＿＿＿

(3)师生互动。各组派代表对讨论结果进行陈述,教师与学生进行互动,并回顾本章的关键知识点,同时激发学生进一步思考。

1.3　创业者

1.3.1　创业者的含义

创业者是创业活动的主体,是具有创业意向和能力的早期创业家。在市场经济条件下,创业者一般都是自然形成的,其中作为核心的个人或团队往往起着决定性作用。优秀的创业者具有高度的能动性,能够在不断变化的环境中主动适应局势的变动,充分利用创业环境和资源,实现成功创业。

"创业者"一词由法国经济学家坎迪龙于 1775 年首次引入经济学。1800 年,法国经济学家萨伊首次给出了创业者的定义,他将创业者描述为将经济资源从生产率较低区域转移到生产率较高区域的人,并认为创业者是经济活动过程中的代理人。经济学家奈特赋予了创业者不确定性决策者的角色,认为创业者要承担由于创业的不确定性所带来的风险。熊彼特则认为创业者应为创新者。后来创业者概念中又加了一条,即具有发现和引入新的、更好的、能赚钱的产品、服务和过程的能力。总之,创业者的内涵随着经济的发展而不断扩大。目前,在理论界和企业界用得较多的创业者的概念是把创业者看成组织、管理一个生意或企业并承担风险的人。

1.3.2 大学生创业者的基本素质

1)要有明确的目标并执着追求

大学生想要创业成功,首先需要明确自己创业的目标,然后根据自己制订的目标来培养综合能力,从而更好地实现目标。同时在确立目标之后执着地追求,不懈地努力。

2)创业要有激情,同时也要有风险意识

由于大学生刚刚从学校毕业,市场经验与管理能力相对较缺乏,因此在创业之初,大学生需要放低身份去学习,正确认识自己的能力。同时,当自身经验不足时,大学生应尽量避免盲目创业。此外,大学生往往对市场缺乏正确的认识且缺少应对挫折的能力,在出现问题时容易使身心受创。因此在创业前期,大学生应不断磨炼自己、虚心求教、放低身份,在创业过程中不断总结经验,使自己成为一个具备专业技能与良好心理素质的创业者。

3)正确认识自己,扬长避短

大学生在创业初期需要适当进行一些模仿,从而使自己掌握必要的知识与技能。那些成功创业的人,他们身上确实有一些可以模仿的地方,但这种模仿并不是长期的,它只适用于创业初期,是在本身创业意识淡薄的前提下的一种过渡方式。因此,当大学生在创业过程中积累了一定的经验后,应该尝试走出前辈的影子,发挥自己的特色。在创业中期或后期,大学生只有发挥自己的特色,才可以更长远、可持续地进行创业活动。

4)要有魄力与爱心

创业的过程往往是风险与机遇并存。大学生要善于发现新生事物,并且要对这些新生事物具有强烈的求知欲望,同时,大学生要敢于冒险,不怕失败,就算是在没有十足把握的前提下也要大胆去尝试,勇于探索。当然,这种冒险并不是源于自身的冲动,而是根据市场条件进行一定的推断,从而确定是否可行。爱心也是大学生必备的素质之一。只有拥有关爱他人的善良之心,大学生才能找到适合自己的团队与合作者,才能在未来的创业路上走得

更远。

5）要具有自信和创新精神

对于大学生来说，信心是创业的动力，大学生只有具备了自信与创新精神，才可以成就辉煌的人生。大学生创业时要对自己的判断有信心，对未来有信心，并且要坚信自己是可以通过努力创业获得成功的。纵观当前竞争日益激烈的市场环境，创新精神逐渐成为创业成功的根本条件，同时，企业的改革与创新也成为保证整个企业拥有活力与竞争力的源泉。

1.4　创新创业对大学生的意义

由于当代大学生肩负着继承和发展民族大业的重要使命，大学生的创新创业关乎时代发展和社会走向。所以，创新创业对大学生的意义体现在以下三个方面。

1）解决就业难

创新创业不仅能够解决大学生就业难的问题，形成带动就业的倍增效应，缓解就业压力，而且能够将创新成果转化为社会和消费使用，带动经济转型，实现产业升级。

2）实现自我价值和社会价值

创新创业是大学生实现自我价值和社会价值的根本途径。大学生自身的知识水平使其具有一种内在的创新潜能。通过创业实践，大学生能够将自己的创新构想转化为社会现实，从而实现自己的创新和创业梦想。

3）培养创新精神和开拓进取精神

创新创业既培养了大学生的创新精神，也培养了大学生的开拓进取精神。创新就是要做前人从未做过的事情，而创业就是要以独立的、自我的精神做自己从未做过的事情。

能力训练

寻找身边的创新

创新就是通过改变资源的产出，产生新的产品和服务，为顾客提供价值。在你我身边有着不少例子，如创新的产品、生产工艺、组织管理方式、市场营销方式或商业模式。寻找身边的创新，说说你发现的创新。

范例

共享单车

共享单车是通过智能手机 App 租借的自行车。它的出现改变了人们的出行方式，使短距离出行更加方便快捷。其创新之处在于使用了前沿技术，如物联网、GPS 等，实现了车辆定位、在线支付和开关锁功能。共享单车解决了城市交通拥堵和停车难等问题，提高了出行效率，减少了环境污染。它的成功也激发了其他共享经济模式的发展，如共享汽车、共享办公室等。

能力自评

测量创新潜质

1. 目标

通过完成创新潜质测试了解自己的潜质。

2. 规则与程序

(1)学生做自测题

下面的每道问题,如果符合你的情况,请在括号里打"√",不符合的打"×"。

①你平时说话、写文章时总喜欢用比喻的方法。 ( )

②你在做事、观察事物和听别人说话时,能专心致志。 ( )

③你能全神贯注地做自己喜欢的事情。 ( )

④你并不认为权威或有成就者的某些观点一定正确。 ( )

⑤当你终于解决了一道难题或完成了一项任务时,总有种兴奋感。 ( )

⑥喜欢寻找各种事物存在的各种原因。 ( )

⑦观察事物时,向来都很认真,能够注意到细节方面。 ( )

⑧能够从别人的谈话中发现问题的所在。 ( )

⑨在进行带有创造性的活动时(如写作文、画画、做手工等)常常废寝忘食。 ( )

⑩能主动发现一些别人不在意的问题,并发现与问题有关的各种联系。 ( )

⑪平时都是在学习或琢磨问题中度过的。 ( )

⑫好奇心比较强。 ( )

⑬如果对某一问题有了新发现时,总是感到异常兴奋。 ( )

⑭通常情况下,对事物能预测其结果,并能通过自己的研究得出结果。 ( )

⑮平常遇到困难和挫折时,表现得都很顽强。 ( )

⑯经常思考事物是否有不同于原来的新答案和新结果。 ( )

⑰有较强的洞察力,能够一针见血地指出问题的关键。 ( )

⑱在解题或研究课题时,总喜欢在解题方法上求新、求异。 ( )

⑲遇到问题时能从多个角度、多个方面探索解决,而不是固定在一种思路上或局限在某一方面。 ( )

⑳脑子里总是能够涌现一些新的想法,即使在游玩时也常能产生新的设想。 ( )

(2)评估学生成绩

备注:打"√"得 1 分,打"×"得 0 分。得分 20 分,说明你的创新能力很强。得分 16～19 分,说明你具备了较强的创新能力。得分 10～15 分,说明你的创新能力一般,应加强培训。得分小于 10 分,说明你的创新能力较差,必须加强培训。

(3)老师点评,激发学生学习创新的欲望

案例分析

大疆的创业故事

痴迷天空、宿舍创业

1980 年,汪滔出生,从小痴迷于天空。小学时,他读了一本"红色直升机探险故事"的漫画书后,从此痴迷于天空。由于父母忙于工作,无人管教,故他把大部分时间都花在与航模有关的读物上面,成绩中等。

1996 年,16 岁,得到一架遥控直升机。那年,成绩一向不好的他考了次高分,父母奖励了他一架他梦寐以求的遥控直升机。但几个月后就被他搞坏了。

2003 年,23 岁,大三退学。都大三了,不甘平庸的汪滔还是从华东师范大学退了学,并向世界一流大学递上了申请,他的目标是斯坦福大学和麻省理工学院,但都被拒绝。最终只有香港科技大学发来了录取通知书,他读了那里的电子及计算机工程学系。

2005 年,25 岁,从毫无人生目标,到开始研究遥控直升机的飞行控制系统。大学的前三年,他一直没有找到自己的人生目标。大三准备毕业课题时,他说服老师同意他自己决定毕业课题的方向——研究遥控直升机的飞行控制系统。

2006 年,26 岁,从宿舍制造出飞机控制器原型后,搬到了深圳正式创业。为了做研究,汪滔可谓付出了一切,甚至不惜逃课,还熬夜到凌晨 5 点。最终,他在宿舍中制造出飞行控制器的原型。2006 年他和自己的两位同学来到中国制造业中心——深圳,正式开启了改变世界的创业之路。

不敢懈怠,一丝不苟

一个像乔布斯一样的工作狂。他每周工作 80 多个小时,办公桌旁边放着一张单人床。汪滔的办公室门上写着两行汉字——"只带脑子"和"不带情绪"。他恪守原则、言辞激烈,又相当理性。如今作为拥有 4 000 名员工的大疆掌门人,他丝毫没有懈怠,工作态度就像他2006 年在香港科技大学宿舍中创建大疆时一样,一丝不苟。

清晰定位,只做最好

大疆不像一家中国企业,他不像一个中国企业家。乔布斯在那段"遗失的访谈"里曾说:"你问我对产品的直觉从哪里来,这最终得由你的品味来决定。"

汪滔在创业之初确定了无人机的目标和定位,并影响了周围的合作者,虽然当初每个月只卖出几十个产品,但他也期望做成全世界最好的企业。

"我们不会设想去做世界二、三流的产品,靠便宜取胜——便宜,是自己没本事,拿不出好货来。我们已经不太习惯再去做一个达不到全世界最高要求的产品了,所有人都不习惯。"汪滔说。2015 年 4 月,他没有出现在大疆在纽约举行的"大疆精灵 3"发布会现场。原因是他认为"这款产品并不像他想象的那么完美"。

这话在中国企业家里不多见,它更像是一个极客的宣言。汪滔经常到国外,总听人说大疆的创新"不像一家中国公司"。他的心情是复杂的,中国经济已经发生了翻天覆地的变化,但国人从来没有因为"中国创造"昂首挺胸过,在国际上似乎成了"二等公民"。这对他的自尊心是一个极大的刺激。

重要人物加盟,大疆引领全球

2010年,重要人物谢嘉加盟大疆。谢嘉是汪滔的中学同学,加入后对大疆的发展起到了重要作用。谢嘉主要负责市场营销的工作,同时也是汪滔的重要助手。

2011年,大疆北美分公司成立。奎恩,美国人,当时经营着一家从事航拍业务的创业公司,后来帮助大疆在得克萨斯州成立了大疆北美分公司,旨在将无人机引入大众市场。当时,他为该公司提出了新的口号:"未来无所不能。"(The Future of Possible.)

2012年底,黎明前夜。大疆已经拥有了一款完整无人机所需要的一切元素:软件、螺旋桨、支架、平衡环及遥控器。

2013年1月,发布"大疆精灵"。这是第一款随时可以起飞的预装四旋翼飞行器:它在开箱一小时内就能飞行,而且第一次坠落不会造成解体。得益于其简洁和易用的特性,"大疆精灵"撬动了非专业无人机市场。

2014年,大疆售出了大约40万架无人机。

2015年,大疆创新净利润由2012年的800万美元增长至2.5亿美元。如今,大疆在全球消费级无人机市场的份额达到70%。

思维冷静,唯技术论

大疆在消费级无人机领域成功的秘诀就是不断的产品迭代与超高的性价比,用新品争夺高额利润空间,用老产品压价跟对手"贴身肉搏",压制对手的收益。在大疆清除消费级无人机市场的竞争对手的同时,还率先开发出针对农业系统的植保无人机MG-1,进军行业级的无人机领域。但是在消费级无人机市场战无不胜的大疆,终于在农业的植保无人机领域遭到了"极飞"的强烈抵抗,一度在竞争中处于劣势。2017年全年,极飞销售额达到3亿元,而大疆销售量超过极飞,但是极飞靠着专业的服务与更符合农户需求的设计暂时成为农业植保无人机领域公认的领导者。一方面继续快速迭代产品,另一方面自然是高举价格这个有力武器,极飞只要一发布新产品,大疆就降价,之前一款几万元的植保无人机,最近已经降到9 000多元,惨烈程度可见一斑。

大疆2017年全年营收175.7亿元,净利润43亿元,无人机业务占比超过85%。有专家预测,消费级无人机的市场还会继续快速增长,可能最终会有超过2 000亿元规模,但是汪滔没有被迷惑,他自己认为最近两年消费级无人机的市场可能会达到饱和,之后增长速度会放缓,到2020年市场规模也就1 000亿元左右。

汪滔对无人机的发展始终有自己清醒的判断,汪滔给公司起名叫大疆创新,而不是大疆飞控、大疆无人机之类的,其实就可以看出一点端倪。汪滔后期展现的动作,让人明白其实大疆关注的主体是科技,是创新,而不仅仅是无人机。

思考:

1.大疆科技创业的成功给我们带来什么启发?

2.大疆科技创业成功的原因是什么?

本章小结

创新就是要把一种从来没有的关于生产要素和生产条件的"新组合"引进生产体系中，以实现对生产要素或生产条件的"新组合"。创新包括效率驱动型创新、客户中心型创新、工程技术型创新和科学研究型创新四种基本类型。创新的基本特征包括：创新的起点在于问题，创新的关键在于突破，创新的本质在于新颖，创新的基础在于继承，创新的目的在于发展。

创业是一个发现和捕捉机会并由此创造出新颖的产品或服务，实现其潜在价值的过程。创业活动涉及各行各业，创业者的创业动机又千差万别，因此创业活动的类型呈现出多样化的特点。蒂蒙斯提出创业三要素模型，即机会、资源和团队，这三个关键要素相互影响。大学生创业的动机包括生存的需要、积累的需要、自我实现的需要及就业的需要。另外，创业活动一般可以划分为产生创业动机、识别创业机会、整合创业资源、新企业的创建与成长、收获创业回报五个阶段。

创业者是创业活动的主体，是具有创业意向和能力的早期创业家。大学生要成为创业者应具备以下素质：要有明确的目标并执着追求；创业要有激情，同时也要有风险意识；正确认识自己，扬长避短；要有魄力与爱心；要具有自信和创新精神。创新与创业对大学生的意义在于：解决就业难，实现大学生自我价值和社会价值，以及培养大学生创新精神和开拓进取精神。

第2章
创新思维和方法

知识提要

(1) 创新思维的内涵、要素和类型;

(2) 创新思维的产生方法和形成过程;

(3) 创新思维的培养原则和要点;

(4) 互联网创新思维的主要组成。

学习目标

(1) 理解创新思维的内涵,了解创新思维的要素和类型;

(2) 学习创新思维产生的方法,深入理解创新思维的形成过程;

(3) 了解创新思维的培养原则,学习创新思维的培养要点。

名人名言

想出新办法的人在他的办法没有成功以前,人家总说他是异想天开。

——马克·吐温

案例导入

京沈高铁望京隧道盾构施工

19世纪20年代,英国要修一条穿越泰晤士河的地下隧道。如果采用传统的支护开掘法,松软多水的岩层就很容易塌方。法国工程师布伦诺尔发明了盾构施工法。盾构施工法是先将一个空心钢柱打入岩层中,而后在这个盾构的保护下进行施工。采用了这样的方法后,顺利完成了对松软的岩层的施工。100多年来,盾构施工法得到了很大的发展,已经应用在各种岩层条件下。

我国望京隧道的成功施工就是在传统盾构施工法基础上的创新应用成果。望京隧道全长8千米,是京沈高铁全线唯一一处采用双洞单线盾构技术施工的隧道,同时也是国内首条高铁线路穿越市区采用大直径盾构工艺的隧道,通过自主创新,相当于三层楼高的"巨无霸"盾构机做出了施工最小沉降仅为0.68毫米(这个沉降控制标准为国内最高标准)的精细

"针线活",国内大直径盾构施工一系列新纪录由此诞生。

望京隧道的工程难点主要集中在大断面、长距离、富水地层施工中遇到的安全风险。隧道在地下穿越首都机场高速、机场快轨、地铁15号线、马泉营地铁站、红砖艺术中心、污水处理厂、高压塔架、多处居民区和高大建筑等重大风险源,沉降控制标准高,施工及环境安全风险大。

这项高难度的工程能顺利完成,归功于隧道施工所用的"望京号"盾构机。盾构机长87米,总重量达1900吨,装机功率达5300千瓦,集隧道开挖、衬砌、出碴、导向等功能于一体,被誉为地下隧道掘进智能机器人,可安全穿越复杂地层,中间换刀200余把,出色地完成了隧道掘进任务。

时至今日,我国不仅能自主研发出大型盾构机,而且还占据了全球2/3的市场份额,这标志着我国工业实力正不断向前迈进,向着国际领先水平不断靠拢。

思考:

人们常说办法总比困难多,在人类历史进程中,勤劳智慧的人们克服了一个又一个困难,解决了一个又一个难题,把人类文明推向了高度发达的今天。请思考今天的人类还面临哪些困难,你有解决方案吗?

2.1　创新思维的类型

2.1.1　创新思维的内涵

创新思维是指对事物间的联系进行前所未有的思考,从而创造出新事物的思维方法,是一切具有崭新内容的思维形式的总和。一切需要创新的活动都离不开思考,离不开创新思维,可以说,创新思维是一切创新活动的开始。创新思维是思维的高级形态,因此既有一般思维的基本性质,又有其自身特征,与常规思维相比,创新思维的最大特点在于其流畅性、变通性和独创性,而这些特性的产生在于巧妙地发挥了人脑思维的潜能。创新思维对高素质人才的培养具有非常重要的意义,因此我们要突破创新思维的障碍,打开思维的广度。

创新思维的障碍主要有三个:思维定式(按一定模式、常规进行思维)、思维惯性(按一定习惯、传统进行思维)和思维封闭(按固定的、落后的框框进行思维)。想要克服这些障碍,就要充分发挥直觉、想象、灵感在创新思维中的作用。

思维定式是指心理活动的一种准备状态,它影响人们思考,解决问题的倾向性。当人们思考问题时,或多或少会在头脑中留下一种思维惯性,这种思维惯性使人们在新问题面前仍然习惯地依据原有的思路进行思考。

思维惯性是指当人的思想在一种环境下进入精力集中的状态,环境的突然变化不会使思想意识一下子进入新的环境状态。

思维封闭的人敏感、多疑,总认为外界在入侵自己,时刻都是提防的姿态,本能地喜欢反驳别人的观点,需要证明自己的正确性,内心自卑、思想保守,有强烈的主观意识。

课堂互动 1

1. 巧排队列

24 个人排成 6 列,要求每 5 个人为一列,请问该怎么排列?

2. 升斗量水

一长方形的升斗,其容积为 1 升。现在要求你只使用这个升斗,准确地量出 0.5 升的水。请问应该怎样办?

3. 变换方位

在桌子上并排放有 3 张数字卡片组成三位数字 216。如果把这 3 张卡片的方位变换一下,则组成了另一个三位数,且恰好能被 43 除尽。请问是如何变换的?

2.1.2　创新思维的要素

在人们培养创新思维的同时,常常会出现以下四种主要的思维模式,将其归纳为创新思维的四大要素。

1) 辩证思维

辩证思维是思维的理性发展,是一种着重从矛盾性、变动性、过程性上考察客观事物,从多样性的统一中把握设计对象的思维。由于它强调从辩证统一以及各种联系中认识客观事物,因而具有整体性、全程性、系统性、深刻性等特征。

2) 形象思维

"形象思维"这个术语在文艺理论界比较流行,它是一种以反映事物属性的表象为思维元素与思维载体的思维。形象思维可以产生一定的灵感或顿悟,形象性是其基本特征,它不仅反映对象的形象,使用形象性的思维工具如观念形象、具体概念、形象的语言以及各种图形等,还将形象媒介作为传达思想、意象的手段,如模型、动作、表情及各种仪式等。

形象思维可以分为两大类:一类是自发性形象思维。比如,某企业经理在给投资商介绍远景规划时,脑海中就必然会想象出漂亮的厂房、先进的设备、精神饱满的员工等情景。另一类是自觉性形象思维。比如,"大陆漂移说"的提出就是一个典型的例子。20 世纪初,一些科学家在观看世界地图的过程中发现南美洲大陆的外部轮廓和非洲大陆是如此相似,于是就想象在若干亿年以前,这两块大陆原本是一个整体,后来由于地质结构的变化才逐渐分裂开来。以此为指引进行研究,最后形成了在近代地质学上有较大影响的大陆漂移说。

形象思维的一般机制是实践(观察)—类比—想象—模拟(相似),因此形象思维的训练可以从增加表象积累、培养观察能力、发展想象能力等几方面进行。

3) 直觉思维

直觉思维是一种以反映事物之间关系的表象为思维元素与思维体的思维。由于直觉思维往往可以形成灵感或顿悟,因此又称灵感思维或顿悟思维。富于创新的人往往对自己的直觉非常敏感,也善于把握。由于直觉的酝酿往往是在潜意识中进行的,目前科学界对直觉思维的研究还很不深入,以致人们都认为"直觉是第六感觉"。当然,直觉也不是无源之水,往往实践经验越丰富,知识积累越宽厚,思维的点越集中,直觉判断也就越正确。

在科学史上,依靠直觉思维形成灵感,从而实现重大理论突破的一个著名例子是阿基米德原理的发现。正是通过直觉思维使阿基米德在坐入浴盆的瞬间突然领悟到:浴盆中水面升高的体积很可能等于身体浸入水中部分的体积。表面看来是互不相干的两件事,但是阿基米德通过整体把握与直观透视的方法,在瞬间发现了两者之间的内在联系,那就是"体积相等"。

4)逻辑思维

逻辑思维是一种以基于语言符号序列的概念为起点,经过判断和推理,达到对客观事物本质认识的纵向思维。逻辑思维的特征是在一维时间轴上的线性与顺序性,因此又称为时间逻辑思维。由于逻辑思维的加工只能沿着一维时间轴,依据原有的知识概念步步进行慢节奏的逻辑分析、推理,然后得出结论,而不可能实现思维过程的跳跃或突变,逻辑思维本身不大可能像形象思维与直觉思维那样直接形成灵感或顿悟。

逻辑思维的一般意义是,用理论来思考和表达,因而其基本单位是概念、方针、政策、法规和原则。逻辑思维的具体方式主要有以下三个方面。

(1)归纳与演绎

归纳是从一些个别事物概括出一般性结论的思维方法,而演绎是从事物的一般性推出事物的特殊性的思维方法。把握矛盾的普遍性与特殊性,力求结论从实践中来,到实践中去,最后达到归纳与演绎相结合。

(2)分析与综合

分析是把整体分解为各个部分进行认识的思维方法,而综合是把对事物各个部分的认识有机结合而达到对事物整体认识的思维方法。分析与综合是统一思维的两个侧面,它们互为前提、互相补充、互相渗透、互相转化。

(3)抽象与具体

抽象是指把客观事物的某一方面特性与其他特性分离开来,进行单独考虑的思维方法,而具体是指对客观事物多样性进行统一,达到理性具体的思维方法。抽象是一个感性的过程,具体是一个理性的过程。

课堂互动2

1.归纳推理

(1)前提一:直角三角形内角和是180°。锐角三角形内角和是180°。钝角三角形内角和是180°。直角三角形、锐角三角形和钝角三角形是全部的三角形。

前提二:直角三角形、锐角三角形和钝角三角形是全部的三角形。

结论:_____

(2)前提一:太平洋已经被污染,大西洋已经被污染,印度洋已经被污染,北冰洋已经被污染。

前提二:太平洋、印度洋、大西洋、北冰洋是地球上的全部大洋。

结论:_____

(3)前提一:只有肥料足,菜才长得好。

前提二:这块地肥料足。

结论:_____

(4)归纳推理的技巧为:_____

_____

2.演绎推理

(1)大前提:凡金属都可以导电;小前提:铁是金属。

结论:_____

(2)大前提:知识分子都是应该受到尊重的;小前提:人民教师都是知识分子。

结论:_____

(3)大前提:凡是画家都是艺术家;小前提:齐白石是画家。

结论:_____

(4)演绎推理的技巧为:_____

_____

2.1.3 创新思维的类型

创新思维思路开阔,善于从全方位思考,思路若遇难题受阻,不拘泥于一种模式,能灵活变换某种因素,从新角度去思考,调整思路,从一个思路到另一个思路,从一个意境到另一个意境,善于巧妙地转变思维方向,随机应变,产生适合时宜的办法。创新思维善于寻优,选择最佳方案,机动灵活、富有成效地解决问题。举例如下:

1)延伸式思维

延伸式思维是指借助已有的知识,沿袭他人、前人的思维逻辑去探求未知的知识,将认识向前推移,从而丰富和完善原有知识体系的思维方式。

2)扩展式思维

扩展式思维是指将研究的对象范围加以拓宽,从而获取新知识,认识扩展的思维方式。

3)联想式思维

联想式思维是指将所观察到的某种现象与自己所要研究的对象加以联想思考,从而获得新知识的思维形式。

4)运用式思维

运用式思维是指运用普遍性原理研究具体事物的本质和规律,从而获得新的认识的思维形式。

5)逆向式思维

逆向式思维是指将原有结论或思维方式予以否定,运用新的思维方式进行探究,从而获得新的认识的思维方式。

6）幻想式思维

幻想式思维是指人们对在现有理论和物质条件下,不可能成立的某些事实或结论进行幻想,从而推动人们获取新的认识的思维方式。

7）奇异式思维

奇异式思维是指对事物进行超越常规的思考,从而获得新知识的思维方式。

8）综合式思维

综合式思维是指在对事物的认识过程中,将上述几种思维形式中的某几种加以综合运用,从而获取新知识的思维形式。

课堂互动 3

本章课堂互动 1 中的测试分别属于什么类型的创新思维?

表 2-1   创新思维类型判断表

测试题目	创新思维类型
巧排队列	
升斗量水	
变换方位	

2.2   创新思维的产生

2.2.1   创新思维的产生方法

创造性思维是人类的高级心理活动。创造性思维是政治家、教育家、科学家、艺术家等各种出类拔萃的人才所必须具备的基本素质。心理学认为,创造思维是指思维不仅能揭示客观事物的本质及内在联系,而且能在此基础上产生新颖的、具有社会价值的前所未有的思维成果。创造性思维是在一般思维的基础上发展起来的,是后天培养与训练的结果。卓别林为此说过一句耐人寻味的话:"和拉提琴或弹钢琴相似,思考也是需要每天练习的。"因此,我们可以运用心理上的自我调节,有意识地从几个方面培养自己的创造性思维。

1）展开想象的翅膀

心理学家认为,人脑有四个功能部位:一是从外部世界接受感觉的感受区;二是将这些感觉收集整理起来的贮存区;三是评价收到的新信息的判断区;四是按新的方式将旧信息结合起来的想象区。只善于运用贮存区和判断区功能而不善于运用想象区功能的人就不善于创新。心理学家研究发现,一般人只用了想象区的 15%,其余的还处于"冬眠"状态。开垦这块处女地就要从培养幻想入手。想象力是人类运用储存在大脑中的信息进行综合分析、推断和设想的思维能力。在思维过程中,如果没有想象的参与,思考就会变得困难。特别是创造想象,它是由思维调节的。

爱因斯坦说:"想象力比知识更重要,因为知识是有限的,而想象力概括着世界的一切,推动着进步,并且是知识进化的源泉。"爱因斯坦的狭义相对论就是从他幼时幻想人跟着光线跑,并能努力赶上它开始的;世界上第一架飞机,就是从人们幻想造出飞鸟的翅膀开始的。幻想不仅能引导我们发现新的事物,而且还能激发我们做出新的努力、探索,进行创造性劳动。青年人爱幻想,要珍惜自己的这一宝贵财富。幻想是构成创造性想象的准备阶段,今天还在你幻想中的东西,明天就可能出现在你创造性的构思中。

2)培养发散思维

发散思维是指倘若一个问题可能有多种答案,就以这个问题为中心,把思考的方向往外散发,找出适当的答案越多越好,而不是只找到一个正确的答案。人在这种思维中可左冲右突,在适合的各种答案中充分表现出思维的创造性成分。1979 年诺贝尔物理学奖得主、美国科学家格拉肖说:"涉猎多方面的学问可以开阔思路……对世界或人类社会的事物形象掌握得越多,越有助于抽象思维。"比如,我们思考"砖头有多少种用途",至少有以下答案:造房子、砌院墙、铺路、刹住停在斜坡上的车辆、做锤子、压纸头、代尺画线、垫东西、搏斗的武器,等等。

3)发展直觉思维

直觉思维是指不经过一步一步分析而突如其来的领悟或理解。很多心理学家认为,它是创造性思维活跃的一种表现,既是发明创造的先导,也是百思不解之后突然获得的硕果,在创造发明的过程中具有重要的地位。物理学上的阿基米德定律是阿基米德在跳入澡缸的一瞬间,发现澡缸边缘溢出的水的体积跟他自己身体入水部分的体积一样大,从而悟出了著名的比重定律。达尔文在观察到植物幼苗的顶端向太阳照射方向弯曲的现象时,就想到它是幼苗的顶端因含有某种物质,在光照下跑向背光一侧的缘故。但在他有生之年未能证明这是一种什么物质。后来经过许多科学家的反复研究,终于在 1933 年找到了这种物质——植物生长素。在学习过程中,直觉思维有时表现为提出怪问题;有时表现为大胆猜想;有时表现为一种应急性的回答;有时表现为解决一个问题,设想出多种新奇的方法、方案;等等。为了培养我们的创造性思维,当这些想象纷至沓来时,可千万别怠慢了它们。青年人感觉敏锐,记忆力好,想象极其活跃,在学习和工作中、在发现和解决问题时,可能会出现突如其来的新想法、新观念,要及时捕捉这种创造性思维的产物,要善于发展自己的直觉思维。

4)培养思维的流畅性、灵活性和独创性

流畅性、灵活性和独创性是创造力的三个因素。流畅性是指针对刺激能很流畅地作出反应的能力;灵活性是指随机应变的能力;独创性是指对问题提出新的见解,产生意想不到的效果。

2.2.2 创新思维的形成过程

创新思维在解决问题的活动中,需要一定的过程。心理学家对这个过程也做过大量的研究。比较有代表性的是英国心理学家华莱士所提出的四阶段论。华莱士认为,任何创造过程都包括准备阶段、酝酿阶段、豁朗阶段和验证阶段四个阶段。艾曼贝尔从信息论的角度出发,认为创造过程由提出问题或任务、准备、产生反应、验证反应、结果五个阶段组成,并且可以循环运转。这里,我们以华莱士的四阶段论来分析创新思维的活动过程。

1)准备阶段

准备阶段是创新思维活动过程的第一个阶段。这个阶段是搜集信息、整理资料、做前期准备的阶段。由于对解决的问题存在许多未知数,所以要集所有人的知识经验、问题形成新的认识,从而为创造活动的下一个阶段做准备。例如,爱迪生为了发明电光搜集资料整理成的笔记就有200本,总计达4万多页。可见,任何发明创造都不是凭空想象的,都是在日积月累、大量观察研究的基础上进行的。

2)酝酿阶段

酝酿阶段主要是对前一阶段搜集的信息、资料进行消化和吸收,在此基础上,寻找问题的关键点,以便考虑解决这个问题的各种策略。在这个过程中,有些问题因为某种原因,一时找不到有效的答案,那么通常可以把它们暂时搁置。但思维活动并没有因此而停止,这些问题时时刻刻都会萦绕在头脑中,甚至转化为一种潜意识,容易让人产生狂热的状态。例如,"牛顿把手表当成鸡蛋煮"就是典型的钻研问题狂热。因此,在这个阶段要将思维的紧张与松弛有机结合,使其朝着更有利于解决问题的方向发展。

3)豁朗阶段

豁朗阶段也称顿悟阶段。经过前两个阶段的准备和酝酿,思维已相当成熟,在解决问题的过程中,常常会进入一种豁然开朗的状态,这就是前面所讲的灵感。例如,耐克公司的创始人比尔·鲍尔曼有一天正在吃妻子做的威化饼,他突发奇想,如果跑鞋制成威化饼的样式会有怎样的效果呢?于是,他就拿着妻子做威化饼的特制铁锅到办公室研究起来,不久便制成了第一双鞋样,这就是耐克跑鞋的发明过程。

4)验证阶段

验证阶段也称实施阶段,主要是把通过前面三个阶段形成的方法、策略,进行验证以求得到更合理的方案。这是一个否定—肯定—否定的循环过程,通过不断的实践检验从而得出最恰当的创新思维过程。

能力测试

创造性人才在行政管理中越来越重要,这类人才能够创造性地完成工作,不会被困难吓倒,不会因为缺少条件而放弃努力。在寻找创新、开发、管理方面的人才时,必须考虑人才的创新能力。

下面是10个题目,如果符合你的情况,则回答"是",不符合则回答"否",拿不准则回答"不确定"。评分标准参照表2-2。

1. 你认为那些使用古怪和生僻词语的作家,纯粹是为了炫耀。　　　　　　　(　　)

2. 无论什么问题,要让你产生兴趣,总比让别人产生兴趣困难得多。　　　　(　　)

3. 对那些经常做没把握事情的人,你不看好他们。　　　　　　　　　　　(　　)

4. 你常常凭直觉来判断问题的正确与错误。　　　　　　　　　　　　　　(　　)

5. 你善于分析问题,但不擅长对分析结果进行综合、提炼。　　　　　　　　(　　)

6. 你审美能力较强。　　　　　　　　　　　　　　　　　　　　　　　　(　　)

7. 你的兴趣在于不断提出新的建议,而不在于说服别人去接受这些建议。 (　　)

8. 你喜欢那些一门心思埋头苦干的人。 (　　)

9. 你不喜欢提那些显得无知的问题。 (　　)

10. 你做事总是有的放矢,不盲目行事。 (　　)

表 2-2　评分标准

题号	是	不确定	否
第 1 题	1	0	2
第 2 题	0	1	4
第 3 题	0	1	2
第 4 题	4	0	2
第 5 题	1	0	2
第 6 题	3	0	1
第 7 题	2	1	0
第 8 题	0	1	2
第 9 题	0	1	3
第 10 题	0	1	2

22 分以上,说明被试者有较高的创造思维能力,适合从事环境较为自由、没有太多约束、对创新性有较高要求的职位,如美术编辑、装潢设计、工程设计、软件编程等。

11～21 分,说明被试者善于在创造性与习惯做法之间找出均衡,具有一定的创新意识,适合从事管理工作,也适合从事与人打交道的其他工作,如市场营销。

10 分以下,说明被试者缺乏创新思维能力,属于循规蹈矩的人,做人总是有板有眼、一丝不苟,适合从事对纪律性要求较高的职位,如会计、质量监督员等职位。

2.3　创新思维的培养

2.3.1　创新思维的培养原则

1)整体性原则

人的心理是一个复杂的系统,重视心理系统的整体效应,是培养创新思维的重要原则。只有从整体出发,运用系统思维的方法,才能真正把握创新思维的发展规律。

2)结构性原则

知识结构和认知的协调发展是培养创造性思维的重要途径。认知结构一旦形成,便具有很大的能动性,会影响人们对新知识的接受和理解能力,也会制约人们对知识的加工和运用,制约人们创造性的学习和创新思维能力的培养。

3)自主性原则

自主性就是要成为创造性学习和活动的主人。在创新活动中培养自我组织管理能力和自我调控能力,是培养创新思维不可缺少的指导原则。要发展创新思维,就要使手、嘴、脑获得真正的解放。

4)探索性原则

创新是走前人没有走过的路,解决前人没有解决的问题。不敢探索、不会探索的人是很难开拓新局面的。要成为勇于探索的人,鼓励自己质疑问题,自拟探索计划,通过自己独立思考解决问题,发展创新思维能力。

5)活动性原则

人的心理是人在与环境的交互作用中发生、发展起来的。要会用多种感官进行观察,确立创造的目标,选择思维的材料和方法:提出假设,做出决策,制订创造计划;还要考虑如何与他人合作来发展创新思维能力。

6)多样性原则

多样性是指让创造个性自由地发展。爱因斯坦指出:"由没有个人独创性和个人志愿的统一规格的人所组成的社会,将是一个没有发展可能的不幸社会。"个性多样性的本质在于个性的独创性,社会的发展和个性的独创性是相互作用的。

2.3.2 创新思维的培养要点

1)激发求知欲

好奇心是人对新异事物产生诧异并进行探究的一种心理倾向。求知欲是好奇心的升华,是人渴望获得知识的一种心理状态。好奇心和求知欲是推动人主动积极地观察世界,进行创新思维的内部动力。具有强烈好奇心和求知欲的人,对事物有执着的追求和迷恋,会在创造活动中获得精神鼓舞和情感满足。求知欲是科学家、发明家有所成就的重要心理因素。

2)改变教育评定观

传统的教育质量评定观往往强调循规蹈矩,死记书本知识,考得高分,顺利升学。结果是教师讲什么,学生就听什么;考试考什么,学生就背什么。只能在固定的圈子里解答问题,使整个教学和学生的思维趋于僵化。要培养创新思维,应该在学习活动中自己去领会或发现事物间的联系,而不是被动地接收死知识。应主动地独立发现问题、分析问题和解决问题;而不要预先树立是与非、对与错的绝对权威,特别是不必盲从已获认可的答案。

3)引导创新思维方法

掌握创新思维的方法和策略是发展创新能力的重要途径。要学会有效地进行分析、综合、比较、抽象、概括、系统化和具体化,达到对事物本质属性的认识。还要在解决问题的过程中,掌握一些创造性活动的方法。如运用类比推理、原型启发的方法,探索新事物;利用逆向求索,打破思维定式的束缚;把发散思维与集中思维、直觉思维与分析思维有机结合起来,从而使创造活动由盲目到明确、变被动为主动。

4)构建良好创新环境

创新能力的形成,除个人的主观努力外,还应有赖于良好环境的熏陶。一个有利于创新的环境,不仅有利于求知欲的形成,而且还会刺激新思想的产生,使创造成果层出不穷。有些创造型人才可能比较爱争辩,常有"越轨"行为,经常提出各种怪问题。应创造民主、平等和自由探讨的气氛,最大限度地发挥积极主动性,独立工作,大胆地发表各种设想。

5)培养创造性个性

创新思维的发展不仅与智力因素有关,而且与一系列的非智力因素和个性特征有密切的联系。实验研究发现,一个有创造力的人往往富有责任感、热情、有毅力、勤奋、富于想象,依赖性小;喜欢自学,勇于克服困难,好冒险,有强烈的好奇心;能自我观察,有较强的独立性,兴趣广泛,好沉思,不盲从等。创造性个性是在创造性活动中逐渐形成和发展起来的。应积极参与一些诸如科技小组、兴趣小组、文艺小组等实践活动,有助于创造性个性的形成。进行创造性活动时,需注意以下几个方面:

①保持自尊心、好奇心。
②按照自己的兴趣进行活动。
③重视首创性、独创性,消除对错误的恐惧心理。
④面对现实,接受变化。
⑤力图寻求多种答案。
⑥与有创造性个性的人接触。
⑦大胆幻想、猜测和假设。
⑧专心致志、善始善终地活动,培养韧性和恒心。
⑨培养开拓进取的精神。

延伸阅读

大学生"创新创业"三大赛事的简介

中国国际"互联网+"大学生创新创业大赛,是由教育部与政府、各高校共同主办的一项技能大赛。大赛旨在深化高等教育综合改革,激发大学生的创造力,培养造就"大众创业、万众创新"的主力军;推动赛事成果转化,促进"互联网+"新业态形成,服务经济提质增效升级;以创新引领创业、创业带动就业,推动高校毕业生更高质量创业就业。

全国大学生电子商务"创新、创意、创业"挑战赛是由教育部主办,面向全国高校(含港澳台地区)的大学生竞赛项目,是教育部高等教育司重点支持项目,是激发大学生兴趣与潜能,培养大学生创新意识、创意思维、创业能力以及团队协同实战精神的学科性竞赛。

"挑战杯"全国大学生系列科技学术竞赛是由共青团中央、中国科协、教育部和全国学联、举办地人民政府共同主办的全国性的大学生课外学术实践竞赛。"挑战杯"竞赛在我国共有两个并列项目,一个是"挑战杯"中国大学生创业计划竞赛,另一个是"挑战杯"全国大学生课外学术科技作品竞赛。这两个项目的全国竞赛交叉轮流开展,每个项目每两年举办一届。"挑战杯"系列竞赛被誉为中国大学生科技创新创业的"奥林匹克"盛会,是国内大学生最关注、最热门的全国性竞赛,也是全国最具代表性、权威性、示范性、导向性的大学生竞赛。

课堂互动 4

1. 游戏目的

让学生明白创新性答案不一定很复杂,鼓励他们大胆地进行创新性构想。

2. 游戏方法

请学生将4、6、8三个数字按规律放在以下数字的适当位置(左或右)。

17235

3. 游戏准备

图画纸一张、铅笔、橡皮。

4. 注意事项

鼓励学生随意畅想,但有必要提示学生寻找事物的规律性。

2.4 互联网创新思维

近些年来随着科技的进步,互联网在现代各个行业的发展中占据重要的地位。在产业互联网时代,面临向互联网转型的传统企业在价值主张的创新上,重点要抓住互联网创新的四大思维,即用户思维、极致单品思维、薄利多销思维和快速迭代思维。

2.4.1 用户思维

互联网创新思维的核心就是用户思维。从产品设计、极致用户体验到口碑传播都离不开用户的参与。用户参与并不是简单地建设社区和论坛,而需要整个企业的管理模式、研发模式、技术架构等。具体表现为用户设计、用户互动、用户主导、用户体验等方面。

传统企业的工业思维,已经没法控制用户。过去那种靠技术领先,通过大规模生产制造、分销和传播资源的能力,以及制造产品的能力而确立市场地位的企业,在互联网时代被彻底解构。现在,企业在价值创造的过程中,用户对产品的选择权加大,可以自行选择和设计产品;在大部分消费品领域,资源与产品已不是核心竞争力,通过与用户互动,获取用户的口碑和实用信息成为核心竞争力,互联网能颠覆传统产业,就在于它最了解用户的需求。

凭借好产品与资源优势控制消费用户的传统企业的线下思维做不出好产品,这是因为它们不了解用户体验。随着用户的私人定制比例越来越高,产品的适用性非常高,从而使主导市场的不再是生产企业,而是用户。在这个过程中,企业核心要务是做好平台的用户服务。用户活跃在哪里,我们就在哪里,这是传统企业触网的关键。传统企业不走这条路,就可能失去用户,失去用户的结果就是被边缘化,被这个时代所淘汰。

2.4.2　极致单品思维

极致是指要求企业的产品或服务超越用户的想象,单品是指企业集中资源推出一个主导产品。传统企业以渠道为经营的核心,为了占领有限的货架和经销商资源,一家企业常常开发出数十种乃至数百种产品,造成经营重心的偏离和产生制造、营销与库存等资源的大量浪费。

而在互联网时代,强调专一,只有专一才会集中力量把产品做到极致。少即是多,少即是美,少才可能产生极致。因此,改变从前那种数十、数百条产品线,做单一的单品引爆它,这才是企业的重要变革。

在工业时代,产品连接用户成本巨大,不得不依赖广告;互联网时代,产品本身就是广告。因此,互联网创新思维下的产品,不仅更容易创造极致体验,也极大地改变了传统行业的多元结构,使被入侵的传统行业面临巨大的整合。

案例故事

东北盛产人参、鹿筋、鹿茸和孢子粉等,大街小巷的东北特产店里铺满了这些产品,虽然给消费者的选择增加了,但认知和记忆被分散了,提到东北的这些特产,消费者很难想到其品牌代表。吉林省一家因孢子粉出名的企业,名字起得也颇有互联网的味道,叫"芝所以",它专注灵芝孢子粉的研发和生产,从形态、吸收效果、口感、价格、包装和物流等方面都邀请消费者参与,使其远超目前市场上的竞品。企业的创始人是一位"80 后"的女生,被粉丝亲切地称为"芝女神",而粉丝则被称为"芝持者"。

就在 2013 年以前,"芝所以"还是一家和那些东北特产基地没有什么不同的企业,规模化成本红利逐渐消失,利润下降,同类竞争越发严重。2014 年,企业创始人进入众筹孵化器(又名成瘾模式孵化器)寻求出路,减掉曾经应有尽有的各类产品(人参、鹿筋、鹿茸、木耳和山珍等),从灵芝孢子粉一个单品入手,增强族群的参与感和体验感,迅速做出口碑。

2.4.3　薄利多销思维

传统企业因重资产、渠道、营销和广告的存在,只能通过高定价获取高利润。而在互联网时代,企业常常采取"免费"策略,或者说是"东边不赚钱,西边赚钱"的策略,即把性能已经做到极致的产品,按照成本卖出去,让用户尖叫。

在薄利的思维下,必须锁定海量市场。所谓海量市场,这里特指需求量巨大,且有支付能力的消费群体。企业用薄利赚取海量用户,然后在这个基础上寻求新的盈利模式。

2.4.4　快速迭代思维

快速迭代是指产品创新速度要快。一切的好体验都是源于不断的沟通和试错,任何一个企业都没有一次性就能把产品做到最好的本事,这就是互联网企业不断迭代的原因。

快速迭代一方面是改进或更新产品,另一方面是给用户创造新体验,让品牌始终充满活力,这也是增加客户黏性的必要条件。

案例分析

方便面诞生的故事

方便面诞生的故事可能大家未必了解。方便面是1958年华裔日本人安藤百福(原名吴百福)在日本大阪府池田市发明的。

面条是日本人的传统食品。日本人虽然以爱惜时间闻名于世,但即使是在上班的时候,为了能吃一碗热面条,他们宁愿在饭馆前排成一条长龙。这个现象被一家公司的经理安藤百福注意到。他想:"做面条太费时间,为什么不可以让它更简便呢?那样人们就不用排队了。"产生了这样的想法后,安藤百福马上开始试制方便面。

他在开发之际设定了几个条件:简便、可口、有营养、能在常温下长期存放、卫生、廉价。但是,这种面条并不是一般的面条。安藤百福制造的是一种可以由工厂批量生产的、可保存的食品。买了一台轧面机后,他开始了试制工作。刚开始,轧面机轧出的不是一根根面条,而是像泡沫般的团块。经过反复试验弄清了原因:面粉中的蛋白质遇到盐分失去了黏力。于是他先把没有盐的面粉制成普通面条,蒸熟后浸到酱汤里过一下,于是面条带有咸味。这无异于是面食技术的一场革命。接下来就是如何将面条烘干,以便长期保存。最初,他采用太阳光晒干面条的办法,但这太费时间且需手工操作,不适于工厂化的大规模生产。之后,他试用过油的办法,效果良好。油炸后,水分立即蒸发,面条上出现许多细孔,这使面条在热水浸泡时吸水很多,很快变松软,而且过油的面条更富有弹性,味道之好,非普通面条可比。第一批方便面便是今天老幼皆知的鸡肉方便面,并于1958年8月第一次上市销售。

正如安藤百福所预想的那样,鸡肉方便面一经上市立即引起了轰动,爆发性畅销,仅1959年4月,鸡肉方便面就出售了1 300万包。这引起日本其他干面条制造商纷纷加入。1960年1月,干面条制造商奥井清澄用外添调料袋的办法,制造出食客可以随心所欲调味的方便面,挤入了这一新兴市场。于是市场上出现了两种方便面,一种是不带调料包的方便面,另一种是外添调料包的方便面。起初,安藤百福的方便面因为拥有专利权而畅销无阻,但不久后消费者开始青睐外添调料包的方便面。因为它能适应众多消费者对味道浓淡的不同需求,深受市场的欢迎。然而,大批量生产外添调料是一个难题,一家有兴趣向这一领域发展的东京食品公司攻克了这一难题。从1962年开始,他们利用制造速溶咖啡的喷雾干燥法制作调料粉末,获得了非常理想的效果。从此,外添调料方式的方便面占据了市场上的主要地位。鉴于方便面已由多家公司大规模制造,日本农省制定了方便面的日本有机农业标准,颁行于日本食品工业界。这样方便面就从早期的初级产品成长为一种大众化的具有稳定市场的规范产品。

安藤百福在发明方便面后,创立日清食品公司,贩售鸡汤拉面口味,最初的售价为35日元,但仿制产品随即出现,导致产生削价竞争。

日清公司在发明方便面后,便积极向国外发展。1963年先与韩国三养食品合作,1968年再与我国台湾的食品公司合作推出鸡汤口味的生力面。最初的生力面因为沿用原来的配方,在我国台湾销路并不好。在调整过调味与面条的口感之后,生力面成为我国台湾的畅销产品,顾客多半买回家当消夜食用,或者是加蛋煮食。曾有一段时期,生力面几乎成为这类产品的代名词。

虽然方便面在亚洲颇受好评,20 世纪 60 年代末在美国却无法顺利打开市场。因为一般美国人没有烧开水的习惯,而且家中的餐具也以餐盘为主。为了让不习惯用碗的人们消费方便面,日清公司发明了以发泡聚苯乙烯为容器的杯面,并于 1971 年在日本上市,售价为 100 日元(0.25 美元),为当时袋装方便面售价的三倍以上。杯面在试卖期间在球场与赛马场等地点销售,因价格过高而不受欢迎,最后只能在某些必须夜间值勤的单位贩卖,如消防队与日本自卫队。为求打开市场,安藤百福在东京市区与三越百货公司合作促销,创下 4 小时卖出 2 万份的纪录,奠定了日本人接受杯面的基础。由于杯面走高价路线,所以配料中包括冷冻干燥法制成的干燥虾,同时也改以叉子为餐具。东京街头促销让杯面在关东得以立足。

思考:

1. 方便面相比传统面条具有创新性,试分析其体现了创新的哪些特性。

2. 假设你是安藤百福,请模拟安藤百福发明方便面的创新思维过程。

3. 安藤百福的创新能力体现在哪些方面?

本章小结

创新思维相对于常规思维,是发明或发现一种新方式,用于处理某件事情或表达某种事物的思维过程。创新思维就是打破常规,克服习惯性的思维障碍。创造性思维是在一般思维的基础上发展起来的,是后天培养与训练的结果。我们可以通过展开想象的翅膀,培养发散思维,发展直觉思维,培养思维的流畅性、灵活性和独创性形成创新思维。创新思维的本质在于将创新意识的感性愿望提升到理性的探索上,实现创新活动由感性认识到理性思考的飞跃,是思维的高级形式,是人类探索事物本质,获得新知识、新能力的有效手段。

第3章
创业机会评估

知识提要

(1)创业机会的内涵、特征、来源及类型;

(2)创业机会的识别与评估;

(3)适合大学生的创业机会。

学习目标

(1)理解创业机会的内涵与外延;

(2)理解识别与评估创业机会;

(3)掌握寻找创业机会。

名人名言

哪里有用户的痛点,哪里就有创业者的机会。

——雷军

案例导入

胡润富豪榜

胡润,1970年出生在卢森堡,就读于英国杜伦大学,专业学的是中文。1990年到中国留学,后来就留在安达信会计师事务所上海分部工作,成为一名会计师。但是,胡润遇到了一件麻烦事,每次休假回到英国,大家都会很好奇地问他,中国是什么样的? 这个问题看似简单,不过还真是难以回答,关键是没有标准。偌大一个中国,5 000年历史,13亿人口,给你说什么呢? 胡润为了这个事特别烦恼,你一个在中国留学的人,连这么简单的问题都回答不了,你这学上到哪里去了? 每次回英国,胡润都会受到这种刺激。1999年,当时正好是中华人民共和国成立50周年,介绍50个中国特别成功的人,不就可以知道中华人民共和国成立50年来的变化吗? 基于这样的想法,胡润后来推出了富豪榜。

思考:

1.创业机会在哪里?

2.如何寻找创业机会?

3.1 创业机会认知

3.1.1 创业机会的内涵

有一个好创意,或者说发现一个好的点子是实现创业者愿望的第一步。但是,并非所有的创意都适合创业,好的创意并不意味着就一定有市场机会。创意是一种想法,而机会必须具备商业可行性,符合商业逻辑。机会是创业的核心要素,创业离不开机会。

1)创意

创意是指具有创业指向同时具有创新性甚至原创性的想法,是将问题或需求转化成逻辑性的架构,让概念物象化或程序化,而不是单纯的奇思妙想。

2)创业机会

美国纽约大学教授柯兹纳认为,创业机会是未明确市场需求或未充分使用的资源或能力,它不同于有利可图的商业机会,其特点是发现甚至创造新的目的-手段(Means-End)关系来实现创业收益,对于"产品、服务、原材料或组织方式",有极大的革新和效率的提高。

创业机会是可以为购买者或使用者创造或增加价值的产品或服务,具有吸引力、持久性和适时性;创业机会是可以引入新产品、新服务、新原材料和新组织方式,并能以高于成本的价格出售的情况;创业机会是一种新的目的-手段关系,能为经济活动引入新产品、新服务、新原材料、新市场或新组织方式。

3)商业机会

从广义上说,商业机会就是能够给企业带来利润的机会,其含义是投入一定的价值和资源,经过商业化的转化来获得利益的最大产出。其中,商业化的转化即包括对商业机会的发现和创造。

4)创意、创业机会与商业机会的关系

更深刻理解创业机会的内涵,需要厘清创业机会与创意、商业机会的区别与联系。创意是一种主观想法,创业机会是客观存在,是适合创业的创意。创业机会属于商业机会的范畴,也是一种特殊的商业机会。创业机会能够为企业带来超额经济利润,是孕育商业机会的源泉,而一般商业机会注重改善现有利润水平。针对一般商业机会同样能够创业,其差别在于针对创业机会的创业活动的风险更高,相应的回报也更高。

产生创意,将创意加工为机会原型,并针对机会原型进行不断打磨、试错和修正,最终形成可以转化为价值创造的机会,并发展成清晰的商业概念,意味着创业者找到解决问题的手段,是启动创业活动所需具备的基本前提。

课堂互动 1

请判断下列描述是创意还是创业机会?创意要转变为创业机会还需要做些什么?

停车服务

在市区或者参加热门球赛和音乐会时找到合适的停车位是一个难题,几乎所有的驾驶人都有这种经历。找不到停车位也是造成交通拥挤的一个主要原因。专家估计大约30%的城市交通堵塞归因于正在寻找停车位的司机。同时,商业停车位和车库通常有未充分利用的停车位,这是因为人们找不到车位或者是错误地以为车位已满。在大多数情况下,当人们在寻找停车位时,离他们很近的住宅或公司就有停车位,而且这些停车位大部分时间都是空置的。

共享停车位公司(纯属虚构)对这个难题提出了解决措施,通过网站和 App 将寻找停车位的司机与想要出租自己空置车位的公司和个人联系起来。下面介绍其运行机制。在可以使用共享停车服务的地区,已经在路上的司机可以输入他们的目的地,共享停车位公司就会向他们展示离目的地最近的可用停车位。如果你提前准备,就可以根据价格和位置浏览到许多停车位,并从中预约一个。你可以通过以下关键词进行搜索:附近、餐厅、旅馆、音乐厅或体育场。当你到达目的地时,你所预订的车位一定是可用的,即使其他车位都已用完。通过向服务人员展示手机里的预约凭证,你就可以顺利停车。如果该车位有锁或没有服务人员,你可以通过使用共享停车位 App 扫描入口的密码来开锁。当你离开车位时,也是通过同样的方式。停车位可以预订使用一次,也可以预订长期使用。当预订生效后,共享停车位公司会向用户收取费用,之后再给予停车位业主一定的报酬。共享停车位公司通过抽取已租停车位的佣金来挣钱。他直接与商业停车位或车库谈判,有空闲停车位的个人或公司只需要上传其车位照片并设置价格。共享停车位公司会让业主知道停车位被租的时间,同时处理付款。共享停车位公司也为 CBA 和中超等体育联赛安排解决停车问题。

(资料来源:布鲁斯·R.巴林杰,R.杜安·爱尔兰.创业管理:成功创建新企业(原书第 5 版)[M].薛红志,张帆,等译.北京:机械工业出版社,2017:53.)

3.1.2　创业机会的特征

如何判断一个好的创业机会呢? 好的创业机会有以下几个特征:

1)价值性

有价值的创意绝对不会是空想,而要有现实意义,具有实用价值,能够开发出可以把握机会的产品或服务,而且市场上存在对产品或服务的真实需求,或可以找到让潜在的消费者接受产品或服务的方法。

2)可行性

创业者能够获得利用特定商业机会所需的关键资源。这里的资源包括利用特定商业机会所需的技术资源、资本资源、财力资源、资信资源、公共关系资源等。并非所有的机会都有足够大的价值潜力来填补为把握机会所付出的成本,创业机会应具备能够获利的市场需求规模与结构。

3）时效性

一个具体的创业机会,其存在的时间是短暂的。一个市场在不同时间阶段,其成长的速度是不同的。在市场快速发展的阶段,创业的机会随之增多;发展到一定阶段,形成一定结构后,机会之窗打开;市场发展成熟后,机会之窗开始关闭。时间对于创业者来说,既可以是朋友,也可以是敌人。如果想要通过深刻细致的方法来评价创业机会,一个季度可能不够,一年不一定够,甚至 10 年都不一定够,这就是残酷的事实。而在这个现实中最困难的一点就是,创业者必须找到能把好的思路付诸实施的最佳时机,并准确把握住这个时机。

4）风险性

特定创业机会的风险是明朗的,至少有部分创业者能够承受该机会带来的风险。在风险面前无所作为,是创业的大忌之一。然而,如果某一创业机会的风险不明朗,创业者无法搞清风险的具体来源及其结构,他就无法把握风险、规避风险或抑制风险,也就无法降低风险损失、提高风险收益。

延伸阅读 1

《21 世纪创业》的作者杰夫里·A.第莫斯教授提出,好的商业机会有以下四个特征:

①你必须有资源(人力、财力、物力、信息、时间)和技能才能创立业务。

②它很能吸引顾客。

③它能在你的商业环境中行得通。

④它必须在机会之窗存在的期间被实施。(注:机会之窗是指商业想法推广到市场上去所花的时间,若竞争者已经有了同样的思想,并把产品已推向市场,机会之窗也就关闭了。)

3.1.3 创业机会的来源

在创业路上,我们一定要珍惜每一次稍纵即逝的机会。那么,每一个珍贵的创业机会又是从何而来呢? 创业机会有六大来源。

1）问题与需求

寻找创业机会的一个重要途径是善于去发现、体会自己和他人在需求方面的问题或生活中的难处。公司存在的根本目的就是为顾客创造价值,无论环境是否变化,创业机会源于顾客需求都是永恒的真理。因此,创业机会必定源于顾客想要解决的问题、顾客生活中感到非常头疼的问题、顾客新增的需求……而这一切,或许是顾客明确的需求问题催生出的新创业机会(如为解决炒菜油烟熏人的问题,就出现了无烟锅),或许是被人忽略的“蓝海”市场引发的创业机会,又或许是创业者挖掘出顾客的潜在需求而产生的创业机会。

案例故事 1

李红莉的旧书生意

李红莉大学毕业后进入一家工厂上班,工作没到一年就被炒了鱿鱼。一气之下,她索性做起了旧书生意。

李红莉读大学时就发现,许多二手书店通常是将人家卖不出去的书籍搬到店里来销售,却忽视了顾客究竟想要什么读物。随着图书市场格局的变化，现存的正规旧书店已为数不多，无形中导致旧书业的现状已无法满足市场和读者的实际需求。加上近年来纸价飞涨，包装精美的新书更是价格不菲，这无疑给二手书市场创造了巨大的交易空间。

李红莉认为，做旧书生意的定位就在于业精于专。根据现实情况，她打算主营社会、科学类书籍，从而形成自己的特色。换言之，面对五花八面的图书市场，经营绝对不能"贪"，面面俱到是经营旧书的致命弱点。有了定位，李红莉收购旧书时就心中有数了。她首先看的是书的内容，其次是出版社。

业精于专同时显现了另一个优势，旧书业作为一种文化消费模式，具有特殊性，购买者素质高、成交量也高，而主营财富、金融类书籍的旧书店，前来捧场的顾客的文化素养可想而知。要做到业精于专，对书店老板也是一种挑战。经营者要有文化素质、有品位，这样才能收购到高质量又好卖的旧书，才不会使一本绝版好书总是压在箱底。春节过后，李红莉收购到100多本财富类书籍，没想到新学期开学没几天，就被大学生抢购一空。

书店开张没多久，为增加有效的交易渠道，李红莉还开设了网上交易(主要是学术类著作)，意在便于与同行交流。现在，网上交易量已占书店业务总量的15%。此外，李红莉还销售一些基本不盈利的书籍，这样做可稳住老客户，争取新顾客，从而带动其他生意。

增设"寄售"，是李红莉的新招。这一招充分站在顾客的立场，也宣扬了书店的诚信之本。此项业务主要面向那些有书却不愿贱卖的顾客，他们希望手上有价值的旧书能像字画一样"寄"在店里由老板代销，代销成功，老板收点"代劳费"。小小的二手书屋如此经营了一年，李红莉的书店每月有3 000元的纯利。

2) 变化

变化是创业机会的重要来源。著名管理大师彼得·德鲁克曾将创业者定义为"寻找变化，并积极反应，把它当作机会充分利用起来的人"。变化就是机会，环境变化是创业机会的重要来源。尤其是在今天这个"唯一能够确定的就是不确定性"的复杂动态环境中，蕴藏着各种良机，如产业结构调整带来的新产业发展契机、顾客消费观念转变带来的新商机等。这些变化主要包括宏观经济政策和制度变化、产业经济结构变化、社会和人口结构变化、价值观与生活理念变化、竞争环境变化等。比如，居民收入水平提高，私人轿车的拥有量将不断增加，这就会派生出汽车销售、修理、配件、清洁、装潢、二手车交易、陪驾等诸多创业机会。

案例故事2

空气罐头

美国富翁诺克到日本的富士山观光旅游，他发现当地的空气特别好，让他心旷神怡，忽然有一个念头出现在他的脑子里，就是把这个空气拿到市场上去卖。于是，他就找了一些研究人员，在市场上大肆宣传空气好的各项指标，以及它能够为人体健康带来的促进作用。他把富士山的空气装进一个一个的罐头里，并称其为富士山空气罐头。空气对于人来说应该是再普通不过的东西，谁也没注意到空气也能卖，结果由于空气污染越来越引起人们的关注，富士山空气罐头反而在日本非常畅销，并打开了美洲和欧洲的市场。

3）竞争

如果你能弥补竞争对手的缺陷和不足,这也将成为你的创业机会。在分析竞争对手时,我们通常都会对自己与竞争对手之间的优势与劣势进行比较分析,目的是采取扬长避短或者差异化的策略,进而更好地满足顾客需求,拓展市场。因此,在市场竞争过程中,如果你能够针对竞争对手的不足,将自己的优势充分发挥出来或者采取差异化的产品或者服务方案,为顾客提供更具价值的产品或者服务,那么,你就找到了竞争夹缝中的绝佳创业机会。

案例故事 3

丰　田

丰田汽车刚进入美国市场之初,就委托一家当地调研机构去访问大众汽车的使用者,以了解他们对大众的不满。在"五个做什么"上,丰田公司了如指掌,并指导自己"怎样做"。于是,他们放大车身,增大轮间距,扩大放脚空间,降低能耗,增加马力。他们又采取了具有针对性的"市场侵略"策略,历经20余载,终于做到"车到山前必有路,有路必有丰田车"。

4）创造发明

创造发明提供了新产品、新服务,更好地满足了顾客需求,同时也带来了创业机会。例如,计算机的诞生,计算机维修、软件开发、计算机操作的培训、图文制作、信息服务、网上开店等创业机会随之而来,即使不发明新的东西,你也能成为销售和推广新产品的人,从而给你带来商机。

5）新知识、新技术的产生

一项新技术的诞生,可能影响甚至产生一个新的行业,为人类的发展创造了机遇。围绕新技术、新知识去寻求创业机会有广阔的前景。例如,随着健康知识的普及和技术的进步,围绕"水"就带来了许多创业机会,上海就有不少创业者因加盟"都市清泉"而走上了创业之路。

6）创业者的兴趣爱好

创业者对某方面有高度兴趣,就会投入巨大的时间、精力专注于此,在这个过程中将会有各种想法冒出来,从而产生不少创业机会。

案例故事 4

太阳锅巴

锅巴几乎是每个中国人都熟悉的东西,又有谁能想象到这么平常的锅巴竟能赚大钱呢?用锅巴创业的想法来自一个叫李照森的人。他发现很多人对一道用锅巴做的菜有很感兴趣,于是他就琢磨:既然人们这么喜欢锅巴,为什么不能把锅巴加工成小食品来卖呢? 于是,他围绕着锅巴展开想象,用不同原料、调料、做法来制作锅巴。大米锅巴、小米锅巴、黑米锅巴、玉米锅巴、牛肉锅巴、五香锅巴、海鲜锅巴、咖喱锅巴、果味锅巴、乳酪锅巴……种类繁多的锅巴产品纷纷面市。接着,他又用开发锅巴产品的思路,陆续开发出虾条、奶宝、麦圈、菠萝豆、乳钙米香酥、营养其子豆等一系列新产品。琳琅满目的小食品,他每年都会卖出几万吨,销售额超亿元。如今,锅巴食品已经走出国门,并在很多国家获得了专利。李照森所创建的企业就是著名的西安太阳食品集团。

课堂互动2

改革开放40年来,哪些改革带来了创业机会?

延伸阅读2

德鲁克提出机会的七种来源,具体如下:

1. 意外之事。一是意外的成功;二是意外的失败。

2. 不协调(Incongruity)。所谓"不协调",是指事物的状态与事物"应该"的状态之间,或者事物的状态与人们假想的状态之间的不一致、不合拍。不协调是创新机遇的一个征兆。

3. 程序需要。程序需要与其他创新来源不同,它并不始于环境中(无论内部还是外部)的某一件事,而是始于需要完成的某项工作。它是以任务为中心,而不是以状况为中心。它包括完善一个业已存在的程序,替换薄弱的环节,用新知识重新设计一个旧程序等。

4. 产业和市场结构。市场和产业结构相当脆弱,受到一点点冲击它们就会瓦解,而且速度很快。

5. 人口变化。人口变化被定义为人口数量、人口规模、年龄结构、人口组合、就业情况、教育情况及收入的变化等。

6. 认知、意义和情绪上的变化。

7. 新知识。基于知识的创新是企业家精神的"超级巨星"。在创造历史的创新中,基于知识的创新占有很重要的分量。知识并不一定是科技方面的,基于知识的社会创新也同样重要甚至更重要。

奥尔姆等学者认为,创业家的好创意与机会来自以下方面:

1. 先前的工作经验,曾经在此获取产品的市场知识、供货商与客户。

2. 从有创意的人那里得到机会。

3. 得到某一权利、授权或是特许权,购得一个未完整发展的产品。

4. 与熟知某一社会、专业或科技领域的专家接触所引发。

5. 参加展览会、研讨会、贸易展示、座谈会等所得。

6. 研究资料,如最新研究报告、搜寻最新的公告专利、与特殊领域专家面谈等。

7. 搜寻研究先前市场失败的案例,在不同情境下可能成功。

8. 复制别人的成功经验,应用于不同的市场。

9. 把嗜好、兴趣、业余爱好转成事业机会。

10. 在个人的经验基础上发展事业化的需求。

11. 根据个人所需,进行研究发展。

蒂蒙斯认为,创业机会主要来自改变、混乱或不连续的状况,主要有七个来源,具体如下:

1. 法规的改变。

2. 技术的快速变革。

3. 价值链或销售渠道的重组。

4.技术的创新。

5.现有管理或投资者的不良管理或没落。

6.具有创业精神的领导。

7.市场领导者受限于客户需求,忽视下一波客户需要。

3.1.4　创业机会的类型

根据分类角度的不同,对创业机会可进行不同的分类。

1)按目的-手段关系的明确程度分类

识别型创业机会是指当市场中的目的-手段关系十分明显时,创业家可通过目的-手段关系的连接来轻松辨识机会。

发现型创业机会是指当目的或手段任意一方的状况未知,等待创业者去进行机会发掘,较难辨识的创业机会。

创造型创业机会是指完全要靠创业者新创造,几乎无法辨识的创业机会,其根本原因在于手段和目的皆处于不明朗的状态。不过,在这种情况下对创业者的机会识别能力要求也特别高。

2)按目的-手段关系中的目的性质分类

问题型创业机会是指由现实中存在的未被解决的问题所产生的机会。

趋势型创业机会是指在变化中看到未来的发展方向,预测到将来的潜力和机会。

组合型创业机会是指基于环境变化、顾客需求、创新变革、市场竞争等多种因素,为创造顾客新价值而产生的,且通常是由多项技术、产品或服务组合而成的创业机会。

3)按目的-手段关系中的手段方式分类

复制型创业机会是指创业机会所运用的手段是对现有手段的模仿性创新。

改进型创业机会是指创业机会所运用的手段是对现有手段的渐进性创新。

突破型创业机会是指创业机会所运用的手段是对现有手段的开创性创新。

3.2　创业机会的识别与评价

3.2.1　创业机会的识别

相对于整体意义上的机会识别过程,这里的机会识别应当是狭义上的识别,即从创意中筛选合适的机会。这一过程包括以下内容:

①当出现机会时,应根据前述创业机会的特征进行分析,判断其是否为有利的商业机会。

②考察对于特定创业者和投资者来说,这一机会是否有价值,也就是个性的机会识别阶段。众所周知,创业活动是创业者与创业机会的结合,对于任何人而言,有些机会只能看见,

却不能由自己把握。影响创业机会识别和把握的既有主观因素也有客观因素。

③由于创业者个性特质的差异,更由于各创业者面临的创业环境和资源约束条件的不同,所以尽管创业者发现了创业机会,即使创业机会的价值潜力再大,如果自己缺乏相应的必备条件和因素,也不要盲目创业,更不意味着成功就在眼前,因为并非所有机会都适合每个人。盲目行动带来的后果往往可能是血本无归。

学者们普遍认为,一方面,创业者识别并开发创业机会;另一方面,创业机会也在选择创业者。只有当创业者和创业机会之间存在恰当的匹配关系时,创业活动才最有可能发生,也更有可能取得成功。

3.2.2 创业机会的评价维度

创业是一项风险极高的活动,但同时也是一个充满机会的领域。对于想要创业的人来说,如何评价一个创业机会的好坏至关重要。创业机会评价策略可以从以下几个维度进行。

1)市场规模

市场规模是评估创业机会的重要指标。创业者需要对所处行业进行深入的市场调研,了解市场的容量、增长率、竞争情况等。如果市场规模较小,增长缓慢,那么创业机会较小。如果市场规模较大,增长迅速,那么创业机会就会更大。

2)市场需求

市场需求是评价创业机会的另一个重要指标。创业者需要了解市场上的需求是否存在,以及需求的程度和稳定性。如果市场需求量大、持续稳定,那么创业机会就会更好。同时,创业者还需要了解市场上的竞争情况,以及自己的产品或服务是否能够满足市场需求。

3)创新性

创新性也是评价创业机会的重要指标。创新的产品或服务往往能够引起市场的关注,获得更多的机会。创业者需要了解自己的产品或服务是否具有创新性,是否能够满足市场上的需求,并且是否能够与竞争对手区分开。

4)商业模式

商业模式也是评价创业机会的重要指标。创业者需要了解自己的商业模式是否可行,是否能够为自己带来足够的利润。同时,创业者还需要了解自己的商业模式是否具有可持续性,是否能够长期运营。

5)团队能力

团队能力也是评价创业机会的重要指标。团队的能力和素质直接影响着创业的成功与否。创业者需要了解自己的团队是否具有足够的专业技能和经验,是否能够应对市场上的挑战。同时,创业者还需要了解自己的团队是否具有良好的沟通能力和团队合作精神。

创业机会评价策略可以从市场规模、市场需求、创新性、商业模式和团队能力等多个维度进行分类。创业者需要对这些维度进行全面的评估,从而找到一个具有潜力的创业机会。

同时,创业者还需要具备足够的勇气和决心来迎接创业的挑战。创业机会评价策略可以从哪些维度进行,这些维度也是创业者需要了解和掌握的重要知识点。

3.2.3 创业机会的评价体系

成功识别创业机会,对创业机会进行科学、理性、系统的评价是创业活动成功的起点和基础。蒂蒙斯创业机会评价体系给我们提供了一套系统的评价框架和可量化的指标体系。这个工具可以帮助创业者科学深入地评价创业项目的可行性及其价值。

1)蒂蒙斯创业机会评价体系

蒂蒙斯创业机会评价体系涉及行业和市场、经济因素、收获条件、竞争优势、管理团队、致命缺陷问题、个人标准、理想与现实的战略差异8个方面的53项指标。创业者通过定性或量化的方式,可以利用这个模型体系对行业和市场问题、竞争优势、财务指标、管理团队和致命缺陷等做出判断,从而评价一个创业项目或创业企业的投资价值和机会(表3-1)。

表 3-1 蒂蒙斯机会评价体系表

行业与市场	1. 市场容易识别,可以带来持续收入 2. 顾客可以接受产品或服务,愿意为此付费 3. 产品的附加价值高 4. 产品对市场的影响力大 5. 将要开发的产品寿命长 6. 项目所在的行业是新兴行业,竞争不激烈 7. 市场规模大,销售潜力达到 1 000 万 ~10 亿元 8. 市场成长率为 30% ~50% ,甚至更高 9. 现有厂商的生产能力几乎完全饱和 10. 在五年内能占据市场的领导地位,达到 20% 以上 11. 拥有低成本的供货商,具有成本优势
经济价值	1. 达到盈亏平衡点所需要的时间在 1.5 ~2 年 2. 盈亏平衡点不会逐渐提高 3. 投资回报率在 25% 以上 4. 项目对资金的要求不是很大,能够获得融资 5. 销售额的年增长率高于 15% 6. 有良好的现金流量,能占到销售额的 20% ~30% 7. 能获得持久的毛利,毛利率要达到 40% 以上 8. 能获得持久的税后利润,税后利润率要超过 10% 9. 资产集中程度低 10. 运营资金不多,需求量是逐渐增加的 11. 研究开发工作对资金的要求不高
收获条件	1. 项目带来的附加价值具有较高的战略意义 2. 存在现有的或可预料的退出方式 3. 资本市场环境有利,可以实现资本的流动

续表

竞争优势	1. 固定成本和可变成本低 2. 对成本、价格和销售的控制较高 3. 已经获得或可以获得对专利所有权的保护 4. 竞争对手尚未觉醒，竞争较弱 5. 拥有专利或具有某种独占性 6. 拥有发展良好的网络关系，容易获得合同 7. 拥有杰出的关键人员和管理团队
管理团队	1. 创业者团队是一个优秀管理者的组合 2. 行业和技术经验达到了本行业内的最高水平 3. 管理团队的正直廉洁程度能达到最高水平 4. 管理团队知道自己缺乏哪方面的知识
致命缺陷	不存在任何致命缺陷
创业家的 个人标准	1. 个人目标与创业活动相符合 2. 创业家可以做到在有限的风险下实现成功 3. 创业家能接受薪水减少等损失 4. 创业家渴望进行创业这种生活方式，而不只是为了赚大钱 5. 创业家可以承受适当的风险 6. 创业家在压力下状态依然良好
理想与现实的 战略性差异	1. 理想与现实情况相吻合 2. 管理团队已经是最好的 3. 在客户服务管理方面有很好的服务理念 4. 所创办的事业顺应时代潮流 5. 所采取的技术具有突破性，不存在许多替代品或竞争对手 6. 具备灵活的适应能力，能快速地进行取舍 7. 始终在寻找新的机会 8. 定价与市场领先者几乎持平 9. 能够获得销售渠道，或已经拥有现成的网络 10. 能够允许失败

评价体系说明：

①主要适用于具有行业经验的投资人或资深创业者对创业企业的整体评价。

②该指标体系必须运用创业机会评价的定性与定量方法才能得出创业机会的可行性及不同创业机会间的优劣排序。

③该指标体系涉及的项目比较多，在实际运用过程中可作为参考选项库，结合使用对象、创业机会所属行业特征及机会自身属性等进行重新分类、梳理简化，提高使用效能。

④该指标体系及其项目内容比较专业，创业导师在运用时，一方面要多了解创业行业、企业管理和资源团队等方面的经验信息，另一方面要掌握这50多项指标内容的具体含义及评估技术。

2）应用蒂蒙斯创业机会评价体系时的注意事项

（1）影响创业机会评价结果的三个重要因素

①评价主体的个性特征差异。由于评价者在信息处理方式和行为决策风格等方面存在显著差异，使不同评价者在评价同一个创业机会时会出现结果差异，为规避个性差异可采用"360度"的评价模式。

②评价主体的工作年限。蒂蒙斯在研究中指出，企业工作经验对创业者能否做出正确判断有重要影响作用，他认为"具有至少10年的企业经验，才能识别出各种商业行为，并获得创造性的预见能力和捕捉商机的能力"。因此，工作年限超过10年的创业者的意见比工作年限较短的创业者和管理者的意见更值得重视，评价结果更为可靠。

③评价主体的管理经验。在进行机会评价时，评价者的知识结构、专业技能会起到重要的影响作用。有高管工作经验意味着可以掌握更多的决策经验和资源控制能力。

（2）评价创业机会的五项基本标准

无论采用何种评价体系和评价方法，都需要考虑创业机会评价的基本标准。有研究指出，评价创业机会至少有以下五项基本标准。

①对产品有明确的市场需求，推出的时机也是恰当的。

②投资的项目必须能够维持持久的竞争优势。

③投资必须具有一定的高回报，从而允许一些投资中的失误。

④创业者与机会之间必须相互合适。

⑤机会中不存在致命的缺陷。

延伸阅读3

为什么有些人看得到创业机会，而有些人则看不到？

有些人比其他人更善于获取那些提供创业机会的变革信息，有以下几个影响因素非常重要。

首先，有些人在社会网络中处于更佳的位置。个人社会关系网络的深度和广度影响着机会识别，建立了大量社会与专家联系网络的人，比那些拥有少量网络的人容易得到更多机会和创意。

其次，个体的工作或生活经验使他们比其他人更接近于能提供创业机会的变革信息。在特定产业中的先前经验有助于创业者识别机会。

最后，有些人可能因为具有创业警觉，拥有"第六感"，从而使其获取别人看到了却没有引起注意或者注意到了却没有引起触动的信息。创业者应具备敏锐的市场嗅觉和洞察力。

需求要靠挖掘，机会要靠发现！如何才能抓住创业机会呢？

机遇对每个人都是平等的，它总是悄然而至，原地踏步的人会与机遇擦肩而过，只有会思考的聪明人，才能有幸抓住机遇的橄榄枝。

要有独特的思维方式。机会往往是被少数人抓住的。怎么寻找创业机会？我们要克服从众心理和传统习惯思维的束缚，敢于相信自己，有独立见解，不人云亦云，不为别人的品头论足、闲言碎语所左右，才能发现和抓住被别人忽视或遗忘的机会。

要有良好的市场调研习惯。发现创业机会的最根本一点是深入市场进行调研。要了解市场供求状况和变化趋势,看看顾客的需求是否得到了满足;要了解竞争对手的长处与不足。

要多看、多听、多想。我们常说见多识广、识多路广。我们每个人的知识、经验、思维以及对市场的了解不可能做到面面俱到。多看、多听、多想能使我们广泛获取信息,及时从别人的知识、经验、想法中汲取有益的东西,从而增强发现机会的可能性。

抓住机会要提升自身各方面的能力,除了善于思考之外,还应有一个良好的心态。

案例故事5

李维斯的创业机会

大家都知道牛仔裤的发明人是美国的李维斯。当初他跟着一大批人去西部淘金,途中一条大河拦住了去路,许多人感到愤怒,但李维斯却说"棒极了"。他设法租了一条船给想过河的人摆渡,结果赚了不少钱。不久摆渡的生意被人抢走了,李维斯又说"棒极了"。因为工人采矿出汗很多,饮用水很紧张,于是别人采矿他卖水,又赚了不少钱。后来卖水的生意又被抢走了,李维斯又说"棒极了"。因为采矿时工人跪在地上,裤子的膝盖部分特别容易磨破,而矿区里却有许多被人丢弃的帆布帐篷,李维斯就把这些旧帐篷收集起来洗干净,做成裤子。这些裤子销量很好,牛仔裤就是这样诞生的。李维斯将问题当作机会,最终实现了致富梦想,得益于他有一种乐观、开朗的积极心态。

延伸阅读4

头脑风暴法

头脑风暴法(Brainstorming)也称智力激励法、集脑会商法、BS法,是由美国BBDO广告公司总经理亚历克斯·奥斯本于1939年首次提出,1953年正式发表的一种激发创造性思维的方法。头脑风暴法不是由某一个创意人员单独思考构想,而是组织一批专家、创意人员和有关人员,对广告创意主题进行集中讨论,面对面商量,通过听取与会人员的意见和建议,依靠集体智慧,最后形成创意构想,并加以发展完善。

1. 具体做法

(1)确定议题——具体的点子和想法。

(2)脑力激荡——核心环节(5~12人、30分钟至1小时、主持人和记录员)。

(3)筛选评估——及时归纳、筛选出最佳设想。

2. 必须遵循的原则

(1)不可批评别人的提议。

(2)主意越不着边际越好。

(3)鼓励改进、综合他人建议。

(4)气氛要积极、热烈。

(5)强调量的作用,越多越好,以量生质。

课堂互动 3

默写式头脑风暴法——635 法抓住创业计划

1. 道具

举行 635 会议时,先由教师宣布议题,解答疑问,然后发给每个人三张设想卡片,每张卡片标上号码 1、2、3,号码之间要留有较大空白,以便其他人补充填写新的设想。

2. 流程

在第一个 5 分钟里,每人针对议题写三个设想,然后把设想递给右邻。在下一个 5 分钟里,每个人从别人填写的设想里得到启发,再填上三个设想。这样经过 30 分钟传递了 6 次,共产生 108 个设想。

课堂互动 4

卡片式头脑风暴法抓住创业计划

卡片式头脑风暴法分为以下四个阶段:

1. 会前准备阶段

明确会议主题,确定 3 ~ 8 人参加,每个人发 50 张卡片,桌上另放卡片备用,会议时间约 1 小时。

2. 独奏阶段

会议最初的 5 分钟,由与会者各自在卡片上填写设想,一卡一设想。

3. 共振阶段

与会者依次宣读设想(一人宣读一张),宣读后其他人可以提出质询,也可将启发后的新设想填入卡片。

4. 商讨阶段

最后 20 分钟,让与会者互相交流和探讨各自提出的设想,从中又发出新的设想。

3.3 大学生创业机会寻找

在我国,大学生创业已经成为一种新的生活方式和就业选择,越来越多的大学生愿意选择创业。数据显示,目前我国大学生创业的数量已经超过 100 万人,成为创业群体中的一支重要力量。大学生在创业过程中有自身的优势与劣势,需要在充分认知的条件下,寻找适合自己的创业机会。高校为大学生提供了得天独厚的创业环境。大学生平时在学校学习,不仅可以利用学校现有的资源,还可以接受教师和同学的启发,在学习、工作实习、社团活动中寻找创业机会,既增加了一份成功的筹码,也减少了一份创业失败所要承担的巨大风险。

3.3.1 大学生创业的优劣势

1）大学生创业优势

相比其他创业者,大学生作为一个独特的群体,有很多共同的优点。

（1）教育背景

大学生具有较好的教育背景,接受过系统化、专业化的知识和技能培训,善于学习,这为创业提供了一定的保障。

（2）创新能力

大学生的年龄较轻,思维灵活,没有思维禁区,容易接受新思想,具有更多的创新能力。

（3）精力旺盛

大学生都是年轻人,有自信,有激情,不畏缩,精力旺盛,这些都使他们创业氛围良好,能够有效推动事业发展。

（4）负担小

年轻是最大的本钱,大学生普遍家庭负担较小,可以放手一搏,有经受失败的余地。

（5）资源共享

大学生创业可以利用学校的资源,包括创业支持机构、科研设备、学术资源等,为创业提供了更多的支持。

2）大学生创业劣势

当然,大学生创业也面临着一些挑战。

（1）经验不足

大学生缺乏实践经验和职业经历,尤其缺乏人际关系和商业网络,可能会在管理、市场拓展、人力资源等方面遇到困难。

（2）资金压力

对于初入社会的大学生来说,资金是个大问题,他们的创业资金来源有限,往往需要依赖自己的家庭、朋友和亲戚。

（3）学业压力

大学生创业需要同时面对学业和创业的双重压力,需要在两者之间找到平衡点。

（4）抗击打力不足

独立人格尚未塑造完全,可能会在社会中遭受打击后难以重新调整。

3.3.2 大学生创业机会接触渠道

1）创业教育中的萌芽机会

各高校在对大学毕业生进行创新创业教育过程中,注重对其创业知识和创业意识的培养。首先,辅助大学生培养积极的创业意识,指导大学生进行创业。其次,完善大学生的创业知识,促进学生对创新创业进行深刻的认识。最后,采取系统的措施培养大学生创新创业能力。如建立创新创业大数据平台,掌握大学生创新创业动态,大学生可在平台中获得所遇问题的建议性方案,继而萌生创业机会。

2）创业实践中的接触机会

学校会引导学生参与各种创新创业大赛,让学生自主选择创新创业必修课,同时组织创业培训等,促进校内校外联动,为学生提供实习渠道,如与当地中大型企业建立合作关系。或者会寻求政府支持,与政府人力资源部门等人力组织方面取得联系,增加实习岗位。另外,还可能会参与孵化园建设,让大学生在实习中进行书本与实际的对比,在潜移默化中接受创业的思维与创业训练,从而接触不少的创业机会。

3）科学研究中的利用机会

拥有较为丰富的科学文化知识是当代大学生创业者最大的资本。特别是理科院校的学生,平时进行最多的便是科学研究实践。因此,将科研成果商业化是大学生创业机会的重要来源。大学生背靠高校,这使他们拥有无法比拟的优越条件。学校高精尖的研究项目可以为大学生创业者提供技术支持。几乎每个大学都有一批知识渊博、训练有素的教授、学者和教师队伍,他们不仅精通本专业基础理论和专业知识,具有丰富的教学经验和科学的教学方法,而且还承担大量的科研工作,拥有相当数量的科研成果和专利技术。这些研究成果完全可以转化为创业项目,进而为大学生提供创业机会。

4）科学实践创造中的创业机会

学校先进的仪器设备给大学生创业提供了实践条件。实验设备是高校培养大学生实践动手能力的必备之物,有些设备的质量甚至高于社会企业或科研单位的设备质量,不少高校的部分实验室还对大学生免费开放,它们不仅保证了课堂教学和实验研究,还给大学生提供了进行科学实践的场所。在这里大学生可以将智慧变为各式各样的发明、专利,为自己创造创业的机会。

5）充分利用政策带来的机会

近年来,政府部门为大学生创新创业提供了有利环境。各级政府从多方面为高校毕业生及在校学生创新创业提供扶持,如降低创业门槛、鼓励打造创业的孵化器、建设众创空间、大力推进创新创业指导专家智库的建设,设立大学生创新创业基金等;积极筹办"互联网+""挑战杯""三创"等涉及面广、实践性强的比赛;同时,互联网与传统产业的深度融合,数字技术对传统制造的渗透改造,以及一些新兴产业、新业态、新技术的持续兴起,也为高校毕业生和在校学生的创新创业提供了极好的机遇。

延伸阅读5

在厦门理工学院举办的第五届梦想工厂校际创业大赛上,福州大学厦门工艺美术学院毕业的黄陈樟创办的"食指街"外卖网站以其突出的业绩,引起了评委们的浓厚兴趣。

据介绍,该网站注册用户超过6 000人,占周边高校学生总人数的1/6左右。黄陈樟说:"想到大学校园里每6个人就有一个是自己的用户,内心的满足感便油然而生。"

"食指街"外卖网站日营业额上万元,进驻商家68家。黄陈樟告诉记者,"食指街"的盈利方式主要通过合作商家返点。由于雇用了在校大学生当配送员，基本能保证送餐到门口，所以很受大学生欢迎。为了方便同学们随时随地下单，他们还推出了"食指街"手机客户端。"有了 App，同学们在即将下课时可用手机下单，不用再等到回宿舍用电脑操作了。"

从踏入大学校门开始，黄陈樟就尝试着创业。深谙大学宅文化的他在宿舍囤积了一批适合当夜宵的零食，每当门禁后他就忙了起来。上楼下楼，他亲自把夜宵送到有需求的同学宿舍。后来，他的业务范围扩大到其他楼栋，销售商品的类别也多了起来。当时他的订单都是通过淘宝下单或者电话订购。

黄陈樟在网上看见一个高中同学在秀自己创建的网站，他随即请这个同学帮忙设计了"食指街"外卖网。有了自己的网站，黄陈樟开始寻找入驻的商家。为了取得商家的信任，他免费配送，并且保证当天结算清楚。

他招了三个高校的 10 多名贫困生做配送员，以便能直接把食物送到宿舍门口。和其他外卖网仅发"计件工资"不同的是，他给每个配送员至少 50 元的基本工资，"如果送餐量不够的话就可能亏本"。

在这个拥有 4 万人左右的大学城，外卖网站并不止"食指街"一家。但是，做大了的只有"食指街"一家。当别的外卖网放弃时，黄陈樟立即出资将其收购过来，把用户吸纳到自己的网站上。

嗅到手机客户端的新商机，黄陈樟又一次性花了 10 万元，请人做了一款基于 IOS 和 Android 的手机客户端。这让他意识到，"没有自己的技术团队，这条路走不远"。

黄陈樟通过身边的朋友，辗转找到国内某知名数字地图提供商的技术团队。他以部分股份相送，对方用下班后和周末时间来维护"食指街"外卖网。"食指街"创业团队核心成员共有 13 人，其中 6 人负责运营、7 人负责技术。

黄陈樟的创业故事经当地媒体报道后，他不断接到来自各方的电话，"有希望入股的，也有希望合作的"。但是，他都婉言谢绝了。"其实'食指街'外卖网本身并不太盈利。前期的盈利随即就投入下一步计划。团队也就维持着保本的状态。"不过，对于自己的未来，他心中有数："我们将推出全新的网站和手机 App，同时将推广到其他大学城。"

课堂互动 5

全班同学分成若干小组，每组 10 人左右(可和前一项活动衔接)。每组分成两部分：一部分同学负责运用本单元讲述的与创意有关的知识(可结合前一个活动的成果)设计一个创业计划；另一部分同学负责运用本单元讲述的创业机会评价有关知识对该创业计划进行评价。

为每组提供为期一周的准备时间，一周后组织召开一次项目评价会。

会上，各组轮流上台展示。每组先派一位同学简要介绍自己的创业计划(时间 3 分钟)，然后再派一位同学对该项目进行详细的评价分析，并作出评价结论(时间 7 分钟)。

任课老师和学生代表组成评判团，对各组的表现进行评价打分，最后评出一个最佳企业创意奖和一个最佳评价奖进行表彰奖励。

案例分析

马化腾是如何发现并评价创业机会的

马化腾,这个名字你可能不那么熟悉,但对互联网上那只戴着红领巾的小企鹅 QQ 形象,你必定是十分熟悉的。它改变了数亿人的沟通习惯,创造了一种网络时代的文化,引领出一种新的盈利模式。QQ 的孕育者就是马化腾。

1984 年就随父母从海南来到深圳的马化腾以前很喜欢天文,但那毕竟有些遥远。而当计算机出现在他面前时,他的生活便有了新的主宰。在深圳大学读计算机专业的时候,马化腾的计算机水平已令教师和同学刮目相看,他既是各种病毒的"克星",会为学校的 PC 维护带来不错的解决方案,同时又经常搞一些将硬盘锁住的恶作剧,让学校机房管理员哭笑不得。

1993 年从深圳大学毕业后,马化腾进入深圳润迅公司,开始做软件工程师。1997 年,马化腾第一次认识了 ICQ。一接触,他便被其无穷的魅力所吸引,随即就注册了一个账号。但使用了一段时间后,他觉得英文界面的 ICQ 在中文用户中想获得推广并不是一件容易的事。于是他就想,自己能否做个类似于 ICQ 的中文版本工具呢?

1998 年 11 月,马化腾与同学张志东合作,在深圳注册了深圳市腾讯计算机系统有限公司,决定开发一款中文 ICQ 软件。从此,他踏上了创业征途。

同其他刚开始创业的互联网公司一样,资金和技术就是腾讯最大的问题。"首先就是缺资金,资金有了软件又跟不上。"1999 年初,腾讯开发出第一个"中国风味"的 ICQ,即腾讯 QQ,立刻受到用户欢迎。在马化腾为资金犯难的时候,他有了把 QQ 卖掉的想法,先后和四家公司谈判,但都以失败告终。马化腾只好四处去筹钱。1999 年下半年,从美国到中国,互联网开始升温,受昔日老友丁磊海外融资的启发,马化腾拿着改了 6 次的版本、20 多页的商业计划书开始寻找国外风险投资,最后遇到了 IDG 和盈科数码,他们给予了 QQ 220 万美元的投资。从此,新的一轮创业开始。截至 2004 年 9 月,腾讯 QQ 总注册用户数为 3.55 亿,活跃用户数 1.19 亿,QQ 用户最多同时在线 730 万、QQ 游戏用户最多同时在线 78 万,跃居中国第一大休闲游戏门户。

对于马化腾的成功,有人说就是运气太好。而马化腾总结说,是对 QQ 的专注成就了今天的自己。

"他就是一个专注的人",几乎所有业内伙伴提到这位老板,都会用"专注"这个词。一直以来,腾讯都在做而且只做完善和规范 QQ 服务的工作,它是国内唯一专注从事网络即时通信的公司。

马化腾每一天的大部分时间都在网上,他上网只有一个目的,在互联网的犄角旮旯里发掘新的商机。QQ 秀就是他在网上觅到的"一块肥肉"。偶然一次,马化腾发现韩国推出了一种给虚拟形象穿衣服的游戏,马化腾觉得这个很有意思,就把这套东西给学过来,搬到 QQ 里尝试推广。他同时找到一些著名的手机和服装公司,将他们最新款的产品通过 QQ 秀用户下载进行推广。QQ 秀通过为这些公司推广服饰设计、手机等多种产品,很快风靡了"Q

族"世界,而腾讯没有为 QQ 秀的服装、饰品花费任何的"银子"。

马化腾说,这一块业务的增长很快,已有超过 40% 的用户进行了购买。马化腾盘算,如果每位用户愿意花 1~2 元的话,仅 QQ 秀收入就已经相当可观了。马化腾那独到的眼光又一次为腾讯挣到了钱,2004 年前三季度,腾讯盈利达到 3.28 亿元。

马化腾的经营哲学就是"三问自我"。

一问:这个新的领域你是不是擅长?他的竞争对手多半对商务、利润、资本感兴趣,却不能准确把握客户的真正需求;而马化腾凭借对网络市场一种朦胧又相当有预见性的理解,用近乎偏执的兴趣和近乎狂热的工作热情搭起腾讯的架子,牢固坚持以技术为核心的企业理念,专注于技术开发和提升质量,当然能高出对手一筹。

二问:如果你不做,用户会损失什么吗?做软件工程师的经历使马化腾明白,开发软件的追求是实用,而不是写作者的自娱自乐:"其实我只是个很爱网络生活的人,明白网迷最需要什么,所以为自己和他们开发最有用的东西,如此而已。"

三问:如果做了,在这个新的项目中自我能持续多大的竞争优势?1999 年下半年,腾讯在网络寻呼系统市场上越做越大,淘到大桶"金银",然而,也面临着重大选择:一方面,寻呼行业在走下坡路;另一方面,腾讯的 QQ 用户数达到了 100 万,而且仍在迅猛增长。早先,QQ 就只是作为公司的一个副产品而存在,马化腾对 QQ 所蕴含的巨大市场价值并没有足够的认识,并且无论是从技术上还是资金上,他对自己究竟能持续多大的竞争优势都没有把握。当时,腾讯所采取的策略就是"三管齐下":一是继续巩固传统网络寻呼系统带来的超多利润;二是将精力更多集中在改善 QQ 功能和开发新版本上;三是寻找风险投资的支持。事实证明,这样的策略是正确的。

思考:

1. 你认为马化腾的创业机会来自哪几个方面?
2. 你认为他是如何评估他的创业机会的?

本章小结

创业机会是未明确市场需求或未充分使用的资源或能力,它不同于有利可图的商业机会,其特点是发现甚至创造新的目的-手段关系以实现创业收益,对于"产品、服务、原材料或组织方式"有极大的革新和效率的提高。好的创业机会具有价值性、可行性、时效性、风险性等几个特征。创业机会有几大来源,包括问题与需求、变化、竞争、创造发明、新知识和新技术的产生、创业者的兴趣爱好等。创业机会可以进行不同的分类。其中,蒂蒙斯创业机会评价体系是一套系统的评价框架和可量化的指标体系。大学生进行创业具有独特的优劣势和政策环境。

第4章
创业团队建设

知识提要
（1）创业团队的内涵、特征及类型；
（2）创业团队的组建与分工；
（3）创业团队的激励与管理。

学习目标
（1）理解创业团队对创业成功的重要性；
（2）掌握创业团队的内涵、特征及类型；
（3）掌握创业团队的激励与管理。

名人名言

我更喜欢拥有二流创意的一流创业者和团队，而不是拥有一流创意的二流创业团队。

——乔治·多里特

案例导入

俞敏洪：破解组建核心创业团队之道

新东方教育科技集团创始人兼董事长俞敏洪对创业初期如何组建核心团队谈了自己的看法，从新东方最早的核心成员加盟过程，他分析表示，利益吸引人是很难的，而价值观和创业愿景，以及对彼此的尊重才是最大的吸引力。

从包产到户到雄心壮志

我喜欢跟一批人干活，不喜欢一个人干。创业初期，环顾周围的老师和工作人员，能够成为我的合作者的几乎没有，看来合作者只能是我大学的同学。我就到美国去了，跟他们聊天，刚开始他们都不愿意回来。两个因素导致他们都回来了。第一，我在北大的时候，是北大最没出息的男生之一。我去美国时中国还没有信用卡，带的是大把的美金现钞。大家觉得俞敏洪在我们班这么没出息，在美国能花大把大把的钱，要我们回去还了得吗？我用的第二个方法，就是告诉他们："如果我回去，我绝对不雇用大家，我也没有资格，因为你们在大学是我的班长，又是我的团支部书记，实在不济的还睡在我上铺，也是我的领导。中国的教育市场很大的,我们一人做一块,依托在新东方下,凡是你们那一块做出来的,我一分钱不要,你们全拿走。你们不需要办学执照,启动资金我提供,房子我来帮你们租,只要付完老师工资、房租以后,剩下的钱全拿走,我一分钱不要。"就这样,我把他们忽悠回来,到2003年新东方股份结构改变之前,每个人都是骑破自行车干活。第一年回来只拿到5万、10万,到2000年每个人都有上百万、几百万的收入。所以大家回来干得很好、很开心。我这个人最不愿意发生利益冲突,所以就有了"包产到户"的模式,朋友合伙,成本分摊,剩下的全是你的。

公司发展时期的三大内涵,第一是治理结构,公司发展的时候一定要有良好的治理结构;第二是要进行品牌建设,品牌建设不到位的话,公司是不可能持续发展的;第三是利益分配机制一定要弄清楚,到第三步不进行分配是不可能的,人才越聚越多,怎么可能不分配呢?

改革改的不是结构而是心态

心态不调整过来,结构再好也没有用。新东方股权改革后,两个问题出现了:第一个,原来的利润是全部拿回家的。新东方年底算账,账上一分钱不留下来,都分回家了。现在公司化,未来要上市,就得把利润留下,大家心理马上就失衡。第二,合一起干之后,本来我这边100%归我,现在80%不是我的,动力就没有了。

大家觉得股权不值钱,拿10%的股份,不知道年底能分多少红,开始闹。我就给股份定价:"如果大家实在觉得不值钱,我把股份收回来,分股份的时候,这个股份都是免费的,现在每一股一块钱收回来,一亿股就值一亿人民币,我把你们45%的股份收回来。"我说收,他们不回我。我向他们收股票,他们虽不愿意卖,但这带来两个好处,一是表明我是真诚的,更重要的是给股票定了一个真正的价格,他们原来觉得定一块钱是虚的,"你定一块钱,这个股票值不值钱不知道",现在我真提出用一块钱一股买回来的时候,他们发现这个股票是值钱的,因为最多分到10%,相当于1 000万元现金,他们觉得值钱了。

过去自己一个人演独角戏时,各种成功与荣耀都集中在自己身上,自己也可以一言九鼎。但是当组织结构不断扩大,仅靠一个人的力量无法完成整个机构的运转时,吸取他人的意见和建议成为管理成功的关键。在现代化管理组织机构建立的过程中,自己的决策能力必然会被越来越多的智囊所淡化,同事们的直言甚至可能伤害自己的尊严。那么,作为一个管理者,应该加强与团队中所有人员的相互了解。只有对每个人的个性、道德品格、缺点非常了解后,大家才可能一起进行批评和自我批评,而且是毫不留情面的。了解方式可以是工作中的互相切磋,可以是哥们似的促膝谈心,根据不同同事的性格制造增进了解的机会非常必要。当你知道对方缺点,同时也知道对方优点的时候,做一件事情要学的就是尽可能使用对方的优点,避开对方的缺点。对任何一个人的优点进行弘扬,可以使自己团队中的每一个人都是在应用自己的长处做事。同时作为一个管理者只有看到大家的长处,并认可长处,才有可能心服口服地把曾经属于自己的权力、荣誉逐渐让渡。每个管理者都希望成功,任何一个优秀的同事也渴望成功,让更多优秀同事享受你让渡的荣耀是团队凝聚力形成的重要原因。

思考:

1. 你认为一个成功的创业团队应该包含哪些特征?

2.新东方创业团队是如何组建的?

3.企业成长过程中如何管理团队?

4.如何处理创始团队的股权问题?

4.1 创业团队认知

创业要想成功,团队是最重要的,无须团队中的每个人都是超人(superman),但我们需要许多人组成一个最佳团队(superteam)。

4.1.1 创业团队的内涵

1)群体与团队

在社会学中对群体的含义曾有很大的争议,社会学家尚未对群体的定义达成共识,而群体的传统定义是一群彼此有互动且住在共同区域的人。

团队是群体的特殊形态,是一种为了实现某一目标而由相互协作依赖并共同承担责任的两个或者两个以上的个体,按照一定规则结合在一起所组成的群体。

群体示例:农民工、大学生、社会弱势群体。

团队示例:创业团队、科研团队、教学团队。

表4-1是群体与团队在诸多方面的比较。

表 4-1 群体与团队对比表

比较项目	群体	团队
目标实现	不需要成员间相互依存	需要成员间彼此协调且相互依存
整体绩效	等于每个成员个体绩效之和	大于每个成员个体绩效之和
绩效评估	以个人表现为依据	以团队整体表现为依据
责任承担	只承担个人成败责任	一起承担成败责任并同时承担个人责任
工作关系	比较松散	紧密合作
技能结构	相互独立的、可以替换的	互补的
内部规范	无意识地通过习惯的力量形成,界定模糊并具有排他性	有意识地共同约定的,界定清晰并具有宽容性
角色地位	角色之间差别较小	角色之间差别较大

课堂互动 1

1.周末我参加了网上组织的驴友团去郊外爬山,这个驴友团是团队还是群体? 为什么?

2.将全班同学分为两组进行大合唱比赛,胜出者将有奖品,这两个小组是团队还是群体? 为什么?

延伸阅读 1

团队盛行溯源

团队的流行其实与 20 世纪 60 年代日本经济腾飞有关,90 年代日本在产业技术方面发展较为迅速,除了航天工业,跟美国几乎不相上下,在光电技术、机器人、处理机等方面甚至超过了美国。这与日本的团队经营模式有关。

第二次世界大战后,日本除人力资源外几乎没有竞争优势,日本企业的单个员工与其他国家相比并不占有优势,但如果把凝聚力和对企业的归属感、忠诚度综合起来考察,日本企业是无与伦比的。日本企业中到处弥漫着团队的精神和气氛。

30 年前,丰田、沃尔沃等企业将团队引入生产过程曾轰动一时。但 30 年后的今天,世界 500 强中如果哪个企业没有采用团队形式,则会成为新闻热点。仅仅 30 年的时间,团队管理已经如此普及,渗透到各个优秀企业、各个部门,甚至政府部门都把团队管理奉为圭臬。

案例故事 1

天堂与地狱

一位行善的基督徒去世后想知道天堂与地狱究竟有何差异,于是天使就先带他到地狱去参观。到了地狱,在他们面前出现一张很大的餐桌,桌上摆满了佳肴,地狱的生活看起来还不错!"不用急,你再继续看下去。"天使说。

过了一会儿,用餐时间到了,只见一群瘦骨如柴的饿鬼鱼贯而入。每个人手上拿着一双长十几尺的筷子。可是由于筷子实在是太长了,最后每个人都夹得到但吃不到。"你不觉得很悲惨吗?我再带你到天堂去看看。"天使接着说。

到了天堂,同样的情景,同样的满桌佳肴,每个人同样用一双长十几尺的筷子。不同的是围着餐桌吃饭的是一群可爱的人。他们也用同样的筷子夹菜,不同的是他们喂对面的人吃菜,而对方也喂他吃,因此每个人都吃得很愉快。

2)创业团队

狭义的创业团队是指由两个或两个以上才能互补、拥有相同创业目标、共享创业收益、共担创业风险、愿为共同创业目标奋斗的人所组成的工作团队。

广义的创业团队则不仅包括狭义创业团队,还包括与创业过程有关的各种利益相关者,如风险投资家、专家顾问、供应商、代理商等。

由以上表述,可以看出创业团队的五个组成元素。

(1)目标

创业团队的存在使创业活动中的各项事务依靠团队来运作而不是依靠个人。创业团队应该有一个既定的创业目标(purpose),该创业目标应成为团队的共同奋斗理想。

(2)人

创业团队的构成是人(people),在新创企业中,人力资源是所有创业资源中最活跃、最重要的资源。因为创业的共同计划是通过人来实现的,不同的人通过分工共同完成创业团队的计划,所以人员的选择是创业团队建设中非常重要的一个部分,创业者应当充分考虑团队成员的能力、性格等方面的因素。

（3）定位

定位（place）是指创业团队中的具体成员在创业活动中扮演什么样的角色,也就是创业团队的分工定位问题。定位问题关系到每个成员是否对自身的优劣有清醒的认识。创业活动的成功推进,不仅需要整个企业能够寻找合适的商机,同时也需要整个创业团队能够各司其职,并且形成一种良好的合力。因此,每个创业团队成员都应当对自身在团队中的位置有正确的定位,并且根据这个定位充分发挥主观能动性,推进企业成长。

（4）权力

为了实现创业团队成员的良好合作,赋予每个成员一定的权力（power）是有必要的。事实上,团队成员对控制力的追求也是他们参与创业的一个重要的原因。为了满足这一要求,需要分配权限给他们,以达到激励的效果。对于创业活动来说,所面临的是更为动态多变的环境,管理事务也较为复杂,每个创业团队成员都需要承担较多的管理事务,客观上也需要创业团队成员有一定的权力,能够在特定的条件下进行决策。因此,权力的分配也有利于提高团队的运作效率。

（5）计划

计划（plan）是创业团队未来的发展规划,也是目标和定位的具体体现。在计划的帮助下,创业者能够有效制订创业团队短期目标和长期目标,能够提出目标的有效实施方案,以及实施过程的控制和调整措施。这里所讨论的计划尚未达到商业计划书那种复杂程度,但是从团队的组建和发展过程来看,计划的指导作用自始至终都是存在的。

表 4-2　创业团队与一般团队对比表

	一般团队	创业团队
目的	解决某类或某个具体问题	开创新企业或拓展新事业
职位层级	成员并不局限于高层管理者	成员处于高层管理者职位
权益分享	并不必然拥有股份	一般情况下在企业中拥有股份
组织依据	为解决特定问题临时组建	基于工作原因而经常共事
影响范围	只影响局部、任务性的问题	影响决策各个层面,范围广
关注视角	战术性、执行性的问题	战略性的决策问题
领导方式	受公司最高层的直接领导	以高层的自主管理为主
成员的组织承诺	较低	高
成员和团队之间的心理契约	不正式且影响力小	心理契约关系特别重要,直接影响公司决策

资料来源:陈忠卫.创业团队企业家精神的动态性研究［M］.北京:人民出版社,2007.

案例故事 2

蚂蚁军团

在非洲的草原上如果见到羚羊在奔逃,那一定是狮子来了;如果见到狮子在躲避,那就是象群发怒了;如果见到成百上千的狮子和大象集体逃命的壮观景象,那是什么来了呢?——是蚂蚁军团来了!

行军蚁生活在亚马孙河流域,喜欢群体生活,一般一个群体就有一两百万只,它们属于迁移类的蚂蚁,没有固定的住所,习惯在行动中发现猎物。

行军蚁集体捕食猎物的时候,它们出发时排成密集及规则的纵队,而有些军蚁采取广阔的横队队形前进。它们一离开宿营地,就分支再分支,包抄并围攻猎取对象。

主力部队前进时,前卫线上和两翼是长着巨颚的兵蚁,中间是工蚁。大军前进时如汹涌的潮水。有人看见过 15 米宽的行军蚁队列,猎物立即会被淹没掉。

4.1.2 创业团队的特征

创业团队的特征如图 4-1 所示。

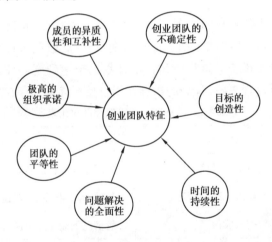

图 4-1 创业团队的特征

1)成员的异质性和互补性

创业团队最大的特点是创业团队成员之间的异质性和互补性,异质性是团队结构的一项重要指标,反映了团队成员在年龄、性别、价值观和经验等方面的差异。一般团队无须异质性和互补性,这些团队只需要成员掌握相对较多的专业知识和基本的交往能力就可以维系团队的存在和发展。但是创业团队由于面临巨大的市场挑战,单个创业者不可能掌握创业过程需要掌握的所有技能,创业者唯有组建创业团队,利用创业团队成员之间的互补技能才能一起对抗风险,实现成功创业。

2)创业团队的不确定性

创业团队的高度不确定性体现在创业者本身的不确定性、创业团队内部的不确定性和外部环境的不确定性。创业者本身的不确定性主要是因为创业者自身知识、能力、自身状况的不同导致创业者在创业过程中会提早离开或中途加入创业团队,使创业团队内部人员呈现不确定的状态。同时,创业团队在创业初期存在规章制度不完善、不健全的问题,因而创业团队内部可能会经常修改、更换团队内部的相关制度等,由此产生创业团队内部的不确定性。此外,创业团队也面临着外部环境瞬息万变的挑战。

3)目标的创造性

一般团队的目的往往是解决某类或某种具体的问题,并只是对过去存在问题的分析和解决;而创业团队的目的往往是创造性地开拓新企业或新事业,主要强调的是对未来的开拓。创业团队拥有创造性的目的,往往要求开拓新的市场、开发新的技术、形成新的管理理念等。目标的创造性要求创业团队必须具有极强的创新意识和创业精神,不断开拓,锐意进取。

4)时间的持续性

一般团队是为了解决特定问题而临时组建的,问题解决则团队也随之消散,一般持续时间较短。创业团队是基于工作需要而经常共事,从创业机会识别到创业过程再到企业巩固时期,这要求创业团队必须长期合作,直至实现最终的创造性目的。

5)问题解决的全面性

一般团队解决问题的范围是局部性、任务性的,创业团队解决问题必须是广泛的、涉及各个层面的。这主要是因为创业过程是一个全面性而非局部性的过程,这就要求创业团队必须基于创业过程的各个环节解决各种可能出现的问题,要求创业团队能力结构的全面性。创业团队面对的是不确定的市场环境,机遇和风险都可能在各个方面出现,如果创业团队没有全面的能力是无法解决可能出现的各种问题的。

6)团队的平等性

创业团队往往具有高度的平等性,但是这种平等并不意味着股权和各种权力的绝对平等,而是立足公正基础上的平等,也就是在团队内部客观评定各个成员对团队的贡献程度的基础上的平等性。事实证明,绝对平等不仅不利于企业的发展,反而会阻碍企业的发展,其原因是权力的过度分散会导致企业在营运过程中机会的丧失。团队需要建立以能力和贡献为基础、以实现组织效率为目标的激励政策和薪酬制度,合理的激励政策和薪酬制度是保持团队稳定和团队绩效的基础,也是团队公正性的体现。

7)极高的组织承诺

一般团队中个人对所属组织的目标和价值观的认同处于较低水平,个人没有强烈的归属感和高度的凝聚力。创业团队的成员有着极高的组织承诺,各成员之间高度凝聚,为了共同目标密切合作,在组织内部有着强烈的归属感,能够将自己与团队融为一体,具有荣辱与共的精神。

课堂互动 2

分析《西游记》中唐僧、孙悟空、猪八戒、沙僧这支取经团队中各成员的特点及其对完成团队任务的作用。创业团队的成员在知识、技能、经验方面应该相似还是互补?创业团队的成员在人生观、价值观、创业动机、个人特征方面应该相似还是互补?

延伸阅读2

唐僧团队带给我们的启示

《西游记》中由唐僧率领的取经团队被公认是一支"黄金组合"的创业团队。唐僧团队最大的好处就是互补性,领导有权威、有目标、有坚定的毅力,这个团队是一个非常成功的团队,虽然历经九九八十一难,但最后修成了正果。

后来引申了含义,一个理想的团队就应该有这四种角色。一个坚强的团队,基本上要有四种人:德者、能者、智者、劳者。德者领导团队,能者攻克难关,智者出谋划策,劳者执行有力。

德者居上。唐僧具备三大领导素质:第一,目标明确,确定愿景;第二,手握紧箍,以权制人;第三,以情感人,以德化人。领导一定要学会进行情感投资,要多与下属交流、沟通,关心团队成员的衣食住行,塑造一种家庭的氛围。

能者居前。孙悟空可称得上是老板最喜欢的职业经理人,他有个性、有想法、执行力很强,也很敬业、重感情,懂得知恩图报,是个非常优秀的人才。

智者在侧。之所以说猪八戒是智者,完全是站在当今社会的角度。现代社会员工的压力都很大,如何做一个快乐的人,就要用到猪八戒的人生哲学了。当然,猪八戒的人生哲学,只是我们在遇到挫折时的一种自我解脱,不能成为主流价值观。

劳者居下。沙和尚是个很好的管家,他经常站在孙悟空的立场上说服唐僧。但当孙悟空有了不敬的言语时,他又马上跳出来斥责孙悟空,护卫师傅,可谓忠心耿耿。企业对这样的人,一定要给予恰当的位置。沙和尚忠心耿耿,是唐僧最信任的人,是老板的心腹,属于那种忠诚但能力欠缺的人才,老板喜欢用,但如果重用、大用,就会出问题。

总的来说,唐僧团队之所以能取得辉煌成绩,关键在于这个团队的成员能够优势互补,目标统一,每个人都能发挥自己的作用,为实现最终目标而努力。

4.1.3 创业团队的类型

一般来说,创业团队大体上可以分为三种:星状创业团队(star team)、网状创业团队(nesh team)和从网状创业团队中演化来的虚拟星状创业团队(virtual star team)。这和网络拓扑结构极其相似。

1)星状创业团队:核心式创业团队

一般在星状创业团队中有一个核心主导人物(core leader),充当了领军的角色。这种创业团队在形成之前,一般是核心主导人物有了创业的想法,然后根据自己的设想进行创业团队的组织。因此,在团队形成之前,核心主导人物已经就团队组成进行过仔细思考,根据自己的想法选择相应的人物加入团队,这些加入创业团队的成员也许是核心主导人物以前熟悉的人,也有可能是不熟悉的人,但更多时候其他创业团队成员在企业中是支持者角色(supporter)。

这种创业团队有以下四个明显的特点:

①组织结构紧密,向心力强,主导人物在组织中的行为对其他个体影响巨大。

②决策程序相对简单,组织效率较高。

③容易形成权力过分集中的局面,从而使决策失误的风险加大。

④当其他团队成员和主导人物发生冲突时,因为核心主导人物的特殊权威,使其他团队成员在冲突发生时往往处于被动地位,在冲突较严重时,一般都会选择离开团队,因而对组织的影响较大。

2）网状创业团队:圆桌式创业团队

网状创业团队的成员一般在创业之前都有密切的关系,如同学、亲友、同事、朋友等。一般都是在交往过程中,共同认可某一创业想法,并就创业达成了共识以后,开始共同进行创业。在创业团队组成时,没有明确的核心人物,大家根据各自的特点进行自发的组织角色定位。因此,在企业初创时期,各成员基本上扮演着协作者或伙伴角色(partner)。

这种创业团队有以下四个明显的特点:

①团队没有明显的核心,整体结构较为松散。

②组织决策时一般采取集体决策的方式,通过大量的沟通和讨论达成一致意见。因此,组织的决策效率相对较低。

③由于团队成员在团队中的地位相似,因此容易在组织中形成多头领导的局面。

④当团队成员间发生冲突时,一般都采取平等协商、积极解决的态度消除冲突。团队成员不会轻易离开。但是一旦团队成员间的冲突升级,使某些团队成员撤出团队,就容易导致整个团队的涣散。

这种创业团队的典型例子有:微软的比尔·盖茨和童年玩伴保罗·艾伦,惠普的戴维·帕卡德和他在斯坦福大学的同学比尔·休利特等多家知名企业的创建,多是先由于关系和结识,基于一些互动激发出创业点子,然后合伙创业。

3）虚拟星状创业团队:虚拟核心式创业团队

虚拟星状创业团队是由网状创业团队演变而来。基本上是前两种的中间形态。在创业团队中有一个核心成员,但是该核心成员地位的确立是团队成员协商的结果,因此从某种意义上说核心人物是整个团队的代言人,而不是主导型人物,其在团队中的行为必须充分考虑其他团队成员的意见,不像星状创业团队中核心主导人物那样有权威。

4.2　创业团队组建与分工

课堂互动 3

某学校国际教育学院一位退休教师根据多年汉语和双语的教学经验研发了一套教学方法,配套有教学产品,希望自己退休后老有所为,想继续为学校做些事情,于是找到学校想通过自己的教学产品组织一些学生进行创业实践。该创业项目参加 2010 年北京市的创业计划比赛,学校也给一些配套资金支持,现在拟组建一个团队开始创业实践。

该教师如何组建团队?理由是什么?

课堂互动4

活动规则：

请从备选人员中选出4人组成你们的团队，给出选择的理由。

活动时间：

讨论时间10分钟。

活动要求：

每个团队分享时间不超过5分钟，其他团队可补充或提问。

备选人员：

林黛玉、武则天、瓦特、李逵、爱迪生、郑和、诸葛亮、李时珍。

4.2.1 创业团队组建的逻辑

1）理性逻辑

遵循理性逻辑组建的创业团队平均规模更大，团队成员之间因强调技能互补的组合而异质性更强，但彼此之间的熟悉程度可能较低，沟通和交流更加谨慎。

2）非理性逻辑

依据非理性逻辑组建的创业团队平均规模更小，团队成员之间因强调物以类聚而同质性更强，但彼此之间的熟悉程度更好，沟通和交流更畅。

4.2.2 创业团队组建的基本原则

1）目标明确合理原则

目标必须明确，这样才能使团队成员清楚地认识到共同的奋斗方向是什么。与此同时，目标也必须是合理的、切实可行的，这样才能真正达到激励的目的。

2）互补原则

创业者之所以寻求团队合作，其目的就在于弥补创业目标与自身能力间的差距。只有当团队成员相互间在知识、技能、经验等方面实现互补时，才有可能通过相互协作发挥出"1+1>2"的协同效应。

3）精简高效原则

为了减少创业期的运作成本，最大比例地分享成果，创业团队人员构成应在保证企业高效运作的前提下尽量精简。

4）动态开放原则

创业过程是一个充满了不确定性的过程，团队中可能因为能力、观念等多种原因不断有人在离开，同时也有人在加入。因此，在组建创业团队时应注意保持团队的动态性和开放性，使真正完美匹配的人员能被吸纳到创业团队中来。

延伸阅读 3

木桶原理

木桶原理是指一只水桶能装多少水取决于它最短的那块木板。一只木桶想盛满水,必须每块木板都一样平齐且无破损,如果这只桶的木板中有一块不齐或者某块木板下面有破洞,这只桶就无法盛满水。

一只木桶能盛多少水,并不取决于最长的那块木板,而是取决于最短的那块木板,因此也称短板效应。任何一个组织可能面临的一个共同问题,即构成组织的各部分往往是优劣不齐的,而劣势部分往往决定整个组织的水平。

启示 1:改变木桶结构可增加储水量

从木桶原理中我们可以发现,木桶的最终储水量不仅取决于最短的那块木板,还取决于木桶的使用状态和木板间的衔接与配合。在特定的使用状态下,通过相互配合可在一定程度上增加木桶的储水量。比如,有意识地把木桶向长板方向倾斜,木桶的储水量就会比正立时多得多;或为了暂时提升储水量,可以将长板截下补到短板处,从而提高木桶储水量。

启示 2:通过激励让"短木板"变长

毫无疑问,在企业中最受欢迎、最受关注的是明星员工,即少数能力超群的员工。管理者往往器重明星员工,而忽视对一般员工的利用和开发。这样做很容易打击团队士气,从而使明星员工的才能与团队合作两者间失去平衡。想要避免这个问题,管理者就需要多关注普通员工,特别是对那些短板员工要多一些鼓励、多一些赏识。

启示 3:别让"短板"葬送自己

如果把木桶比作人生,那么"短板"实际上就是我们生命中的一些弱点。比如,很多人不注意个人习惯,导致在生活和工作中出现失误。缺点和毛病就是人的"短板",因为它们的存在制约了一个人才能的发挥。有时候,一些不良的习惯甚至有可能葬送一个人的事业。因此,我们不能被缺点牵着鼻子走,而要主动将"短板"加长,将缺点纠正过来。

4.2.3 创业团队组建的主要影响因素

创业团队的组建受多种因素的影响,这些因素相互作用、共同影响着组建过程并进一步影响着团队建成后的运行效率。

1)创业者

创业者的能力和思想意识从根本上决定了是否要组建创业团队及团队组建的时间表和由哪些人组成团队。创业者只有在意识到组建团队可以弥补自身能力与创业目标之间存在的差距后,才有可能考虑是否需要组建创业团队,以及什么时候需要引进什么样的人员才能与自己形成互补并做出准确判断。

2)商机

不同类型的商机需要组建不同类型的创业团队。创业者应根据创业者与商机间的匹配程度,决定是否要组建团队及何时、如何组建团队。

3）团队目标与价值观

共同的价值观、统一的目标是组建创业团队的前提,团队成员若不认可团队目标,就不可能全心全意为此目标的实现而与其他团队成员相互合作、共同奋斗。不同的价值观将直接导致团队成员在创业过程中脱离团队,进而削弱创业团队作用的发挥。没有一致的目标和共同的价值观,即使创业团队组建起来也无法有效发挥协同作用,缺乏战斗力。

4）团队成员

团队成员能力的总和决定了创业团队整体能力和发展潜力。创业团队成员的才能互补是组建创业团队的必要条件。团队成员间的互信是形成团队的基础,而互信的缺乏将直接导致团队成员间协作障碍的出现。

5）外部环境

创业团队的生存和发展直接受到了制度性环境、基础设施环境、经济环境、社会环境、市场环境、资源环境等多种外部要素的影响。这些外部环境要素从宏观上间接地影响着对创业团队组建类型的需求。

4.2.4 创业团队组建的步骤

团队组建模拟游戏

1）创业团队成员的筛选

①明确创业项目的方向,最好是较为了解、值得信赖的对象。

②找适合创业的对象:有创业兴趣、激情和行动力;抗挫折能力、心理承受能力强;肯吃苦,有奉献精神;善于合作,具备预见能力等。

③从实际出发,根据创业的规模、人员优势互补确定人数、男女比例、年龄层次构成等。

2）酝酿团队创业的章程和创业文化

这是组建团队初始不能忽略的问题。创业是非常艰辛的,团队成员尤其需要有共同的约定和文化理念的引领。一旦约定,大家必须共同遵守、执行和维护,否则很难形成合力。

3）风险共担,利益共享

创业需要承担风险,包括财务、精神和社会风险。如何承担和分担风险,要形成基本共识,要有一个明晰的预案。合理考核、利益共享的分配模式,也要在创业之初有一个较为合理的约定,否则在盈利以后容易产生矛盾。

4）创业团队的分工

根据团队结构特点、成员优势特点、创业目标和具体工作要求,明确每个成员的责、权、利,做到有分有合,各司其职,有条不紊。

4.2.5 创业团队的分工

创业工作的复杂性日益增多,很多工作实难靠个人独立完成,必须有赖于团队合作才能发挥力量。若能善用团队管理,合理进行分工,对激发成员潜能、协助问题解决、增进成员组织认同、提升组织效率与效能有较大的帮助。一般创业团队有五种角色,每种角色需要有不同的能力。

1) 主导者

主导者眼界开阔,洞察力和决断能力强,一旦做了决定不会轻易改变,大局意识、责任意识、组织协调能力强,处事冷静稳重,胸怀宽广,办事公正客观,听得进不同意见,不带个人偏见,除了权威,更具有个性感召力,能激发团队成员的优势,并团结大家共同实现目标。

2) 策划者

策划者需要知识面广,观念新,思路开阔,思维活跃,具有高度的创造力,喜欢打破传统,推动变革。

3) 外交者

他们的强项在于与人交往,在对外交往的过程中获取信息,对外界信息敏感,能感受到最初的变化。

4) 实施者

实施者是把计划变成行动的人,遇到困难总能够找到解决办法,执行力强,现实保守,崇尚实际,计划性强,有较高的自控力与纪律性,对团队忠诚度高,为团队的利益着想,极少考虑自己的利益。

5) 监督者

监督者对工作方案实施监督,他们喜欢反复推敲事情,决策时考虑周全,较为挑剔,不易情绪化,思维逻辑强。

创业团队中五种角色不可能在初创时都能碰到,此时就需要一人兼多个角色的能力,根据具体场景进行变换角色。初创企业,创始人寻找团队合伙人要善于发现合伙人的优势,并能扩大其在团队中的作用。在创业过程中创业者要不断地去发现和挖掘人才,让团队更加牢固。

4.3　创业团队的激励与管理

4.3.1　创业团队的股权分配与激励

案例故事 3

西少爷团队的解体

西少爷将肉夹馍与互联网相结合,这种高超的营销手法让西少爷火爆一时。火爆的销售业绩加上互联网思维的外衣,孟兵以创业明星的姿态登上各类媒体讲述创业故事。西少爷开业一周,便有投资机构找来,并给出了 4 000 万元的估值。然而,繁华的背后总隐藏着别人看不到的问题。在企业成立之初,只有孟兵、宋鑫和罗高景三人,此时的股份占比为 40% 、

30%和30%,第一个创业项目失败后,他们三人开始做肉夹馍,此时袁泽陆也加入了创业团队。在引入投资、协商股权架构的过程中,创始人孟兵、宋鑫之间的矛盾集中爆发。西少爷的四位创始人在与投资人开始商讨有关投资细节时,孟兵提到为了公司之后在海外的发展,希望组建 VIE 结构,他的投票权是其他创始人的 3 倍,这让其他创始人倍感意外。最终,罗高景和袁泽陆表示可以接受 2.5 倍的投票权,但是宋鑫始终没有同意。于是,一场漫长的创始人之间的战争正式开始,宋鑫被踢出管理层,宋鑫创建了新西少肉夹馍,最后更是因为创始人之间的股权分红,将这场闹剧闹上了法庭。

股权分配是创业团队管理的核心问题,股权分配的机制不仅决定了创业团队成员间利益分配的方式,更在很大程度上决定了新创企业的资源配置。合理、有效的股权分配机制有助于提高创业团队的稳定性和凝聚力,在长期内维持新创企业的稳定成长。

股权激励对创业团队长期发展有重要的作用。股权激励有利于凝聚创业团队的人心,有利于团队吸引和保留稀缺人才,通过股权授予的附加限制,有利于约束员工,避免人才流失、降低人力成本,通过适当降低创业团队的现金奖励以缓解创业团队的经济压力。

团队股权激励的实施对象除了团队创始人,还应该包括公司的 CTO(首席技术官)、CFO(首席财务官)、COO(首席运营官)等。由于创业公司初期价值不明显,股权激励一般是天使轮或 A 轮完成之后才可以让员工真实感受到股权的价值,此时实施股权激励才能起到较好的效果。

1)股权的结构与分配

股权是指投资人向公民合伙组织或向企业法人投资享有的权利。如何理解? 其中包含两层含义:一是公民合伙,可能大伙先没有成立公司,就开始做一个项目,大家有的出钱,有的出力,这种情况下就比较像公民合伙。二是向企业法人投资,即直接向公司投资以享有股权的方式。两者的区别在于,向合伙组织投资成为合伙人后,按照法律规定,合伙人须承担"无限法律责任"。向法人投资,一般情况下是以有限责任公司的形式,这样承担的就是"有限法律责任",即"投资多少钱,承担多少责任"。

股权一般包括四个内容:提案权、投票权、表决权和分红权。提案权:比如提出开始或者结束某些项目的权利。投票权:投票选举董事、股东大会的权利。表决权:对需要表决的事项,进行表决的权利。分红权:按照自己持股比例对公司收益进行分红的权利。

(1)股权应该如何分配?

股权分配的权重设定在创始人和合伙人之间,如何分配股权,谁占得多谁占得少? 首先,需要确定究竟有几个股东,即合伙人的个数。原则上股东人数不要太多,一般 3~4 个,最多不要超过 5 个。另外,股东之间需要有一定互补,无论是从专业上还是性格上。若全是相同背景出身,股权上可能会出现缺陷。

确定好人数之后,再来确定股权比例。首先,需要有一个创始人。创始人需要主导创业项目往前发展,起到稳定公司运营以至最后获得成功的人。创始人确定好之后,根据其他股东各自承担的角色、起到的作用,以及对公司的贡献,进行分配确定比例。

（2）如何合理分配？

首先，《中华人民共和国公司法》（以下简称《公司法》）规定，对公司重大的事项，必须有 2/3 的股东表决通过之后才能实施。其中，"重大事项"包括：修改章程、增加或减少注册资本、公司合并、分立、解散，或变更公司的形式。换言之，如果创始人要对这些事情起到绝对的控制，必须占 66.7% 以上的股权比例才能保证这一点。

《公司法》同时也规定，经营方针和投资计划，任命董事、监事，减少他们的报酬事项，批准董事会、监事会的报告，以及公司会的预算方案，这些事项原则上必须有股东会半数以上通过才能实行。

其次，《公司法》规定，持有 33.3% 以上股权比例的股东是有否决权的。换言之，一个股东尽管没有占有绝对控股或者一半以上的股权比例，但只要持有 1/3 以上的股份，就可以干扰或者阻止某些事项的通过。即如果这个项目没有通过这位股东的同意，那这件事就不能继续往下进行了。

原则上讲，创始人或者能紧密联系到一起的其他合伙人，所占股份要保持在 67% 以上，才能保证创始团队对公司起到绝对的控制作用。

最后，股权分配需要注意：通过股权分配要帮助公司获得更多的资源，一是为了吸引人才，二是为了吸引投资。因此，对投资人需要预留出一定的股份。但是在公司寻找投资人的过程中，需要注意的是：很多创业者为了吸引投资人的一两百万元的投资，就出让 30% ~ 40% 的股份，这样的做法是比较忌讳的，因为如果以后再寻找新的投资人时，就没有更多的股份提供了。

（3）股权分配时需要注意以下几点：

①股权分配规则需要尽早落地：不然合伙人工作心里不踏实。②建立股权分配机制：一定要合理，考虑出资、贡献大小等因素。③合伙人的股权代持：一方面，有很多创业者属于在职创业，不方便作为公司的具名股东；另一方面，合伙人找到之后，可能具有不稳定性，需要观察一段时间，故这种情况下最好用股权代持的方式。④股东股权与公司发展绑定：一般情况下股东的股权是有一定限制的，比如，工作年限必须到 3 年或者 4 年，期满之后股权才真正意义上归属于股东。⑤合理设计创始股东或合伙人报酬安排：创业过程中有些合伙人有出资，有些没有出资；有些拿薪酬，有些不拿薪酬。拿薪酬的拿多少？不拿薪酬的什么时候能拿？拿多少？这些都需要有事先安排，避免以后发生纠纷。

2）合理设立股权激励

创始人给予员工一定的股权，但是需要满足一定的条件才能获得资格，如业绩。期权一般给什么人呢？主要对象是公司的高级管理人员，这些员工掌握着公司的日常决策和经营，因此是激励的重点。另外，技术骨干也是激励的主要对象。股权激励方式多运用处于发展期与上升期的激励对象，同时有一定的考核期限。一般情况下考核期为一年，考核期满后进入行权期，公司会约定一定的价格出价，如果不购买，表示放弃行权，公司自动收回期权。

股权激励的基本原则：①定股：一共发行多少期权？这需要事先约定。一般情况下，在 A 轮和 B 轮之前，投资人会要求以 10% ~ 20% 的股权比例作为期权池，对核心员工发放。

②定人:确定合适的人选。③定时:什么时间来行使期权激励。④定价:行权价格需要确定;在估值之后核定相对优惠的价格,一般情况下低 70% ~ 80%,有的甚至采用赠送的方式。⑤定量:一旦通过股改,或者 VIE 架构,发行股份之后,期权池的数额是可以确定的。不仅要定个量,还要定总量。

4.3.2 创业团队的冲突治理

案例故事 4

团队成员不和导致团队解散

刘厉、杨丹和林佳佳是大学同学,在一次同学聚会中,三人谈得很投机,萌生了共同创业的想法。很快他们就凑齐了一笔创业资金,成立了一家公司,并在上海的一座写字楼里租了一间 80 多平方米的办公室,还购买了一些办公设备,包括计算机、打印机、复印机等。

创业之初,他们轮流开展市场工作,奔波于各个展览会场,向往来商户发放资料。经过不懈努力,他们终于迎来了第一个客户。为了给客户留下好的印象,他们商量尽量降低利润,先把产品质量和服务质量提升,打开市场后再盈利。后来,他们陆续签了几笔业务,口碑也越来越好。

但好景不长,由于客户订单较小,公司所赚的利润不多,扣除日常开支等费用后所剩无几。一次,刘厉和杨丹为了抢同一笔业务吵了起来,尽管经过林佳佳的调解,两人各让了一步,但在以后的工作中,两人开始了明争暗斗、互相拆台。有一次刘厉私下以公司的名义与厂家签了合同,导致产品出现问题,严重损害了公司的名誉和利益。更糟糕的是,这件事渐渐在行业内扩散,而刘厉和杨丹仍旧不知悔改。几个月后,公司陷入绝境,林佳佳在心灰意冷下提出散伙的要求,并带走了自己的客户资源,这个创业团队就这样解散了。

在创业中,发生冲突几乎是必然的。发生冲突的原因很多:员工个性差异、信息沟通不畅、利益分配不均、个人价值观与企业价值观不协调等。过多的冲突会破坏组织功能,过少的冲突则使组织僵化,而不同的冲突对企业的发展影响也会不同。研究表明,在创业企业中,适当的认知性冲突对企业绩效会产生正面的影响,而情感性冲突大都是负面的影响,因此有必要对冲突进行科学有效的管理。

1)认知冲突与处理

(1)认知冲突

认知冲突是指团队成员对有关企业生产经营管理过程中出现的与问题相关的意见、观点和看法所形成的不一致性。通俗地讲,认知冲突是论事不论人。

认知冲突的存在是一种正常现象。认知冲突有利于企业决策。一般情况下,认知性冲突将有助于改善团队决策质量和提高组织绩效,能够促进决策本身在团队成员中的接受程度。

认知冲突与影响团队有效性的最基本的活动相关,集中于经常被忽视的问题背后的假设。通过推动不同选择方案的坦率沟通和开放式的交流,认知冲突鼓励创造性的思维,促进创造性的方案。作为冲突管理的一种结果,认知冲突将有助于决策质量的提高,提高组织绩效。事实上,没有认知冲突,团队决策不过是一个团队里最能自由表达的或者是最有影响力的个别成员决策。

同时,认知冲突通过鼓励开放和坦率的沟通,以及把团队成员的不同技术和能力加以整合,必定会推动对团队目标和决策方案的理解,增强对团队的责任感,从而也有助于执行团队所形成的创业决策方案。

（2）认知冲突处理

认知冲突发生时,如果不能合理及时地解决,也可能会使创业团队陷入僵局,影响整个项目的进展。因此,建立一个有效的认知冲突处理机制非常重要。

①创业团队应该尽可能多地了解彼此的观点,并尝试理解对方的立场和想法。

②团队成员应该互相尊重,避免使用攻击性言辞或否定他人的观点。

③如果双方无法达成共识,可以考虑引入第三方协调,帮助解决问题。

值得注意的是,认知冲突并非完全不可避免,有时候它也可能是创业团队取得成功的关键。因此,在处理认知冲突时,创业者需要保持开放的态度,并将其视为学习和成长的机会。

2）情感冲突与处理

（1）情感冲突认知

冲突有时候也是极其有害的。当创业团队内的冲突引发团队成员间产生个人仇恨时,冲突将极大地降低决策质量,并影响到创业团队成员在履行义务时的投入程度,影响对决策成功执行的必要性的理解。与那些基于问题导向的不一致性相关的认知冲突不同,基于人格化、关系到个人导向的不一致性往往会破坏团队绩效,我们把这类不一致性称为情感冲突。通俗地讲,情感冲突是论人不论事。

由于情感冲突会在成员间挑起敌对、不信任、冷嘲热讽、冷漠等表现,所以它会极大地降低团队的有效性。这是因为情感冲突会阻碍开放的沟通和联合,阻止人们参与到影响团队有效性的关键性活动中,团队成员普遍地不愿意就问题背后的假设进行探讨,当它发生时,不只是方案质量在下降,包括团队本身的义务也在不断地受到侵蚀,团队成员不再把他们与团队活动联系起来,从而降低了团队绩效。

有效的团队能够把团队成员的多种技能结合起来。相反,彼此不信任或者冷嘲热讽的团队成员,就不会愿意参与到那些必须整合不同观点的讨论中,结果势必会造成在集体创新、分享认知、共担风险、协作进取等创业团队企业家精神方面的压制,从而使创业团队逐渐变得保守起来,创业决策质量也大受损失。

同样,那些敌对的或者是冷漠的团队成员不可能理解,也很少对那些他们并没有参与的决策履行相关的义务。因此,在多数情况下,团队成员也不会很好地执行决策,因为他们没有很好地理解决策。在最坏的情况下,由于这些团队成员甚至不愿意按照创业团队所设计的思路去执行决策,从而降低团队在未来有效运作的能力。

（2）情感冲突处理

创业团队中情感冲突可以这样做:

①建立团队文化。在创业团队中,建立一个积极、健康的团队文化是非常有必要的,通

过定期举办团队活动、培训等方式来增强团队凝聚力,从而减少情感冲突的发生。

②保持沟通。当出现情感冲突时,要及时开展沟通交流,了解每个人的想法和需求,从而找到解决问题的方法。在沟通过程中,要尊重对方的意见,不进行攻击或指责,建立起相互信任和尊重的关系。

③采用中立的方式来解决问题。当双方都不能达成一致意见时,可以通过指定一位专门负责解决团队内部冲突的人来处理情感冲突,这样可以让问题得到更加专业和及时的解决。

④学会管理情绪。在处理情感冲突时,要学会控制自己的情绪,不要把情绪带入决策中,否则容易导致错误的决策。应通过学习情绪管理技巧,如放松训练、呼吸练习等方式,帮助自己控制情绪。

⑤要学会妥协。在处理情感冲突时,要学会妥协,放下自己的情绪和利益,考虑整个团队的共同利益,达成共识并采取有效行动。

课堂互动5

俞昊然、王冲、严霁玥三人是趣味编程教育网泡面吧创始人。A投资人有意向以200万美元占15%,估值近1亿元。2014年6月17日,投资前三个合伙人彻底闹翻。

俞昊然,从小喜欢电脑编程。2009—2010年,他参与百度之星市场推广工具开发,并在这个过程中认识了王冲、严霁玥。2010年俞昊然考入北京林业大学。2012年4月他在做百度之星活动时有了程序教育网站的想法。2012年8月,俞昊然转学去美国伊利诺伊大学读书,一边读书一边创业。

2013年2月,严霁玥受邀请,辞掉在美国的工作加入,4月,王冲中断研究生学习,休学全职加入。严霁玥的角色是负责公司行政,而王冲因为此前在投资机构的经历,主要负责内容、BD和寻找融资。

2013年底,他们开始与天使投资接触。其间,俞昊然在美国继续负责技术,王冲负责大部分引资谈判的具体工作。天使投资者对主要创始人兼职创业有疑问,双方希望通过在股权设计上满足要求来解决这一问题。2014年3月3日,英诺天使基金投入100万元。4月2日,泡面吧公测上线。俞昊然继续在美国负责开发,王冲负责融资,进展很快。当A轮意向明显,5月17日,俞昊然从美国休学回国。同年6月,若干家投资人提出了投资意向的具体条款。6月17日晚,讨论条款时,三人起了争执,主要是谁当大股东、谁做CEO、俞昊然能否边读书边创业。俞昊然还一度声称要删除服务器上的程序代码和项目管理资料。

至此三个合伙人彻底分家,俞昊然创立"计蒜客",王冲、严霁玥创立"萌码"。

请思考本案例中的认知冲突、利益冲突和情感冲突。

案例分析

惠里菲无线公司:不断完善新创企业团队

对于年幼孩子的父母来说,最可怕的事莫过于刚离开孩子不过一分钟,转身却发现孩子不见了。阿尔茨海默病患者的监护人也会遇到同样的问题。阿尔茨海默病是一种失忆症,如果这类患者离开监护人单独行事,他很可能难以安全回到家里。

惠里菲无线公司是成立于 1988 年的一家硅谷创业企业,拥有一项发明和相应的商业模式,其产品可以减少上述种种担心。公司发明了一种可以固定在小孩或成年人手上的装置。运用 GPS 技术,这个看上去像手表的装置会为父母或其他监护人指出携带者的具体位置。尽管在突发情况下这种产品的价值巨大,但其设计还应该达到让父母和监护人放松紧张神经的目的。例如,小孩参加学校组织的野游活动,父母可以通过该装置获知孩子的具体位置,并确认学校大巴已经安全抵达目的地。

这个被称为 GPS 探测器的装置,最初的目标市场群体是年幼孩子的父母。其工作原理是这样的:一旦孩子手腕戴上该装置,就开始与全球定位卫星和 Sprint 公司的无线网络进行信号通信。父母可以通过拨打惠里菲公司的免费服务电话或登录公司网站,与该装置进行信号通信,并确定孩子所在的具体位置。反之,孩子们可同时按下两个按钮来发送紧急信号。装置被锁在孩子的手腕上,没有钥匙不可能摘掉。该装置价值约 400 美元,父母每月还需要支付 24.95~49.95 美元的用户使用费(价格视具体情况而定)来获取惠里菲公司每周 7 天,每天 24 小时的定位服务。

蒂莫西·J. 内尔是惠里菲公司的创建者。在建立这家公司之前的 10 多年里,内尔一直为一些公司开发和销售新型消费品。他最后的职位是在 CTH 塑料消费品公司担任营销和销售副总经理。

内尔创办惠里菲公司不久就开始招募员工。他的首批核心成员如下:

安东尼·L. 拉罗谢尔,首席技术官,负责产品设计、制造和分销。他是一名经验丰富的工程师,曾经管理过上百个产品的设计。在加盟惠里菲之前,他曾任职于西屋电气公司、Loral Fairchild Sensors 公司和哈里斯半导体公司。

马太·J. 内尔,副总裁,负责企业发展。在加盟惠里菲之前,内尔是 Windy City Products 公司的执行副总裁,负责公司发展。

罗伯特·杰可布森,首席信息官,负责领导惠里菲定位服务中心。在此之前,他曾在康柏、Tandemhe 和 Sprint 通信公司工作。

内尔和他的团队遇到的首要任务是完善惠里菲的商业模式,必须证明 GPS 跟踪设备与定位系统是切实可行的。1998 年底,惠里菲公司申请了第一项专利,对于这家初创企业来说,这是一个具有里程碑意义的事件。为了促进发展,内尔和他的团队在 1999 年初期,开始招募更多的员工来推动公司产品和独特跟踪系统的开发。

内尔在进行首次招募的同时,还组建了新创企业团队的其他构成部分。惠里菲已经实行公司制,拥有自己的董事会。一开始,企业就吸收了几位非常著名的人物加入董事会,包括百思买前高层主管韦德·菲恩。虽然惠里菲公司没有透露投资者的身份,但公司确实有投资者。惠里菲还有许多商业伙伴与他们一起开发产品,主要的合作者有 AMD、巨积公司和瑟孚公司。AMD 和巨积公司都是半导体生产企业,瑟孚公司则是 GPS 技术企业。

为了增加惠里菲的资信并让更多人了解公司产品,内尔积极地联络儿童安全保护组织,寻找更多的合作伙伴。现在,惠里菲公司已经与 55 家儿童安全机构建立了合作关系,帮助企业传播儿童安全信息。公司的合作伙伴之一是失踪儿童信息网,该组织致力于帮助寻找失踪或被拐卖的儿童。惠里菲公司与该网站的目标相似:保护儿童。通过为失踪儿童信息网提供资金支持并帮助网站达到工作目标,惠里菲公司的 GPS 定位系统得到了广泛认可。

惠里菲公司现在已开始向消费者销售 GPS 定位产品,而且市场的最初反应非常良好。新版产品正处于筹划阶段,包括专为阿尔茨海默病患者设计的产品以及专为女性慢跑爱好者设计的运动型产品。

思考:

1. 你认为内尔在组建惠里菲新创企业团队方面做得如何?你认为在团队构成中有缺陷吗?如果有,缺陷是什么?你认为该如何弥补和修正?

2. 你认为内尔组建的新创企业团队能否很好地为企业管理者提供指导,以及为企业产品和商业模式提高资信?说明你的理由。

3. 案例中仅对惠里菲公司董事会的构成进行了粗略描述。如果请你为正在挑选首批董事会成员的内尔提供建议,你会建议他让一些什么样的人进入董事会呢?关于内部董事和外部董事,董事会的构成应该怎样?

4. 惠里菲公司开始多元化生产 GPS 定位系统,其目标群体开始转向阿尔茨海默病患者和体育爱好者(如女性慢跑者)时,新创企业团队应该如何调整以应对这种变化?

本章小结

创业团队是指由两个或两个以上才能互补、拥有相同创业目标,共享创业收益,共担创业风险,愿为共同的创业目标奋斗的人所组成的工作团队。它有别于群体和一般团队。

创业团队的特征有以下几点:成员的异质性和互补性、创业团队的不确定性、目标的创造性、时间的持续性、问题解决的全面性、团队的平等性、极高的组织承诺等。创业团队大体可分为三种:星状创业团队、网状创业团队和虚拟星状创业团队。

创业团队组建遵循目标明确合理原则、互补原则、精简高效原则、动态开放原则。创业团队组建的主要影响因素:创业者、商机、团队目标与价值观、团队成员、外部环境等。一般创业团队有五种角色,每种角色需要有不同的能力。

股权分配是创业团队管理的核心问题,股权分配的机制不仅决定了创业团队成员间利益分配的方式,更在很大程度上决定了新创企业的资源配置。股权激励对创业团队长期发展有着重要的作用。在创业中,发生冲突几乎是必然的,有必要对冲突进行科学有效的管理。

第 5 章
商业模式设计

知识提要

(1)商业模式的定义;

(2)商业模式的构成要素;

(3)商业模式的设计。

学习目标

(1)了解商业模式的意义与重要性;

(2)理解商业模式的内涵与要素;

(3)掌握商业模式的要素、类型及设计。

名人名言

没有不赚钱的行业,只有赚不到钱的模式。

——麦克尔·波特

案例导入

打败可口可乐

可口可乐是美国梦的代表,我们中国也希望能打败可口可乐。过去几年涌现了许多可乐企业,如非常可乐、纷煌可乐等。但总体来说没有一个做得很成功的。然而,在可口可乐的发源地美国,有一家以色列企业 Soda Stream 把可口可乐"打"得很难受。

这家企业是这样做的:准备一台机器、水瓶,还有苏打粉。当需要做汽水的时候,按一个按钮,苏打粉就会和水发生化学反应变成汽水。每个人喝汽水的口味都不一样,有的喜欢柠檬味,有的喜欢草莓味。这台机器里还有浓缩液,能够根据需求个性化定制,调成不同的味道。这家企业做得很成功,后来在美国纳斯达克上市了。

这家企业一上市就抢了可口可乐不少份额,可口可乐已经开始关注它了。接着这家企业还做了一个广告,在一面墙上放了许多瓶瓶罐罐,在另一面则放着它的机器。广告词写着:一个家庭5年时间,需要消耗1万多个瓶瓶罐罐。如果是一位环保人士,看着这则广告就会想要买台机器取代瓶子,而不是消耗那么多瓶瓶罐罐污染环境。可口可乐开始研究这则广告,试图找些疏漏。最终可口可乐发现,广告上把可口可乐的商标露了出来,这就构成了侵权,属于不正当竞争。于是可口可乐起诉这家企业,结果这家企业竟然股票大涨。这是因为小企业原本是在小范围出名,可口可乐这样的大企业一起诉,就成了大家茶余饭后的谈资。后来大家试用了产品,觉得还不错,就更加出名了,可口可乐只好不起诉了,改成私下收购,然而这家企业不接受收购。这个消息一经传出,这家企业的名气更大了,股票又是大涨。

思考:

1. 中国各种饮料(如凉茶)都做得不错,唯独可乐做不起来,为什么?

2. 可口可乐面对以色列企业 Soda Stream 为什么优势不再?

3. 把在其他行业做得非常好的方式应用到本行业是否可行?

5.1 商业模式认知

品牌是企业有形的手,商业模式是企业无形的手。“商业模式”已经成为挂在创业者和风险投资者嘴边的一个名词,对于投资者来说,深切了解一个企业的商业模式是定性分析的重要一环;对于一个企业经营者来说,商业模式是经营的基础。几乎每个人都确信,有一个好的商业模式,成功就有了一半的保证。在大多数关于商业模式,尤其是与网络经济相关的探讨时,商业模式被直观、狭义地等同于盈利模式,即企业如何盈利。实际上,盈利模式仅仅是企业商业模式中的一个构成部分。那么,到底什么是商业模式?它包含什么要素?商业模式的核心又是什么?

5.1.1 商业模式的定义

“商业模式”的概念第一次出现在 20 世纪 50 年代,但直到 90 年代才开始被广泛使用和传播。今天,虽然这一名词出现的频率极高,但是关于它的定义仍然没有一个权威的版本,对其构成要素也缺乏统一的看法。不同的学者从不同的角度,有不同的理解。

1)从整体系统的角度

阿米特和佐特认为,商业模式是为创造更多的价值,通过开发新的商业机会而对交易内容、交易结构、交易治理机制进行设计的描述。魏炜认为,商业模式可以视为一种交易结构。罗珉认为商业模式是企业在现有资源和能力下进行资源整合,获得额外利润的战略创新、组织结构体系、制度安排的集合。

定义 1:为实现客户价值最大化,把能使企业运行的内外各要素整合起来,形成一个完整的高效率的具有独特核心竞争力的运行系统,并通过最优实现形式满足客户需求、实现客户价值,同时使系统达成持续盈利目标的整体解决方案。

定义 2:商业模式就是企业为了最大化企业价值而构建的企业与其利益相关者的交易结构。

2)从经营战略的角度

哈梅尔指出,商业模式是企业经营者关于企业如何经营、如何满足客户需求的一套经营模式。程愚指出,商业模式的本质是战略决策的过程,但与一般战略决策有较大区别,商业模式具有独特性,是在全价值链整合的意义上形成的整体、系统的决策。

定义 3:商业模式是一种包含了一系列要素及其关系的概念性工具,用于阐明某个特定实体的商业逻辑。它描述了企业能为客户提供的价值以及企业的内部结构、合作伙伴网络和关系资本等借以实现(创造、推销和交付)这一价值并产生可持续盈利收入的要素。

3)从价值链的角度

迪博松认为商业模式是企业为了获得可持续盈利的收益流而构建的一个价值创造、价值营销、价值传递和客户关系资本的企业架构和合作伙伴的关系。

定义 4:商业模式就是企业围绕客户价值而开展的各项价值活动的总称,是企业各种战略运用的结合体和组合表现形态,关注的是如何通过有效的战略组合进行价值创新和系统运营,从而构建企业的核心竞争力和建立竞争优势。

商业模式的内在范围涵盖了企业的整个运营流程,也就是通常所说的价值链。它是一个整体、系统的概念,而不是一个单一的组成因素,是由包括融资、研发、生产、营销等相关联的价值活动构成的,是企业构造价值链的方式。

延伸阅读

表 5-1　名人说商业模式

学者(时间)	定义或解释
Timmers(1998)	商业模式是指一个完整的产品、服务和信息流体系,包括每一个参与者和其在体系中起到的作用,以及每一个参与者的潜在利益和相应的收益来源和方式
Amit & Zott (2001,2010)	商业模式描述了为通过开发商业机会而创造价值所设计的交易内容、交易结构和交易治理,是跨越企业边界的一套相互依赖的活动体系
Chesbrough & Rosenbloom(2002)	商业模式是帮助技术潜力实现经济价值的探索
Johnson,Christensen & Kagermann(2008)	商业模式由四个相关联的元素组成,即顾客价值主张、盈利模式、关键资源、关键流程,它们共同创造传递价值
Teece(2010)	商业模式清晰地展示了支持顾客价值主张、为企业传递价值的不同成本和盈利结构的逻辑、数据和证据
Cavalcante,et al(2011)	商业模式是一个强调商业过程的抽象概念,个人认知在商业模式的动态变化中起到了关键作用
Verstraete,et al(2012)	商业模式是企业将其可理解的商业概念传达给利益相关者的方式,商业模式通过建模的实践来创造意义
Casadesus-Masanell and Zhu(2013)	商业模式是企业如何运营以及为利益相关者创造价值的逻辑,是企业既定战略的反映

对于商业模式的描述归纳起来主要有四种观点：一是财务观。商业模式就是描述企业如何产生价值及获得利润的。二是交易观。商业模式就是企业与利益相关方的交易内容、结构和治理。三是组织观。商业模式是组织构型，即企业如何组合各个部分形成完整系统进而有序开展业务的安排，包括价值活动、资源能力等。如奥斯特瓦德等提出的四支柱九要素模型、Lecocq 等的 RCOA 模型。四是价值观。商业模式是企业价值创造和价值获取的逻辑，并由价值定位开始，以价值创造、维持、获取为主干，分析企业如何开展业务及获取利润。

5.1.2　商业模式的构成要素

商业模式是一种简化的商业逻辑，但依然需要用一些元素来描述这种逻辑。

早期学者对商业模式的构成要素往往都是一些内容的简单罗列，这些内容通常是直接的，原原本本地出现在企业的活动中。例如，霍洛维茨提出，商业模式由价格、产品、分销、组织特征和技术五个部分组成；蒂默尔斯提出，商业模式由产品/服务/信息流结构、参与主体利益、收入来源三个方面构成。

这些学者对商业模式的构成阐述让人们更好地了解到商业模式的本质，但是更多的是描述事实，各个要素孤立而缺乏联系。之后的学者认识到了这一点，采用网络化的视角，不仅仅是简简单单罗列商业模式的构成要素，而是以系统化的视角研究各个构成要素的有机结构和相互关系。如切斯布洛等人提出，商业模式由价值主张、目标市场、内部价值链结构、成本结构和利润模式、价值网络、竞争战略六个部分构成；哈梅尔提出，商业模式由核心战略、战略资源、价值网、顾客界面四个部分构成。

国内学者对商业模式的构成比较有代表性的看法，例如，李东提出了一个商业模式的"容器模型"，该容器由四个板块组成，包括：①定位板块规则；②利益板块规则；③收入板块规则；④资源板块规则。这四个板块相互联系、相互左右，最终"包裹"住企业的价值。原磊提出了商业模式的"3-4-8"构成体系，其中，"3"代表联系界面，包括顾客价值、伙伴价值、企业价值；"4"代表构成单元，包括价值主张、价值网络、价值维护、价值实现；"8"代表组成因素，包括目标顾客、价值内容、网络形态、业务定位、伙伴关系、隔绝机制、收入模式、成本管理。原磊通过对比近十年国外学者对商业模式的研究指出，商业模式这个概念主要从单纯获取利润的逻辑向企业利润运营结构和企业战略发展方向的考察渗透。

目前，被大众接受最多的是奥斯特瓦德的观点，他把商业模式分成九个大体单元，我们将其称为商业模式的九要素，具体分析如下。

1）价值内涵

企业通过价值主张来解决客户难题和满足客户需求，通过其产品和服务向消费者提供价值。价值主张是客户转向一个企业而非另一个企业的原因，价值主张确认企业对消费者的实用意义。价值主张是提供给客户的一整套产品与服务的组合。有些价值主张可能是创新的，并表现为一个全新的或破坏性的提供物（产品或服务），而另一些可能与现存市场提供物（产品或服务）类似，只是增加了功能和特性。价值主张通过迎合客户细分群体需求的独特组合来创造价值。价值可以是定量的（如价格、服务速度）或定性的（如设计、客户体验）。

典型的价值内涵有创新、性能、定制、有效、设计、品牌、价钱、节能、降耗、平安、易患、易用等。

2）目标客户

目标客户是指企业服务的一个或多个消费者细分群体,这些群体具有某些共性,从而使企业能够(针对这些共性)创造价值。客户构成了任何商业模式的核心。没有客户就没有企业可以长久存活。商业模式可以定义一个或多个可大可小的消费者细分群体。企业必须做出合理决议,到底应该服务哪些客户细分群体,应该忽略哪些客户细分群体。客户群体现为独立的客户细分群体,需要和提供明显不同的提供物(产品/服务)来满足客户群体的需求。细分群体类型表现在大众市场、利基市场、区隔化市场、多元化市场、多边市场等方面。

3）传送渠道

传送渠道是指企业用来接触消费者的各种途径。企业如何通过沟通渠道、分销渠道、销售渠道把价值内涵交付给客户。沟通、分销、销售这些渠道构成了企业相对于客户的接口界面,渠道通路是客户接触点,它在客户体验中扮演着重要角色。渠道通路包含以下功能:提升企业产品和服务在客户中的认知,帮助客户评估企业价值主张,协助客户购买特定产品和服务,向客户传递价值主张,提供售后客户支持。渠道可以分为五个不同的阶段,即认知、评估、购买、传递、售后。每个渠道都能经历部分阶段或全部阶段。渠道可分为直销渠道与非直销渠道,也可分为自有渠道和合作渠道。在把价值主张推向市场期间,发现如何接触客户的正确渠道组合是至关重要的。

4）客户关系

客户关系是指企业同消费者群体之间建立的联系。客户关系可以从人到自动化。客户关系可以被以下几个动机所驱动:获取客户、维持客户、提高客户收益。客户关系可分为个人助理、专用个人助理、自助服务、自动化服务、社区、共同创作。

5）关键资源

关键资源是指成立和运转商业模式所需要的关键资源。这些资源能够让企业制造并提供价值内涵,取得市场,维持客户关系,并取得收入。不同的商业模式所需要的核心资源也有所不同。核心资源既可以是自有的,也可以是企业租借的或从重要伙伴那里获得的。这些资源包括物质资产、知识产权、人力资源、财务资源等。

6）关键活动

关键活动是指企业为了让商业模式运转所必需从事的活动。正如关键资源一样,关键活动也是创造和提供价值主张、接触市场、维系客户关系并获取收入的基础。关键活动会因商业模式的不同而有所区别。要紧的一些关键活动包括生产产品、提供效率、解决问题、构建平台(如腾讯、Visa 和万事达卡、eBay)。

7）关键伙伴

关键伙伴是指有些业务要外包,而另外一些资源需要从企业外部获得,企业同其他企业之间为有效地提供价值并实现其商业化而形成合作关系网络,组成商业联盟,合作关系正日益成为许多商业模式的基石。关键的伙伴形式有非竞争对手间的战略联盟、竞争对手间的"竞和"、合伙合作、供给商—购买者关系等。寻求合作伙伴的动力在于优化组合、取得规模效益、减少风险和不确定性、取得特殊的资源、从事特殊的活动等。

8)成本结构

成本结构是指所使用的工具和方法的货币描述。制造价值、维持关系、取得收入都会产生成本。不同的商业模式有不同的成本结构,有些商业模式相比其他商业模式更多的是由成本驱动的;有些商业模式是价值驱动的,许多商业模式都介于这两种极端类型之间。在每个商业模式中成本都应该被最小化,但是低成本结构对于某些商业模式来说,比另外一些更重要。因此,区分商业模式成本结构类型非常重要。常见的成本结构有以固定成本为主、以可变成本为主、以人员成本为主(咨询)、以原材料成本为主(钢铁)等。

9)收入流

企业成功地把价值内涵提供给客户并取得收入。如果客户是商业模式的心脏,那么收入来源就是动脉。企业必须问自己,什么样的价值能够让各客户细分群体真正愿意付款?只有回答了这个问题,企业才能在各客户细分群体上发掘一个或多个收入来源。收入流可以是一次性的,也可以是长期的。收入流的种类有卖产品、收使用费、收定费、出租出借、发放许可、交易费、广告费等。不同的收入流需要不同的定价方式来支持。

案例故事 1

鱼塘创业经济学故事

一个鱼塘新开张,钓鱼费用为 100 元。钓了一整天没钓到鱼,老板说凡是没钓到的就送一只鸡。很多人都去了,回来的时候每人拎着一只鸡,大家都很高兴,觉得老板很够意思。

后来钓鱼场看门大爷说老板本来就是个养鸡专业户,这鱼塘就没鱼。

这叫作"体验经济"!

另一个鱼塘又开张了,受昨天开张鱼塘的启发,这个鱼塘钓鱼免费,但钓上的鱼要 15 元一斤买走。许多人高兴地去了,奇怪,不管会不会钓鱼的都能一天钓几十条鱼。大家都很高兴,觉得自己是钓鱼大师!

后来钓鱼场看门大爷说老板的鱼是批发市场 3 元一斤买来的。派了他儿子潜在水下一条一条地挂在鱼钩上。

这叫作"供给侧结构性改革创新经济"!

第三个鱼塘又开张了,受前两个开张鱼塘的启发,这个鱼塘实行撒网捕鱼模式,让顾客穿上蓑衣、戴上斗笠,乘上小舟去鱼塘中心捕鱼。顾客扮成渔夫模样,体验农耕文化。鱼塘专门负责派人拍照美图,给顾客发微信朋友圈,提升顾客品位。最后网到的鱼只要 10 元一斤,买走就可以了。许多人高兴地去了,不到 10 分钟几网下去好几十斤鱼,鱼塘老板日销售量从以前的 500 斤上升到 10 000 斤,且时间周期大大缩短。

这叫作"杠杆经济"!

第四个鱼塘又开张了,受前三个开张鱼塘的启发,这个鱼塘不但钓鱼免费,钓上的鱼也可免费拿走。许多人高兴地去了,奇怪,居然很多人钓到了美人鱼,然后钓鱼的和美人鱼共进午餐,享用拉菲红酒及神户牛排,观赏歌舞……

看鱼塘的老大爷说,其实美人鱼都是请来的托!

这叫作"粉丝或社群经济"!

第五个鱼塘开张当天,媒体广泛报道,很多大师和企业家都纷纷去取经求道。鱼塘老板招架不住,最后只得交代:原来看门大爷才是鱼塘幕后的大股东,主导了每次变革转型的成功。

看门大爷在接受记者访谈时饱含眼泪哽咽着说:"我以前只是个企业中层,能有今天的成就,来源就是不断地学习! 这叫作'知识改变命运,思路决定出路'!"

这叫作"网红经济"!

5.2 商业模式的设计

5.2.1 商业模式的设计原则

每一种新的商业模式的出现,都意味着一种创新、一个新的商业机会的出现,谁能率先把握住这种商业机遇,谁就能拔得头筹。

商业模式具有生命性。一个世纪前,金吉利通过赠送产品来赢得财富,创造了一种新的商业模式,而今天当各商家都用打折或买一送一的方式促销时,这就不再是一种商业模式;商业模式具有可移植性,如果今天我们生产剃须刀片的企业仍然通过赠送剃须刀来卖刀片,它就不能称为商业模式了,而当新型的网络企业通过各种免费方式博得眼球时,我们就能称这种免费形式为网络企业的新商业模式。在企业的创办过程中,每个环节上有多种创新形式,偶尔一个创新也许就能改变企业的整个模式,也就是说企业的商业模式具有偶然性和广阔的衍生性。

一个成功的商业模式不一定是在技术上的突破,而是对某一个环节的改造,或是对原有模式的重组创新,甚至是对整个游戏规则的颠覆。商业模式的核心原则是指商业模式的内涵、特性,是对商业模式定义的延伸和丰富,是成功商业模式必须具备的属性。它包括八大原则:持续盈利原则、客户价值最大化原则、资源整合原则、创新原则、融资有效性原则、组织管理高效率原则、风险控制原则和合理避税原则。

1)持续盈利原则

企业能否持续盈利是判断其商业模式是否成功的唯一外在标准。因此,在设计商业模式时,盈利和如何盈利也就自然成为重要的原则。当然,这里指的是在阳光下的持续盈利。持续盈利是指既要"盈利",又要能有发展后劲,具有可持续性,而不是一时的偶然盈利。

2)客户价值最大化原则

一个商业模式能否持续盈利,是与该模式能否使客户价值最大化有必然联系的。一个不能满足客户价值的商业模式,即使盈利也一定是暂时的、偶然的,是不具有持续性的。反之,一个能使客户价值最大化的商业模式,即使暂时不盈利,也终究会走向盈利。因此,我们把对的实现再实现、满足再满足当作企业始终追求的主观目标。

3)资源整合原则

整合就是要优化资源配置,就是要有进有退、有取有舍,就是要获得整体的最优。

在思维方式层面上,通过组织协调把企业内部彼此相关却彼此分离的职能,把企业外部既参与共同的使命又拥有独立经济利益的合作伙伴,整合成一个为客户服务的统一整体,取得 1+1>2 的效果。

在战术选择层面上,整合是优化配置资源的决策,根据市场需求对有关资源进行重新配置,以凸显企业的核心竞争力,并寻求资源配置与客户需求的最佳结合点,目的是通过组织制度安排和管理运作协调来增强企业的竞争优势,提高客户服务水平。

案例故事 2

范蠡卖马

据史料记载,越国大夫范蠡(越王勾践的重要谋臣,协助越王击败吴王夫差后携西施泛舟于五湖而不知所终,传奇故事广为流传)初出茅庐尚未谋得一官半爵时,曾将政治上的合纵之术运用到商业中,成功获得入世的第一桶金。时值诸侯割据、战事不断,范蠡发现了一个巨大的市场需求:吴越一带需要大量战马;同时北方多牧场,马匹便宜又剽悍。如果能将北方的马匹低成本、高效率地运到吴越,一定能够大获其利。

可问题是:买马不难,卖马也不难,就是运马难。千里迢迢,人、马住宿费用高昂且不说,更要命的是当时正值兵荒马乱,沿途常有强盗出没。怎么办?

经过一番设计和调查,范蠡把主意打在了北方很有势力、用金银买通了沿途强盗经常贩运麻布到吴越的姜子盾身上。在获知姜子盾某天将要经过城门时,范蠡写了一张告示张贴在城门口,大意是:范蠡新组建了一支马队,开业酬宾,可免费帮人向吴越运送货物。果然,姜子盾看了告示之后主动找到范蠡,求运送麻布。范蠡满口答应。就这样范蠡与姜子盾一路同行,货物连同马匹都安全到达吴越。马匹在吴越很快被卖出,范蠡因此获得了巨大的商业利益。

范蠡卖马的故事说明了什么?孤立地贩卖马匹和贩运麻布看起来没有任何关系,但将贩卖马匹和麻布关联到一起——缔结成战略合作关系——就产生了多赢的结果。生活中不缺少机会,而是缺少发现机会的眼光;生活中也不缺少资源,而是缺少发现资源的眼光。范蠡成功地发现机会、整合和利用社会资源,变不可能为可能,创造了传奇。

企业经营在不断与外界发生信息和能量的交换,完全可以从社会中挖掘和整合,低成本利用沉淀的甚至免费的资源,缔结战略合作伙伴,寻找企业获利和发展壮大的机会。

4)创新原则

李建熙说:"除了老婆和孩子,其余什么都要改变。"迈克尔·恩说:"在经营企业的过程中,商业模式比高技术更重要,因为前者是企业能够立足的先决条件。"一个成功的商业模式不一定是在技术上的突破,而是对某一个环节的改造,或是对原有模式的重组、创新,乃至对整个游戏规则的颠覆。商业模式的创新形式贯穿企业经营的整个过程之中,贯穿研发模式、制造方式、营销体系、市场流通等各个环节,也就是说,在企业经营的每一个环节上的创新均可能变成一种成功的商业模式。

5)融资有效性原则

企业生存需要资金,企业发展需要资金,企业快速成长更需要资金。资金已经成为所有企业发展中绕不开的障碍。谁能解决资金问题,谁就赢得了企业发展的先机,也就掌握了市场的主动权。

从一些已成功企业的发展过程来看,无论其表面上对外阐述的成功理由是什么,都不能回避和掩盖资金对其成功的重要作用,许多失败的企业就是没有建立有效的融资模式而失败的。

6)组织管理高效率原则

高效率是每个企业管理者都梦寐以求的境界,也是追求的最高目标。用经济学的眼光衡量,决定一个国家富裕或贫穷的砝码是效率;决定企业是否有盈利能力的也是效率。

按现代来看,一个企业要想高效率地运行,首先要解决的是使命和核心价值观,这是企业生存、成长的动力,也是员工干好的理由。其次要有一套科学、实用的运营和管理系统,解决协同、计划、组织和约束问题。最后要有科学的方案,解决如何让员工分享企业的成长果实的问题,也就是向心力的问题。只有把这三个主要问题解决好了,企业的管理才能实现高效率。

7)风险控制原则

设计再好的商业模式,如果抵御风险能力很差,就会像在沙丘上建立大厦一样,经不起任何风浪。这个风险指的是系统外的风险,如政策、法律等,也指的是系统内的风险,如产品的变化、人员的变动、资金链的断裂等。

8)合理避税原则

合理避税是指在现行的制度、法律框架内,合理地利用有关政策,设计一套利于利用政策的体系。避税不是逃税,做得好也能大大增加企业的盈利能力,千万不可小看。

5.2.2 商业模式的设计流程

具体来说可以按照以下步骤进行商业模式的设计。

1)画像描述

所谓画像描述,就是首先描述要进入某一个行业、某一个商业生态的企业(焦点企业)的现有商业模式或设想的商业模式,描述竞争对手或其他行业中的一些标杆企业的商业模式,对这类企业的商业模式进行扫描,或者说,把它们的商业模式用商业模式九要素进行描述。简化的描述则是关注商业模式中的业务系统图、利益相关方的盈利模式和现金流结构三个关键要素。这一步既是企业高管运用商业模式思维展开思考的历练,也为新的商业模式创新指明了潜在的方向。

2)模式洞见

模式洞见是商业模式设计过程中最为关键的一步,通过这一步骤,企业可以发现自身或竞争对手现有商业模式存在哪些痛点和盲点,存在哪些创造和改进的机会点。缺乏洞见也就失去了借助商业模式设计获得发展优势的前提。

(1)多棱镜视角:洞察利益相关方的潜在价值

生态系统由多个利益相关方构成,每个利益相关方本身是多种角色和资源能力价值的复合体。我们在生态系统中通常过于关注利益相关方的某一个角色或资源能力价值的重要性而忽略了其他,如冰箱的核心价值是冷冻和冷藏,但当冰箱放到开放式厨房中还有美观装饰的价值。

商业模式的多棱镜视角就是帮助我们重新认识或挖掘利益相关方身上的其他角色或资源能力的价值,把这种被忽略的资源能力价值或角色挖掘出来并围绕其展开新的价值创造的设计。

需要指出的是,同一利益相关方在不同规模或时点下其潜在价值也会不同,从而带来商业模式的改变。比如,中国的小米手机就是从手机硬件着手,以传统手机厂商难以承受的超高性价比出售手机,迅速汇聚起千万级别的手机销量。强劲的销量在提升了小米在整个手机采购、组装的价值链话语权的同时,也带动了小米手机活跃用户总量的增加,为小米持续在手机应用、软件上的获利打下坚实的基础。小米手机是以高性价比为手段加速实现销售规模的质变的,然后以质变后的用户规模作为未来商业模式设计的基础。目前,小米的智能机销量在中国大陆已经跻身世界智能机销量前列。

(2)广角镜视角:调整利益相关方

广角镜视角就是把生态系统作为价值创造的主体,利益相关方的变化将改变生态系统的价值创造空间和实现效率,在此基础上设计焦点企业与新的利益相关方的合作方式。

拓展一个生态系统的价值空间主要有两种方式:一是我们可以从现有利益相关方着手,发现客户的客户、供应商的供应商、利益相关方的利益相关方(以及这些利益相关方可能采用的基于新技术的活动),从而实现利益相关者视野的拓展;二是从现有商业生态中寻找各种可能合作的利益相关方和其从事的活动,并可将这些活动环节切割重组,组建成新的利益相关者。

提升生态系统的价值实现效率,则要检验各个利益相关方在生态系统中做出的贡献是否超过其投入资源价值的机会成本,判断当初设立的假设以及目前发挥的作用是否还存在,或者存在更好的替代方式,然后做出调整的决策。

(3)聚焦镜视角:提升商业生态系统的运作效率

商业生态系统是由不同的利益相关方以交易结构为纽带紧密联系在一起的。但每个利益方的愿景目标、业务规模、风险承担能力各有不同,发展速度也不同步,这就要求我们探索不同利益相关方角色和交易结构设计能否与时俱进,而这就是商业生态系统效率改进的痛点和盲点。

（4）加速器视角：助力整个商业生态系统的复制与扩张

加速器可以同时打破整个商业生态系统价值空间天花板和效率瓶颈，帮助生态系统进入加速成长的轨道。典型的加速器是金融工具的应用，金融如同生态系统中的润滑剂，将资产类资源的潜力释放并重新配置，提升流动性进而降低了系统性的风险；资本的力量则能促使企业所处竞争时空的再配置，借助企业未来潜在的竞争资源在当下展开竞争。

在我们的商业模式创新设计实践中，这四个视角既紧密联系又相对独立。这四个视角并没有严格的先后顺序，每一个视角带来的改变都可以推动商业模式的重构。

在绝大多数情况下，充满智慧和创造性的企业家和创业者们都是从传统商业模式的某一个视角出发，重新勾勒出新的商业模式画卷，而四个视角的同时存在可以保障他们在构思新的商业模式时的完备性，最终实现商业模式的更新换代。

由于生态系统内利益相关方的实力、利益诉求、沟通方式等是一个动态变化的过程，这就需要我们经常运用这四个视角去检视生态系统的运作是否有效。

3）模式设计

当我们把前述的利益相关方以及其资源能力挖掘出来之后，就可以套用商业模式的概念框架，套用九要素的概念，从不同的要素角度出发，进行重新排列、组合或构造，从而设计出一些非常具体的、创新商业模式的备选方案（图 5-1）。

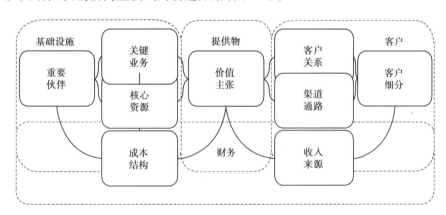

图 5-1　商业模式方案图

4）评价决策

当有了很多新的备选方案之后，就可以进入评价决策的环节。它主要可以从三个维度进行：①价值类评价指标；②结果类评价指标；③过程类评价指标。

（1）价值类评价指标

主要包括以下几点：①是否实现价值创造。价值创造是商业模式设计的核心要点。②是否有独特性与差异化。中国现有的任何创业都建立在原有的实体产业基础上，这意味着商业模式须改良和颠覆原有产业的要素组合，因此，商业模式的独特性与差异化在于商业模式要素的集中创新。③是否与资源匹配。不同商业模式的价值增长对资源投入的要求是不同的。制造经济时代，核心的投入是设备、人工和生产要素；而互联网时代的平台企业，则需要持续投入在系统、数据和流量的增长上。④是否设立进入壁垒。商业模式的设计要考虑后续竞争的核心壁垒，在互联网时代，我们强调多维竞争，意味着不能仅仅局限于单维设计商业模式，不论是技术、金融、合作伙伴还是用户服务，创业团队要构建起自己的护城河。⑤是否融合产业与互联网。如今的创业项目都在考虑如何应用互联网的思维和方法去颠覆传统产业。实际在互联网和产业的竞争中，产业与互联网最终将走向融合。

（2）结果类评价指标

如新商业模式企业的投资回报率，你的收入增长率或者利润增长率，你的流量、用户数的增长率及用户的规模等。因为商业模式涉及内部和外部两种不同的利益相关方，所以在进行商业模式设计的时候，除了要考虑传统的企业边界内的效率，还要考虑到和外部利益相关方所构建的生态系统的效率。因此，结果类的评价指标实际上涵盖了两个主体：一个是焦点企业自身；另一个是焦点企业所在的生态系统。

（3）过程类评价指标

包括在这个交易结构当中，利益相关方参与的动力、投入度、资源能力及资源利用效率等。

通过这样一些评价，我们可以从诸多备选方案中选择一个相对较好的商业模式。

5）执行反馈

设计一个商业模式就如同设计一个建筑群或者是一个舰队，在设计好了之后，还要进行建造。一般来说，构建一个全新的商业模式，我们主张先进行小规模的实验，并将实验验证成功的模式进行放大，进行大规模的复制。

商业模式有两个非常重要的环节：设计和建造。但是，因为新的商业模式是一个复杂的概念，它能否与环境相适应，是设计过程所不能100%预测和解决的。那么，在设计和建造之间，还要有一些实验的过程。一定要在实验当中去试错，然后才有可能以最快的速度找到那个最好的、可以大规模复制的商业模式。

反观商业模式设计的五个基本步骤。虽然我们在第一步的时候就已经预测了市场的容量和价值的空间，并且通过画像描述的方式进行了模式的洞见，也有了模式设计的评价、决策和执行反馈，然而在现实当中，我们也不必拘泥于它的次序，可以结合自身的情况，从任何一个步骤先行入手。但是在一般情况下，这几个环节都是要经历才行。

5.2.3　商业模式的设计方法

每个创业者都想为自己的企业设计一个独特的、全新的商业模式来覆盖产业内现有的企业。虽然商业模式创新是一件非常困难的事情，但很多企业都是在模仿和改进现有的商业模式的基础上收获了巨大的成功，如腾讯、百度等。

1）全盘复制法

全盘复制法比较简单，即对经营状况良好的企业的商业模式进行简单复制，根据自身企业状况稍加修正。主要适合同行业的企业，特别是细分市场、目标客户、主要产品相近或相同的企业,甚至可以直接对竞争对手的商业模式进行复制。

全盘复制优秀企业的商业模式需要注意以下三点:①复制不是生搬硬套;②要注重对商业模式细节的观察和分析,不仅要在形式上进行复制,更要注重在流程和细节上进行学习;③为避免和复制对象形成竞争,可在不同的时间和区域对商业模式进行复制。

2)借鉴提升法

通过引用创新点来学习优秀商业模式的方法适用范围最为广泛,对不同行业、不同定位的企业者适用。

3)逆向思维法

通过对行业领导者商业模式或行业内主流商业模式的研究学习,模仿者有意识地实施反向学习,即市场领导者商业模式或行业内主流商业模式如何做,供者则反向设计商业模式,直接切割对市场领导者或行业内主流商业模式不满意的市场份额,并为它们打造相匹配的商业模式。

采用逆向思维法学习商业模式时有三个关键点:①找到商业领导者或行业主流商业模式的核心点,并据此制订逆向商业模式;②企业在选择制订逆向商业模式时,不能简单追求反向,需确保能够为消费者提供更高的价值,并能够塑造新的商业模式;③防范行业领导者的报复行动,评估领导者可能的反制措施,并制订相应的对策。

4)相关分析法

相关分析法是指在分析某个问题或因素时,将与其相关的其他问题或因素进行对比,分析其相互关系或相关程度的一种分析方法。利用相关分析法可以找出相关因素之间规律性的联系,研究如何降低成本,达到价值创造的目的。

5)关键因素法

以关键因素为依据来确定商业模式设计的方法共有以下五个步骤:①确定商业模式设计的目标;②识别所有的关键因素,分析影响商业模式的各种因素及其子因素;③确定商业模式设计中不同阶段的关键因素;④明确各关键因素的性能指标和评估标准;⑤制订商业模式的实施计划。

6)价值创新法

对一些从未出现过的商业模式设计,往往需要进行创新,即通过价值要素的构建、组合等设计出新的商业模式。

课堂互动

Snapchat 是当下最火的社交网络之一。它现在拥有日活用户 1.87 亿,并且日活用户每天在 Snapchat 上花费的时间高达 30 分钟以上。在 Meta(原名为 Facebook)、Instagram 和 Twitter 社交网络三大巨头以不同方式统治社交网络时,Snapchat 以"阅后即焚"全新模式成功地获取了大量的年轻用户(16～35 岁),实现了所谓的蓝海战略。

请思考:在 Meta、Instagram 和 Twitter 社交网络三大巨头下,Snapchat 为什么会成功?

案例分析

美团网模式初步分析

1）美团网的介绍

2010年3月4日,美团网上线,成为中国第一家团购网站。近4年来,美团网已经覆盖全国多个城市,单日最高交易额突破7 000元,单月交易额突破17亿元,市场份额超过市场第二、三名之和。

根据互联网站流量排名,美团网仅次于阿里巴巴(含淘宝和天猫)、京东商城,位列电子商务网站第三名。

美团网融资情况:

2010年9月,A轮,红杉资本中国,1 000万美元;

2011年7月,B轮,阿里巴巴/阿里资本、红杉资本中国、北极光创投、华登国际投资,5 000万美元;

2014年5月,C轮,General Atlantic泛大西洋投资、红杉资本中国、阿里巴巴/阿里资本,3亿美元;

2014年12月,D轮,7亿美元,估值达到70亿美元。

2）美团网技术组织结构

（1）公司内部架构

①销售部:美团主要的盈利部门,其主要职责是在各个城市寻找合适的商家进行谈判,拿到尽量低的商品折扣。分为总部—大区—区域—城市等多级,在全国一线城市,以及大部分二、三线城市均设有分站。目前由阿里巴巴前副总裁干嘉伟担任COO职务。

②品控部:主要负责对销售团队签订的合同进行审核,以确保产品质量,品控部门人员主要集中在美团总部北京。这是美团确保产品质量的一个最重要,也是最主要的环节。

③编辑部:编辑部的职责是将团购产品清楚地介绍给用户,所有消费者看到的最终呈现在网页上的产品说明介绍都是由编辑部负责撰写的。

④技术部:美团技术部主要负责其内部业务系统、数据挖掘系统、移动终端客户端的开发维护,是其核心竞争力的重要组成部分。

⑤产品部:负责产品的上线及网站维护。作为一家团购网站,美团的最终产品就是在网站上向消费者呈现的一个个团购产品页面,而这些页面制作、上线以及后台运行的上百台大型服务器的管理维护工作便是由产品部负责的。

⑥客服部:客服部主要负责解决消费者投诉的问题。

⑦财务部:负责付款给商家、为消费者退款、出具公司财报等职能。

⑧人力资源部:负责美团内部员工的招聘、培训、任免、提拔等工作。

⑨行政部:主要负责美团网内部的行政管理工作。

⑩市场部:主要负责美团网的广告投放等推广工作。

（2）美团网站的运作机制

以美团网为代表的网络团购模式，其运作特点是通过交易平台减少寻找交易对象的时间和提高交易双方匹配成功的可能性，从而降低交易成本，促进双方需求的实现。具体而言，团购网站促使商家和消费者之间在网络团购平台进行交易，商家可以通过网络团购平台获得更多的客流量，通过规模效应降低成本，通过薄利多销实现盈利；而且这些客源大多与商家在同一区域，有利于商家提升自己的知名度。对于消费者而言，价格、收入水平及个人爱好都会对消费行为产生影响，其中价格是最重要的影响因素。参与团购网站提高了单个消费者的议价地位，享受了更低的价格和更多的优惠。另外，消费者还可以看到商品团购的具体数量及反馈和评价，降低了信息不对称。而团购网站本身可以通过向商家收取一定比例的中间交易提成及商家在网站上的推广费用来获取利润。

美团网还将注册的消费者纳入其营销数据库，采集消费者的相关信息。比如，美团网通过整合消费者对商家商品和服务的评价构建了评价系统，至今已积累了约 1.5 亿条消费评价，覆盖美食、酒店、电影等多个种类。美团网最近推出，标签云评价功能，对评价体系进行了升级，消费者不再需要逐条翻阅评论便可以看到各个维度好评与差评的数量，对团购单的总体情况有了更直观的了解。

3）美团商业模式分析

商业模式一般从以下六点进行分析：①目标用户定位；②目标用户未得到满足的需求；③如何服务满足客户需求；④盈利模式与收入来源；⑤市场同行目前的发展状况；⑥目前的竞争力。下面简单分析前四点，第五点在美团的业绩中已经详细体现，第六点将在 SWOT 中具体分析。

（1）美团的目标用户定位

美团目标客户主要有两类：一是习惯于网络购物，有猎奇心态且容易被折扣所吸引的年轻消费者；二是边际成本较低且以服务为主，希望消费者有二次消费的商家。美团网创业团队深知顾客细分的必要性，将目标客户定位后，又将顾客细分为：线上顾客和线下顾客；线上顾客分为线上已消费顾客和线上尚未进行消费顾客两类，针对不同类别进行不同营销模式推广，而线下顾客和线上尚未进行消费顾客构成美团潜在顾客群体，对这类顾客，美团充分利用现有顾客网络进行顾客关系营销，推出推荐好友购买的返利活动把美团介绍给更多的人。

（2）目标用户未得到满足的需求

①价格与质量。市场上的产品服务价格与质量往往成正比，目标用户难以购买到物美价廉的产品与服务。

②便利。看电影要排长队买票，吃顿高档的饭对普通老百姓简直是一件奢侈的事，促销活动常常错过，货比三家太麻烦……传统的购物行为并不能很好地解决目标客户追求方便快捷实惠的消费心理。

③自由。传统的购物行为常常受到导购员及摄像头的监督跟踪，目标客户丧失购物的自由与乐趣。

（3）美团如何服务满足客户需求

美团网主要从四大途径加强客户关系管理，以便更好地服务客户：

①EDM：美团网通过使用 EDM 软件向目标客户发送 EDM 邮件，建立同目标顾客的沟通渠道，向其直接发送电子广告、产品信息、销售信息、市场调查、市场推广活动信息等，用来促进销售。

②微博：美团网利用新浪、搜狐等网站微博，与广大客户进行互动并了解顾客需求。

③SNS：由 SNS 网站将爱好相同的人聚集在一起，然后推出受这个爱好相同的人喜欢的商品，组织他们团购这类商品。

④美团网的官方网站：在官网首页投放相关广告，让顾客能更充分地了解每日商品的变化和折扣。建立意见反馈系统，及时地将顾客的意见有效地解决，不断对产品及服务进行改进和提高，以满足顾客的需求。

（4）美团网的竞争优势分析

团购网从 2010 年兴起，2011 年 8 月到达最高峰，全国有 5 800 多家，但到了 2014 年上半年，仅存 176 家，存活率仅 3.5%。目前发展得比较好的有美团网、糯米网、拉手网、58 团购网。美团网相对来说是处于优势地位的，目前已占有 20% 的团购市场。其优势主要有：①品牌知名度高。美团网是国内首家团购网，且其老总王兴曾经创办人人网、饭否网，在界内享有美誉，技术力量强。运维经验丰富，成功抓住用户心理，立足本地经营。②100% 物流掌控。它可以说颠覆了之前电子商务的物流规则，客户付款后将收到一个唯一的美团网序列号码和密码，然后带着序列号码和密码到相应的地方消费，方便、快捷。③以服务类产品为主。服务类产品在一定的数量销售之后，新增的数量几乎是无成本的，更容易形成低价团购。

（5）美团网的盈利模式分析

①佣金模式：应当是现在大多数团购网站的主要盈利模式，同时也是美团网最主要的盈利模式。主要是通过出售团购商品，直接赚取中间的差价；或者是通过出售商品进行高百分比抽成；或者通过协议帮商家做折扣促销，按照协议金额形成收入。

②广告模式：不可避免地，广告收入将是美团网收入的一部分。基于美团网的高流量、多会员的情况，美团网的广告功能也得到了极大的凸显。

③转介费模式：是美团网发展起来的一种新兴的收入模式。对于美团网而言应当是直接将页面链接到产品所属公司，让产品所属公司获得更多被知晓的机会，甚至开发出更多的潜在客户。对此，美团网可以向该公司收取转介费用。

④服务费模式：接受服务本身也是一种消费。美团网提供了大量的优惠信息服务，以及合适的产品推荐。可以针对这些差异化的有价值的服务收取必要的费用。

⑤消费者沉淀资金的收益：美团网的账户每天都会有很多的资金流入和流出，进行有效的风险控制就可以利用这些沉淀资金获取巨大的额外收益。

4)美团商家入驻流程、标准

(1)美团签约商家服务流程

1. **参团报名**
美团网的工作人员会对提交的合作信息进行评估,如果符合合作要求,工作人员会在7个工作日内与您联系。

2. **制订方案**
美团在当地的业务员会根据您的实际情况和推广需求,为您量身制订适合的团购方案,帮助您吸引更多顾客,提升服务水平。

3. **签订合同**
签订标准合同的同时需要您提供必要的资质证明和图片(部分商家我们会安排摄影师到店拍摄),此外您还需要和业务人员确认最终的合作方案。

4. **上线前培训**
美团业务员会协助您完成验证、结款等商家中心(商家专属网站)的功能培训,并与您沟通售后问题的处理办法。请您确保店员已熟知这些。

5. **接待顾客**
团购项目的页面编辑完成后,您将会收到短信和邮件通知,您确认后项目会在当晚0点上线。之后您需要验证美团券接待顾客,并通过商家中心回复顾客评论。

6. **款项结算**
美团网将按照合同约定,及时为您结算团购款项,通过商家中心您可以实时查看付款详情等相关财务信息。

7. **效果展示**
项目在线期间和下线后,美团网会为您提供免费实时的数据报告,包括浏览、销售、消费者满意度等情况,您可以登录商家中心查看。

图 5-2　美团服务流程

(2)美团商家合作分类入口

美团商家合作分为四大类:

①美食:海量流量、精准营销、深度分析,助力您的餐厅销量口碑双丰收,需要下载美团开店宝客户端进行资料登记入驻。

②外卖:美团外卖诚意邀请餐饮类、超市类、药品类商家入驻,以下为美团开店登记流程图。

图 5-3　美团商家合作流程

③酒店：新美大双平台，轻松助力酒店实现销售、口碑双增长，采取网页自助登记和联系城市代理公司开通。

④丽人休闲娱乐等其他：坐拥双平台资源，携手点评管家一起赚大钱，该模块主要联合大众点评推出点评管家并推出团购升级模式对该行业资源进行整合。

(3)美团携手大众点评推出千城代理招募

以下统称为“城市代理”。

①城市代理加盟模式为线上资料等级报名模式，总共分为三步：

携手大众点评，轻松赚钱
百万商户的选择
提升营业额
31%
团购
提升人气
48%
推广
回头客增加
27%
会员卡
我要合作

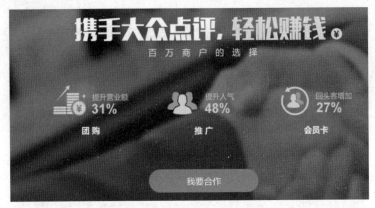

图 5-4　城市代理加盟模式流程

②成为城市代理的六个要求：

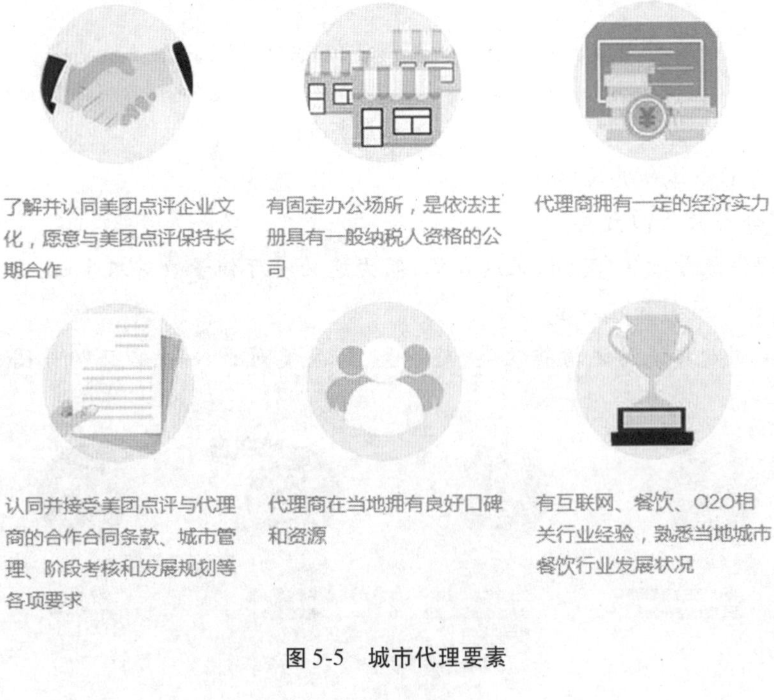

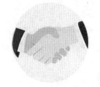

了解并认同美团点评企业文化，愿意与美团点评保持长期合作
有固定办公场所，是依法注册具有一般纳税人资格的公司
代理商拥有一定的经济实力
认同并接受美团点评与代理商的合作合同条款、城市管理、阶段考核和发展规划等各项要求
代理商在当地拥有良好口碑和资源
有互联网、餐饮、O2O相关行业经验，熟悉当地城市餐饮行业发展状况

图 5-5　城市代理要素

③对城市代理进行的激励政策：

a. 美团点评城市代理权。

b. 美团点评品牌使用权。

c. 美团点评后台使用权。

d. 美团点评技术支持、物资支持、管理支持。

e. 美团点评业务全方位团队培训。

f. 从代理城市的美团点评到餐饮业务毛利分成、考核奖励、其他产品收入。

（4）城市代理人费用

成为城市代理人基本上都是先交 10 万～30 万元保证金（根据城市人口及经济实力收取），这部分钱以后不代理了还会退一小部分，每年再交 10 万～30 万元物料推广费。

代理商所能获取的利润：交易佣金；配送费。

代理优势在于其知名度大、好推广，用户基数大。劣势在于和商家洽谈入驻比较困难，签订协议的代理商是没有话语权的，而且也会随时根据物料调整收取推广费用。资金流全部流入美团账户，每个月再以奖金的形式返还给城市代理，再基于你配送的时效性、用户是否投诉等给予相应返还薪金，时间也是不固定的。现在美团 KPI 考核越来越严格，一次或两次达不到指标给予警告，三次以后直接取消代理权，且保证金一分不退。

（5）商家加入美团的要求

①拥有合法的、该行业的资质牌照。

②通过城市代理公司的销售配合完成。

③商家可以通过线上平台提交资料进行申请。

5）美团前期的推广方式

（1）线下推广策略

首先美团给自身的定位清晰：是一个连接商家和用户的外卖平台。美团在前期阶段的目标是让更多的商家入驻并支持平台，让更多的用户上平台进行订餐并用美团的服务留住更多的用户，打败竞争对手。

美团自身的文化：极致、激情、创新，面对的三座大山：商家、用户、竞争对手。每一个都要相当重视，美团需要用不同的方式解决这三个问题。用激情感染商家，用极致留住用户，用创新打败竞争对手。

①商家端：

a. 尽快走访区域内有配送能力并符合条件的餐厅并让他们入驻平台。

b. 安抚好商家，让他们看到美团是一个有激情、有活力、有发展潜力、有责任心的公司，并在各个环节指导他们配合平台的配送服务，分析每家每天送餐数据情况，对每家进行指导，有问题一定要及时解决，答应商家的一定要及时做到。

c.配送问题:说服几个离得近的商家联合起来进行送餐,尽量避免出现配送员闲着没活干或者几家配送员同时拿着一份饭出去的这种配送效率极低的情况(末端效率)。

②用户端:在用户都不知道美团的情况下,首先应该提高我们的知名度,扩大我们的影响力。同时树立美团极致服务的形象,这里涉及一个很重要的工作就是宣传。

宣传目的:让更多的用户了解美团、使用美团。

● 初级阶段:让美团尽可能多地出现在他们的视线范围之内,让他们只要一想到订外卖就可以想到美团。

方法:

a.贴海报,海报贴上去存活时间一般超不过一天,因此贴得一定要勤,哪怕暴露在学生视线中5分钟也是值得的。

b.发传单,进宿舍介绍,因为大部分新生普遍没有了解过网上订餐这一概念,因此我们第一次必须手把手教学才能取得最好的效果,这个一定要先下手为强。

c.利用我们的资源和校内组织合作,合办晚会,摆摊宣传,增加曝光度。

● 中级阶段:让用户去传播美团,让产品自己去说话,达到更好的效果。

方法:

a.病毒式营销,制造热点新闻,并结合校园文化,给用户自豪、炫耀的资本,让用户自己去传播、分享,如模特送餐、饿了么美团主题表白等。

b.社群,建立美团红包群、饿了么每日秒杀群,把用户拉拢到一起每天分享红包,增加用户黏性,挑选商家每天赠送免费餐,同时可以曝光自己做宣传。

● 高级阶段:用极致的体验去留住用户,让美团成为用户的信仰。

③竞争对手:对美团在高校区内的其他竞争对手,首先要明确美团的优势和劣势,美团和其他平台是大方向和体量都差不多的大公司,公司上层给的支持基本是差不多的,因此美团必须靠自己打败美团区域的对手:

a.首先保证公平竞争,恶性竞争的出现对美团和其他公司都是不好的,还可能出现打架斗殴事件,虽然这只是员工的个人行为,但他却代表了美团公司对外的形象,影响是非常不好的,故一定要保证公平竞争。

b.在第一条的基础上,美团和其他平台拼的就是商家服务和用户端宣传,美团要尽可能地去做到客情关系要比他们更好一点,宣传做得要比他们更到位一点,这对美团和商家谈活动会有很大的帮助,用户端的影响力也要比他们大。用多样化的服务和多样化的宣传去打败对手,真正实现用创新打败对手。

c.在活动方面美团的思路也是多样化的,首先美团公司和其他平台比并不差钱,因此美团的活动一定要比其他平台多,要比其他平台灵活,不一定要比其他平台大,但应该去找一些新颖的活动去让用户眼前一亮,能让用户一看见活动的瞬间就能忘记对手的活动,从而加深美团在用户心中的印象。

（2）美团的线上推广策略

2011 年美团逐渐减少和不投入线下推广，主要有以下几个原因：

①校内网和饭否网都出过资金链问题，众所周知校内网因为资金链断裂（融不到资）卖给了陈一舟。但是很少有人知道饭否网也出现过资金链问题，因为王兴吸取教训控制在内部小范围知道。吃过两次亏后，到现在，王兴在资金管理上都还很谨慎。

②美团网也曾经投放线下广告，只是走到最后一步叫停。下面的地推团队也在嚷嚷要投放线下广告，对地推来说，拜访人家店面，在街上、电梯里、店面里看到的是其他团购网站的广告，压力很大。但是，美团管理层叫停的缘故是，怀疑效果到底有多大。线下广告之后，还是需要上百度搜关键词，那还不如直接上百度买流量。若干家团购网站的线下广告大战普及了"团购"这一概念，却也让多个网站品牌混淆。有店家告诉美团地推，你们打的广告到处都是（其实是竞争对手的广告）。线下广告当时价格被炒得很高，对于钱不多（当时美团融资力度比不上拉手网、大众点评等）的美团来说不划算。说到底还是资金不多，必须精打细算。实际上，当时广告收益最大的是分众传媒这些广告公司。面向商家一端，地推两条腿一张嘴的效果也好于打广告。

③美团判断，2009 年初资本回暖，根据周期性，2011 年下半年会进入寒冬，公司要有足够的现金过冬。美团当时资金贫乏，事后来看却是最英明神武的决定之一。

美团当时做线上营销的具体细节不得而知，根本思路是找到懂这个的人才——他们找到了亿玛运营总监陈敏鸣，担任美团在线营销副总裁。陈敏鸣来了之后，最大的改变是算清楚账了：他们向百度等各种渠道投放广告，如果哪些渠道效果不理想，马上砍掉或者减少投入。当时线上广告因为电商和团购也搞得很贵，花 50 元买一个用户很正常，有公司甚至花100 元买一个。总体来说，线上比线下更有优势的地方是，能够算清楚带来用户的成本是多少。这是美团当时自身情况下最好的选择。

6）美团的盈利模式分析

美团强调补贴商家和消费者，旨在改变消费者的消费习惯，但是往往用钱让利、补贴出来的消费者黏性过低，可替代性也很强。

（1）商家赚人气，美团赚数据

①积累的历史交易数据，经过系统分析就可以帮助商家更好地去经营，大数据通过分析制订方案为商家带来价值而收费。

②高级店铺收费。随着业务的推演，美团商户也会和淘宝商户一样，自助开店、装修……把更高级的店铺功能开放给高级商户，进行收费。

③广告营收：首页的广告位、右侧推荐、搜索推荐，各类流量入口均可以进行售卖。

④佣金分成，互联网金融。商户扩大经营规模，可以从美团贷款，同时美团再将流量套餐、经营指导等一系列套餐打包给商户，商户赚钱，美团跟着赚钱。

（2）美团旗下业务

①猫眼：那么多人在上面看电影，猫眼之前已经做了一些尝试了，比如，直接参与投资电影，为电影做前期的宣传，可以是一笔收入；电影里那么多的植入广告，那么多的漂亮衣服；各种好玩的东西，可以卖电影里的东西。

②外卖：由于滴滴打车使用高频，所以现在滴滴打车里各类有钱的广告主就会给你发打车红包，外卖也是高频的；美团现在开始自建配送团队了，应该是先从高端用户开始发，保证线下体验可控。待线下自主配送完善，后续可以解决"最后一公里"的问题，提供食物、生活用品各类上门服务。

③智能硬件：商户都在进行信息化，IT硬件设备都需要更加智能，这同样是一个可以尝试的方向。

④资金流：美团商家提现存在一定周期，并非即时结算，故存在资金滞留平台的情况，美团有很大的运作空间。

⑤高频的美团外卖App的流量和活跃度甚至可以超过美团，故美团单独拆分运营美团外卖。美团外卖收取商家20%～25%的菜品价格提成，也就是说一份19.9元的外卖，商家要给美团4块钱。

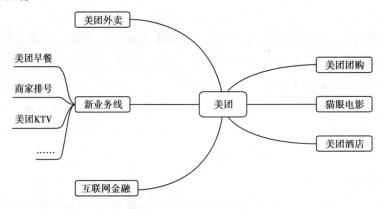

图5-6　美团业务分布图

7）美团App产品功能结构

据了解，美团App预估有3亿以上的用户，针对客观的消费者、商家数量，独立的App已经无法满足美团开展的业务，因此美团在平台内对消费者进行了分类，将自身业务单独拆分做大，形成独立品牌，互联网平台一旦用户数量过多，将会在平台内进行引流分类，参考淘宝独立开设了天猫平台，这是一种有效的方法。

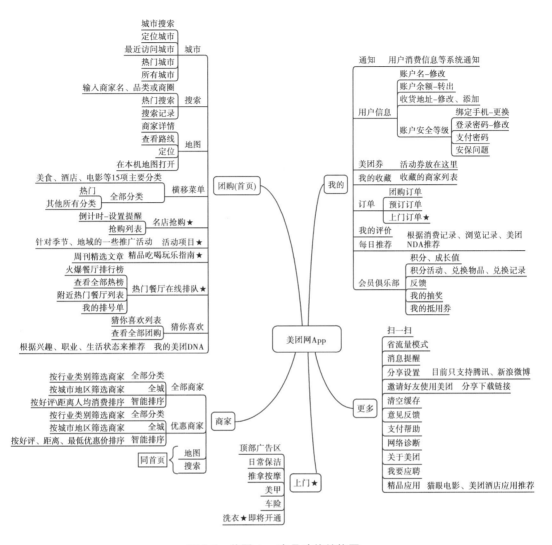

图 5-7　美团 App 产品功能结构图

思考:

请根据上述资料对美团网的商业模式及要素进行分析。

本章小结

商业模式的定义没有一个权威的版本,归纳起来主要有四种观点:一是财务观;二是交易观;三是组织观;四是价值观。

商业模式的要素目前被大众接受最多的是九要素说,具体如下:价值内涵、目标客户、传送渠道、客户关系、关键资源、关键活动、关键伙伴、成本结构、收入流,可据此画出商业模式画布。

商业模式遵循持续盈利原则、客户价值最大化原则、资源整合原则、创新原则、融资有效性原则、组织管理高效率原则、风险控制原则和合理避税原则。

　　商业模式的设计流程为画像描述、模式洞见、模式设计、评价决策、执行反馈。

　　商业模式的设计方法有全盘复制法、借鉴提升法、逆向思维法、相关分析法、关键因素法、价值创新法等。

第6章
产品和服务

知识提要

(1)消费者需求与欲望、需求调研、需求挖掘以及需求确认；

(2)产品与服务内涵、产品设计、服务设计及互联网设计；

(3)品牌与品牌设计的内涵,品牌设计的重要性、原则和构成要素。

学习目标

(1)了解需求与欲望、学习需求调研方法以及理解需求确认；

(2)学习产品与服务内涵、产品设计、服务设计及互联网设计；

(3)理解什么是品牌与品牌设计,学习品牌设计的重要性、原则和构成要素。

名人名言

我们从别人的发明中享受了很大的利益,我们也应该乐于有机会以我们的任何一种发明为别人服务;而这种事我们应该自愿地和慷慨地去做。

——本杰明·富兰克林

案例导入

抖音成功的秘诀

抖音是一款可以拍短视频的音乐创意短视频社交软件,用户可以通过这款软件选择歌曲,拍摄音乐短视频,形成自己的作品。抖音的爆红让整个中国的网虫们有点措手不及,很多人还在习惯看新闻、听广播、刷朋友圈的时候,一段段只有几秒到十几秒的小视频突然有一天就拼命地挤在了我们手机屏幕的最前端,绝大部分手机一族已经自然地将自己手机时间的一部分留给了抖音。抖音成功的秘诀在哪里?

1)阅读效率的大幅提升

我们人类文化都是经历了文字—图片—视频+音频三个传播阶段,我们发现,这样一种传播途径的演变,其实是伴随着两条主线:一条是效率的提升,一条是多感官的刺激。最早的时候文字只能通过视觉,逐行逐字地阅读;到第二阶段,我们通过视觉,观看更有具象形式的有色彩的图片。人类的大部分信息获取其实源于视觉刺激,这种刺激对于大脑来说更加直接。文字则是语言的载体,在阅读的过程中多了一步处理与转化的过程。而视频是连续播放的图片的组合,人们对连续图像的接收速度可以比文字阅读的接收速度快很多,加之音频的辅助信息传递。所以,拜大脑本能所赐,更为直接的视频远比文字的刺激更加直观。

这一条让我们明白,产品或服务创新的一个源泉是什么——让人们的生活变得更"高效"。

2)短视频比长视频更容易传播

(1)短视频下载和上传的流量更小,速度更快。因为长视频(如电影)动辄几百上千兆一部的流量,让很多手机用户望而却步,一方面流量成本昂贵,另一方面是时间。特别是在地铁等信号不好的地方,更不可能在短时间内完成一部电影的下载,这些都限制了长视频在移动端的传播,因此短视频自然声名鹊起。

(2)人们的时间更加碎片化,短视频与人们碎片化的时间相匹配。从场景来看,假设人的一天分为三个8小时:睡觉8小时、工作8小时、生活8小时,不管是长视频还是短视频的消费必然发生在"生活8小时"。而"生活8小时"的特征是在时间上和空间上都高度碎片化。你会吃饭、上厕所、通勤等,结合这种碎片化场景,这是短视频在消费维度上优于长视频的场景逻辑。当然,不可避免有人会在"工作8小时"中看视频,所以短视频还有另一个作用:工作闲暇、冗长会议和无聊讨论的最佳调节剂。短视频产品的打造者早已洞察了这类消费者的习惯,做了很多辅助手段让他们在工作时间去看,比如贴心地给视频打上硕大的字幕等,为的就是让你能悄无声息地应对各类正经的场合,从而将原本只有8小时的抢夺时间变为10小时甚至12小时——当然抢夺睡眠时间也是同理。

(3)人类大脑的"进化"。这里说的"进化"实质是人们的大脑对外界刺激的灵敏度在下降。我们在迈入互联网时代以后,无法深度思考。大量的碎片化内容充斥着我们每天的时间,人们开始以更快的速度追求愉悦和刺激;我们大脑刺激的阈值在提高,手机在重新定义我们大脑寻求刺激的节奏。这样就是我们所说的人类大脑的"进化",在短时间内追求更多外界信息的刺激,并且可以耐受。

2000年,微软加拿大公司报告称,普通人的注意力幅度仅为12秒;到了智能手机、社交网络勃兴的2013年,这个数字下降到了8秒。我们的思维的确在被互联网改造:互联网让我们从一个链接转跳到另一个链接,搜索引擎让我们倾向于放弃记忆,手机是继语言、书籍、电视、计算机之后对人类大脑改造最大的工具。

以上几种原因综合在一起,又是快餐,又是视频,又是碎片化,短视频自然会应运而生并且开始火爆。

思考:
读完上述案例,你认为抖音成功的关键要素是什么?

6.1　消费者需求调研与确认

6.1.1　消费者需求与欲望

　　需求是用户的一种期望,是用户期望改善现状,解决某些问题或达到某种目标的需要。需求实现的过程就是通过软件产品的功能达成用户目标,使之与用户期望目标相符的过程。

　　需要是市场营销的基石,是人们与生俱来的基本需要,需要层次理论根据缺失性需求和成长性需求划分了需要的五个层次。像脉动这种饮料满足的就是人们对水和维生素的需要,欲望是由需要转化而来的,当人们犯困时就需要提神的需要,人们根据自身情况选择脉动这个商品,转化条件是有具体的商品满足需要,而脉动就是这个转化条件。需求是消费者有支付能力并愿意购买某个产品的欲望,意思是有购买脉动的欲望,并且还有钱购买。需要是企业的使命,需求是企业赖以生存的基础,因而企业应当根据需要发展长期战略,根据需求发展短期战略(图6-1)。

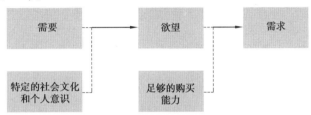

图 6-1　需求与欲望关系图

6.1.2　消费者需求调研

　　需求调研是为需求说明书做前期工作,可以说需求说明书是从需求调研表中得到或抽取而来的。需求调研是要了解现实世界中做实际工作的人们真正需要什么样的程序的过程,再把这些需求经过细节整理并由设计部开发,再由销售部销售给用户。需求调研方法一般有实地观察法、面谈法、问卷调查法、查阅资料法等。

　　1)实地观察法

　　实地观察法不与调研对象进行正面接触,而是在旁边对具体业务进行观察,参观调研对象的工作流程,观察调研对象的操作。根据观察收集到的信息,进行整理和分析,出具需求规格说明书。

　　2)面谈法

　　面谈法是与调研对象进行面对面交谈,由调研对象描述业务信息和需求信息,调研人员向调研对象提出事先准备好的问题,并记录访谈过程。经过对访谈过程记录的整理和分析出具需求规格说明书。

　　3)问卷调查法

　　调研人员根据调研内容将相关问题制成问卷表格,向调研对象发放调研问卷,调研对象根据实际业务填写问卷表格,调研人员按时回收问卷表格。调研人员根据收集到的调研问卷进行整理和分析,获取需求,出具需求规格说明书。

4)查阅资料法

查阅资料法要收集调研对象在调研范围内相关的规章制度、规范指南、工作过程等书面资料,并对收集到的资料进行整理和分析,获取需求的方式。

对于需求调研来说,访问调查宜采用直接面谈,并且使用非标准化的方式,这样便于发挥和沟通,通过调研过程的互动,可以激发调研对象的积极性,收获调研实施前遗漏的需求;问卷调查法是标准化调查,可作为一种辅助手段,对较为复杂的信息系统调研,不建议采用问卷调查作为唯一调研方法;而实地观察法和查阅资料法作为由调研人员主动实施的调研方法,依赖调研人员的主观判断,有一定局限性,可作为一种辅助手段对收集需求进行判断。

课堂互动 1

小组讨论设计调研问卷题项或访谈提纲。

调研问卷设计步骤:

1. 确定需要的信息。如果需要通过对主题做一些探讨来找出所需要的信息,可考虑进行若干焦点组访谈。

2. 检索有关文库,查找有关我们感兴趣的主题的现存问题和量表。

3. 草拟新的问题或修订现有的问题。

4. 把问题按顺序排列。

5. 确定问卷的格式。

6. 对可能预先编码的回答选项作预编码。

7. 对问卷初稿进行前测性访谈,并征求同行的意见。

8. 修订问卷初稿,并由自己、朋友或合作者对修订后的问卷进行测试。

9. 为做探测的访谈员准备一份简单的访谈说明;无论是从说明的文字中发现的问题,还是在访谈员的培训过程中发现的问题,都要针对发现的问题对问卷作相应的修订。

10. 在一个与我们对之作正式抽样的全域或总体相似的小样本上(20 ~ 50 个)做探测。

11. 从访谈员对回答人的书面评语或访谈员的工作报告中收集意见。

12. 提供研究所需要的信息问题。

13. 修订那些可能存在困难的问题。

14. 如果修订量很大,需要再次进行调查。

15. 如果访谈员发现说明文字有问题,就需要对其进行修订并最终定稿。

16. 在访谈员的培训以及最初的访谈过程中,务必对任何可能出现的新问题保持警惕;在问题确实很严重时,可能还需要立即停止调查,在修改后的新说明发给访谈员之后,调查方可重新开始。

17. 访谈完成后,分析访谈员的报告表,并征询访谈员和编码员,以确定是否存在可能影响分析的问题。

18. 将从该调查问卷中得到的经验用于未来的调查研究计划。

访谈提纲的设计:

包括但不限于以下几方面:

1.访谈目的:_____

2.访谈方式:_____

3.访谈对象:_____

4.提问提纲:_____

6.1.3 消费者需求挖掘

需求挖掘是从用户需求出发,挖掘用户内心真正的目标,并转换为产品需求的过程,是在构建产品前的一个重要环节,对产品具有非常重要的作用。一个好的产品需要有需求、有优势、有利益。明确需求,挖掘用户痛点,才能让产品更加有优势;只有挖掘到了能够盈利的需求,才能让产品有利益。所以说,需求是一个好产品的前提,是一个优秀产品的起点。

如何挖掘需求? 有从公司业务方向挖掘需求、通过头脑风暴挖掘需求、通过文献调研挖掘需求、通过用户访谈挖掘需求、通过问卷调查挖掘需求、通过竞品分析挖掘需求、通过运营数据分析挖掘需求、通过用户反馈挖掘需求、通过搜索引擎挖掘需求、通过社交平台挖掘需求、通过场景分析挖掘需求、通过现场观摩沟通挖掘需求、培养自己产品的嗅觉 13 种方法。在此介绍几种不错的方法。

用户反馈是一种挖掘用户基本需求以及期望需求的常用方法。产品经理能够在用户的反馈中了解到用户的使用情况,也能够通过用户的反馈了解到用户所遇到的问题,还能通过用户的反馈了解用户的想法和期望。每个问题的背后都可能隐藏有相应的需求,因此,通过用户的反馈来挖掘用户需求是一个不错的方法。

很多时候我们在无从下手的情况下都会通过搜索引擎去搜索一些关键词,从而获得一些灵感。确实,搜索引擎也是一种挖掘需求的方法。搜索引擎中有比较多的推广信息以及无用的垃圾信息,因此,在通过搜索引擎挖掘需求时应注意避开这些无用的信息。我们可以分别通过泛搜索和稍微精准的搜索来进行查找,用多个关键词搭配进行搜索,也可以给关键词加上双引号进行搜索,这样会更加精准。另外,我们也可以使用百度自带的"搜索工具"进行更加精准的搜索。

社交平台也是挖掘需求的一个非常重要的渠道。例如,知乎、微博、百度知道、百度贴吧,这些平台都能够成为我们挖掘需求的一个渠道。另外,有些行业也有该行业的垂直社交平台。社交平台是一个聚集百家之言的一个地方,各种潜在用户都在社交平台中发表想法、提出问题、回答问题、讨论问题,因此,这里面有些问题正是我们想要挖掘的一些需求。

产品经理需要具备一个非常重要的技能是数据分析能力,这个技能主要体现在需求挖掘阶段,包括问卷调查的数据统计和分析以及运营数据的统计分析,新产品的新需求挖掘以及老产品的迭代需求挖掘。产品上线后,产品经理要密切关注运营数据的情况,特别是产品进行 AB 测试时,需要关注数据的变化,对数据进行统计分析并得出结论。关注产品的访问量、用户数、流失率、点击率、转化率、留存率、活跃度等方面的数据。例如,如果用户数过低,就看看是不是因为注册流程过于复杂;转化率过低,检查是不是因为跳转的逻辑设计得不好还是其他问题。每一个问题的背后或许就能够找到一些相应的需求。

6.1.4 消费者需求确认

需求调研是一个漫长的过程,在这个过程中调研的用户在不同时间对同一业务的表述可能是不一样的,如何避免由于用户想法的改变而导致的双方对需求认知的不一致,是我们在需求调研过程中必须解决的一个问题。

能够正确理解用户需求,并且将用户的各种需求完整地体现在需求规格说明书中将是一个复杂而艰辛的过程,因此在每次的会谈之后必须将当天的会谈记录形成文档,在下一次的调研开始前由用户对上次的调研记录进行确认,减少需求在传递过程中的损耗。

课堂互动2

请按自己所创立的企业为用户提供服务的实际情况填写下面的产品开发需求书。

表6-1 产品开发需求书

客户名称			
提出人		提出日期	
痛点			
需求描述			
需求目的			
分析人		提交日期	
需求分析			
实现方案			
客户意见			
客户确认	签字		确认日期
	盖章		

6.2　产品与服务设计

6.2.1　产品与服务内涵

1) 什么是产品

产品是指能够提供给市场进行交换以供人们取得使用或消费,并能够满足人们某种欲望或需要的任何东西。例如,联想计算机、海尔洗衣机、音乐会、海边度假、心理咨询、美容美发等这些都是产品。它既包括那些有形的劳动产品,也包括那些无形的效劳类产品,同时还包括那些随同产品出售时所包含的附加效劳。

现代营销学的产品概念是一个多方面的概念。从前面产品的定义我们可以得出一个关于产品的整体外延概念。产品不仅仅是指有形商品,从广义上说,产品包括有形物品、效劳、人员、地方、组织、构思,或者这些实体的组合。效劳产品包括可供出售的行为、利益和满意度等。与此同时,整体产品还是一个包含多层次的概念,不仅具有广泛的外延,而且具有深入的内涵。这就是我们下面将要展开的产品层次。因此,产品不单单是指一组有形的物品。消费者倾向于将产品视为满足他们需要的复杂利益集合。在开发产品时,营销人员首先必须找出将要满足消费者需要的核心利益,然后设计出实际产品和找到扩大产品外延的方法,并能关注和把握满足这一产品需求的未来发展变化,以便能不断创造出满足消费者要求的一系列利益组合。

2) 产品层次

以往人们对产品的理解,仅仅限于提供物本身,比较单一和狭隘。随着经济的发展和社会的进步,无论是供给者还是需求者,在考虑产品时均不得不从多个层次上加以思考和分析。因为市场营销的过程不仅仅是推销产品的过程,更是一个不断满足顾客需要的过程。就顾客的需求来讲是多方面的,因此,与以往传统产品观点不同的是,现代市场营销学的产品观,不再像从传统产品观念到现代产品观念的转变一样,对产品层次的理解和认识是随着市场的发展而不断提升和发展的。在这里我们从整体产品的第三层次到第五层次展开说明。

产品开发者需要从五个层次来研究产品和效劳(图 6-2)。其中,第一个层次是核心产品,它提出了这样一个问题:购置者真正想买什么? 核心产品位于整个产品中心位置,是指消费者在购置一件产品或一项效劳时所寻找的能够解决问题的核心利益。用户购置某个产品,并不是为了占有这个产品本身,而是为了满足某种需要。人们买电视机,最根本的是为了看到喜欢的节目,而不是占有那些塑料和金属构成的零部件。如人们购置洗衣机并不是为了获得装有某些机械电器零部件的一个箱子,而是为了这种装置能代替人力洗衣服,从而满足减轻家务劳动的需要。正是基于这一点的认识,某著名化妆品厂家精辟地提出:"在工厂里,我们生产化妆品;在商店里,我们出售希望。"这说明该化妆品厂家充分认识到,一个妇女买口红，她买的远不止口红的颜色。作为提供者，在设计产品时，营销人员首先必须确定产品将带给消费者的核心利益是什么。

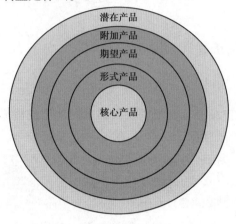

图6-2　产品的五个层次

第二个层次是形式产品。即如何将核心利益转化为根本产品，提供者围绕核心产品制造出实际产品。实际产品有五大特征：质量水平、特色、款式、品牌名称及包装。即便提供的产品是某种效劳，也同样具有类似的特征。例如，计算机是泛指延伸人脑计算能力的一类产品，而戴尔计算机便是一件实际产品。它的名称、零部件、式样、特色包装和其他的特征，经过精心组合，形成了其核心利益——优质的计算机。

第三个层次是期望产品。即购置者购置产品时通常期望得到和默认的一系列根本的属性和条件。例如购置食品时期望它卫生，投宿时期望它干净。由于一般旅馆均能满足旅客的这些最低期望，所以旅客在选择投宿哪家旅馆时，常常不是考虑哪家旅馆能提供期望产品，而是考虑哪家旅馆就近和方便。

第四个层次是附加产品。即提供者提供产品时增加的附加效劳和利益，也是购置者购置产品时希望得到的附加效劳和利益。例如，基于对购置者购置计算机并不仅仅是购置计算工具，而是购置解决问题的效劳的认识，美国IBM公司立即向客户提供一整套体系，不仅包括硬件，也包括软件及使用和维修等一系列附加效劳，正是这种系统销售的概念，帮助IBM公司在竞争中占据了领先的位置。附加产品的概念来源于对顾客消费需要的深入认识。购置者之所以购置某项产品是为了满足某种需要，因而他们购置时希望能得到和满足该项需要有关的一切事物。认识到这一点就不难理解，只有向顾客提供具有更多实际利益，能更完美地满足其需要的附加产品，才能在竞争中获胜。

第五个层次是潜在产品。即现在产品可能开展的前景。包括现有产品的所有延伸和演进局部，最终可能开展成为未来产品的潜在状态的产品。如彩色电视机可开展为录放机、电脑终端机等。

今天的竞争主要是发生在产品的附加层次，尤其是在经济兴旺的国家。以往的竞争主要是产品本身的竞争，而现在的竞争已不在于生产和销售什么产品，而在于提供什么样的附加利益和效劳，尤其是超越厂房而延伸出去的一系列附加效劳。正因为这个层次成为竞争聚焦点,所以有几点必须注意:①每个附加利益都将增加企业本钱,因此必须考虑买家是否愿意承受产生的额外费用。②附加利益将很快转变为期望利益,卖家将不断寻找新的附加利益。③由于附加利益提高了产品的价格,有的竞争对手会采用反向思维,剥除所有附加利益和效劳,大幅降低价格,满足客户的根本期望要求。

3)产品与服务的联系

产品和服务同属输出,同为过程的结果。大多数情况下,术语"产品"和"服务"通常会在一起使用。组织提供给顾客或外部供方提供给组织的大部分输出往往同时包含产品和服务。

4)产品与服务的区别

①是否与顾客接触:产品是指在供方和顾客之间未发生任何必然交易的情况下,可以实现产品的生产;服务是至少有一项活动必须在供方和顾客之间的接触面上完成。

②产品的主要特征是有形的,而服务是无形的输出。

③服务须与顾客互动,而产品不需要。

④服务具有多变性,而产品相对固定。

⑤服务具有时间依赖性、易消亡的特征,而产品没有。

⑥服务的细节控制与产品不同。例如服务要考虑配套设施的地理位置、装修、布局、风格等与顾客有关的需求与偏好,而产品的生产设备因无须面对顾客而不必考虑上述问题。

⑦服务与产品在输出的种类、一致性、表现形式和数量、质量方面都有不同。

⑧产品的所有权通常可以转让,而服务却不一定。

6.2.2 产品设计

1)产品设计思路

产品设计主要分为三个层次:

(1)核心产品体现商品的实质性

是指商品带给消费者的最基本的效用和利益,即主要的实际用途。如衣服的首要功能是蔽体和御寒,钟表则是计量时间,即商品的效用。

(2)形式产品体现商品的实体性

是指能带给顾客的某些特殊利益,即产品的外部特征。如商品的品质、商品特点、商品式样、商品包装、商品商标等。

(3)附加产品或延伸产品体现商品的服务性

是指围绕商品使用价值的应用和给顾客带来的附加利益。如商品运送、商品安装、商品维修及质量保证等。

2)产品设计步骤

那么,如何进行产品设计呢? 一般而言,产品设计流程包括需求分析、用户调研、竞品分析、概念设计、原型设计和详细设计等步骤,以下是每个步骤的简要介绍。

（1）需求分析

需要明确产品要达到的功能、性能、品质、价格、用户市场、项目、周期等方面的要求，从而为后续的产品设计提供基础数据。

（2）用户调研

需要调查用户的需求、习惯、心理、体验等方面的信息，以明确产品该满足哪些目标用户的需求。

（3）竞品分析

需要收集分析竞争者的产品特点、价格、市场占有率等数据，以确定产品的竞争定位。

（4）概念设计

需要针对前三个步骤的数据提出多种产品设计方案，以满足不同的用户需求和市场要求。

（5）原型设计

需要从概念设计中选择一个最优方案，并制作出产品的原型，以改善具体实现细节，并更加逼近市场的真实体验。

（6）详细设计

需要绘制出产品的详细设计图纸，确定产品的各种规格、尺寸、形态等，以准确制造出产品。

课堂互动 3

请根据自己创立企业实际所生产的产品填写表 6-2 的产品说明书。

表 6-2　产品说明书

产品概况	
产品性能及特点	
产品使用方法	
产品操作指南	
产品注意事项	
产品保养与维修	
其他事项	

6.2.3　服务设计

1）服务设计及其作用

服务设计是以客户的某一需求为出发点，通过运用创造性的、以人为本的、客户参与的方法，确定服务提供的方式和内容的过程。

在服务领域应用设计的技术是十分必要的。这样可以有效地提高品牌和企业的整体形象，使消费者对服务产生更大的满意度。通过品牌知名度和整体品牌形象的提升，更多的商业机遇和投资合作也会随之而来。此外，服务设计能够帮助企业提高服务效率从而节约成本。从生态学的角度来说，服务设计对问题的服务化解决方案减少了有形产品在生产过程中对资源和能源的过度使用。企业能够更好地控制服务所提供的内容，并从中获得更多的回报。

2）服务设计的内容

服务设计包括从概念发掘到服务实施整个设计过程中的探索性、创新性和评价性的各种活动。同传统设计方法相区别的是，通过探索性、沉浸式的研究发现战略创新的机会显得更为重要，同时也为设计相应的服务提供了背景。另外，服务设计并不仅仅集中在设计过程上。对服务设计，过程分析是其中的一个维度，同时用户的定位、背景融入等也将作为考虑因素。服务设计强调以人为本，利用各种方法，并最终通过服务设定和原型等技术展现出服务应有的特征及其相应的表现形式。从这个意义上讲，服务设计的目标是设计出具有有用性、可用性、满意性、高效性和有效性的服务。

3）服务设计的流程

（1）发现

发现阶段主要包括质疑需求、罗列研究对象、选择研究方向以及展开研究。在服务设计中，发现阶段通常包括了解服务背景、现有服务中的利益相关者、现有服务过程中的问题等。常用的方法包括田野调查和桌面调查。常见的调研方法包括用户访谈、焦点小组、设计探寻、认知走查等。

（2）定义

在定义阶段是对发现阶段得到的原始研究数据进行分析梳理，定义设计目标，包括以下几个步骤：总结研究原始数据、聚类分析、设计洞察和重新定义设计需求。在此步骤会对原始需求进行重新定义，并为之后的设计概念发散和产出打下基础。一些服务设计工具，如用户体验地图、利益相关者地图等在此阶段作为思维梳理和视觉表达的工具，帮助把设计研究转化为洞察。重新定义具体的设计需求，以展开之后的创意设计阶段。

（3）建立

建立阶段是设计师最熟悉的通过创意发散提出设计概念的过程，其中包括对概念的不断打磨与完善，其主要步骤有创意发散、概念评估和设计方案。需要注意的是，服务设计的设计概念产出不只是要考虑服务使用者，同样还有服务提供者，如何创造一个完善的服务流程以给各利益相关者更好的体验是核心。在设计概念发散阶段,如果设计师作为组织者和赋能者,通过组织协同设计工作坊的方式把各利益相关者带入创意设计的过程中,会有多倍的收获。一些服务设计工具,如用户体验地图、服务蓝图等会在此阶段帮助设计师了解背景、全局思考、发散思维。

(4)产出

这个阶段为最终的方案产出,包括创建原型、测试分析和方案迭代。产出服务设计方案后,通过快速创建服务原型对方案进行测试与改进,建立服务原型可以节省试错的成本,早发现问题早完善。即使是落地的方案也是需要通过不断的测试迭代进行改进。完整的设计流程是要不断地进行迭代,从建立至产出阶段的迭代,以及发现—产出—发现过程的迭代,才能逐渐打磨出好的服务系统。

课堂互动 4

1. 写出创业活动提供产品的层次:＿＿＿＿＿＿＿＿＿＿＿＿＿＿＿＿＿＿＿＿
2. 产品/服务名称:＿＿＿＿＿＿＿＿＿＿＿＿＿＿＿＿＿＿＿＿＿＿＿＿＿＿
3. 核心利益:＿＿＿＿＿＿＿＿＿＿＿＿＿＿＿＿＿＿＿＿＿＿＿＿＿＿＿＿＿

课堂互动 5

写出你所提供的产品与竞争产品之间的区别。
1. 竞争产品的名称:＿＿＿＿＿＿＿＿＿＿＿＿＿＿＿＿＿＿＿＿＿＿＿＿＿
2. 产品设计区别:＿＿＿＿＿＿＿＿＿＿＿＿＿＿＿＿＿＿＿＿＿＿＿＿＿＿
3. 产品材料区别:＿＿＿＿＿＿＿＿＿＿＿＿＿＿＿＿＿＿＿＿＿＿＿＿＿＿
4. 产品工艺区别:＿＿＿＿＿＿＿＿＿＿＿＿＿＿＿＿＿＿＿＿＿＿＿＿＿＿
5. 产品样式区别:＿＿＿＿＿＿＿＿＿＿＿＿＿＿＿＿＿＿＿＿＿＿＿＿＿＿
6. 产品服务区别:＿＿＿＿＿＿＿＿＿＿＿＿＿＿＿＿＿＿＿＿＿＿＿＿＿＿
7. 产品渠道区别:＿＿＿＿＿＿＿＿＿＿＿＿＿＿＿＿＿＿＿＿＿＿＿＿＿＿
8. 产品价格区别:＿＿＿＿＿＿＿＿＿＿＿＿＿＿＿＿＿＿＿＿＿＿＿＿＿＿
9. 促销区别:＿＿＿＿＿＿＿＿＿＿＿＿＿＿＿＿＿＿＿＿＿＿＿＿＿＿＿＿＿

6.2.4 互联网产品设计

随着互联网的普及,越来越多的大学生将网络变成了创业的主战场,他们基于互联网技术上的功能与服务集成设计出不同的互联网产品用于满足用户的特定需求。互联网产品有多种分类方式,例如按照服务对象的不同,可分为面向用户产品和面向客户产品。按照运行平台的不同,可分为移动端产品、PC端产品和其他智能终端产品。而按照用户需求的不同,可分为交易、社交、内容、工具、平台和游戏。

那么,互联网产品如何设计呢?

互联网产品设计包含业务模式与流程、产品功能结构、详细功能流程、拆分页面流程、绘制原型五个步骤,构成一个产品设计的小循环(图6-3)。

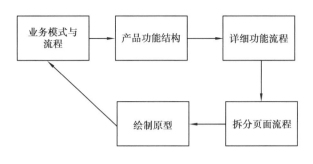

图6-3 产品设计循环图

1)业务模式与流程

业务模式是指站在业务的角度与客户接触、购买、使用与售后方面的思考,构建一个业务闭环,从而推断需要哪些岗位与资源完成这个闭环,为业务流程梳理提供依据。

2)产品功能结构

一般情况下,产品或系统的总功能可分解为若干分功能,各分功能又可进一步分解为若干二级分功能,如此继续,直至各分功能被分解为功能单元为止。这种由分功能或功能单元按照其逻辑关系连成的结构称为功能结构。依据业务流程、服务内容、参考竞品提取和转化为大的功能模块,组建为产品功能结构。

3)详细功能流程

功能流程是指产品的所有功能以及相互关系。只要有任务和事情,就会有流程。我们依据产品功能结构,针对单独的功能模块就可以做出详细的功能流程设计。

4)拆分页面流程

依据详细功能流程拆分页面。一个详细的功能流程可长可短,拆分的页面数量也不一样。实战中能直观地根据流程对是否拆分成一个页面做出判断。

5)绘制原型

产品原型是将抽象的想法、需求转化为具象产品的过程。同时它可以直观地呈现给团队用于验证产品的合理性,通过高效、低成本的方式来表达、测试并验证产品。依据页面流程从单个页面开始加入功能与内容,再用连接线串接页面就制成了产品原型。

延伸阅读

拼多多产品介绍

1)产品概况

拼多多是一款C2B社交电商类产品。用户通过发起和朋友、家人、邻居等的拼团,可用更低的价格拼团购买优质商品。旨在凝聚更多人的力量,用更低的价格买到更好的东西,体会更多的实惠和乐趣。

2)产品核心功能点

(1)天天领现金:用户可通过参与拼多多活动、邀请好友助力、签到等渠道获得零钱。零钱达到 100 元后可提现到微信。

（2）团购拼单：用户可对单个商品发起团购。当有其他用户参团且达到人数标准时，团购中的所有用户可低价购买该商品。

（3）砍价免费拿：部分商品允许用户免费购买。用户可通过参与拼多多活动、邀请好友等方式对商品进行砍价。当商品价格被砍至 0，则可免费购买商品。

（4）拼小圈：用户购买、评论的动态实时展示。支持用户间互相关注、点赞、评论、附近的人等功能，承载了拼多多的社区属性。

3）用户场景需求

（1）低收入用户消费需求旺盛，但经济基础薄弱。他们愿意牺牲产品质量、服务，从而低价购买商品。

（2）中等收入用户经济普通，但被低价商品吸引，这种情况下他们仅低价购买对质量要求不高的商品。

（3）商家商品价格低，货源充足，对自己在淘宝等平台的收入不满，需要获取下沉市场的用户提高收入。

4）核心业务逻辑

拼多多的业务中主要有三方用户：买家、卖家、运营团队（图 6-4）。

（1）卖家：为了更低的流量成本、更低的平台抽成，在平台发布价格相对较低的商品，获得收益。

（2）买家：通过拼单、红包、砍价等活动，以较低的价格购买商品。

（3）运营团队：通过和卖家合作、补贴，向买家提供优惠券、现金红包等福利。

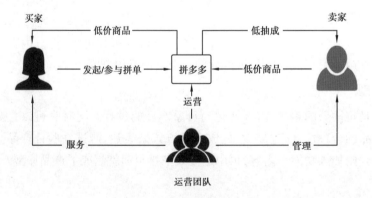

图 6-4　核心业务逻辑图

5）购买流程

拼多多的购买流程，主要分为三个阶段：选择、拼单购买/直接购买、成团（图 6-5）。

（1）选择：通过搜索、运营推荐位、智能推荐系统，给用户推荐相应的商品。

（2）拼单：为了更低的单价，引导用户发起/参与拼单。

（3）成团：当有足够的人数参与拼单，则拼单成功。为了尽快成团，用户也可邀请好友加入拼团。

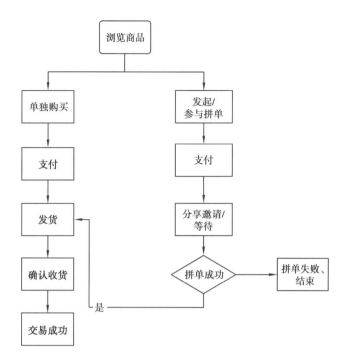

图 6-5　购买流程图

6）核心流程交互

拼团是拼多多的核心特色,所以在支付流程中商品详情页、拼团详情页是拼多多的核心页面(图 6-6)。

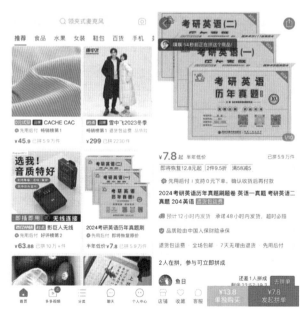

图6-6 核心流程交互图

　　每个商品只要有人下单,就会提示"×人在拼单"。展示区域在"评论"和"商品标题"之间,拼单倒计时的效果能很直接地刺激到用户参与拼单。大多数商品2人即可成团,即对于想要参团的用户来说,参团=成团,成团门槛极低。

7）运营路径分析

根据拼多多的运营动作,可以看出:

(1)拼多多的早期运营主要是通过拼团功能获取新用户。中后期将拉新渠道转移至电视、媒体网站平台,投资了国内热门综艺节目,如《快乐大本营》《非诚勿扰》等。

(2)在被各大媒体曝出多次商品质量问题后,拼多多的运营策略包括引进国内外的知名品牌方入驻、鼓励用户举报商品、开展商品联保服务。

(3)拼多多在用户规模上亿前,商品活动的时间和淘宝、京东的一线电商品牌完全重叠,如淘宝“双十一”、京东“618”等。但用户规模上亿后,拼多多开始尝试推出自己的电商节,如“秒杀节”“福女节”“家装节”等。

8）总结

(1)总体上看,拼多多的社交+电商模式、价格刺激和游戏性体验这三方面,契合下沉市场的熟人型社会、价格敏感属性与闲暇娱乐属性,而低价抽成、低价流量,也成功抓住了“边缘化”卖家的核心需求。

(2)从产品方面看,拼多多的主要功能紧扣其核心业务逻辑。拼单、免费可爱砍等功能,用补贴、免费、优惠等字眼吸引用户下单,奖励用户分享。多多果园、现金红包等功能,给用户定好目标,让用户不需要进行过多思考,只用顺着指引行动,从而达成活跃、留存、营收和拉新的效果。当用户体量增速减缓时,则尝试通过直播、社区等功能寻找新的增长点。

(3)从运营方面看,拼多多前期快速扩张商品类目,增加多元化商品;中期引进国内外知名品牌,提高商品质量;后期通过“百亿补贴”、拼多多独有的电商节,提升拼多多的品牌形象,从下沉向上游发展。

6.3　品牌设计

6.3.1　品牌与品牌设计的内涵

1）品牌的内涵

品牌的英文是“Brand”,这个词来源于古挪威语“Brandr”,意为烙印。古时的火炬被用于家具和陶器等物品的印刻标记,并永久地将识别标记刻在奴隶和牲畜的皮肤上,后来火炬被铁标牌所取代。因其与工匠产品相关,最后被协会认证为品牌的含义。

牛津词典对品牌的定义表明:品牌从本质上是引人注目的,它们的作用是创造一个不可磨灭的印象,或者将概念再度简化。所谓品牌就是立足于人们脑海中的产品或者服务,它深深影响着消费者的理念和行为。

伦敦艺术大学 LCC 学院的 Graphic branding and identity 专业对于品牌给出了这样的定义:创造一个与众不同的点,给予品牌意义并传达一种信赖。

2）品牌设计的内涵

品牌设计是在企业自身正确定位的基础之上，基于正确品牌定义下的视觉沟通，是一个协助企业发展的形象实体，不仅协助企业正确地把握品牌方向，而且能够使人们正确地、快速地对企业形象进行有效深刻的记忆。品牌设计最初来源于企业品牌战略顾问和策划顾问对企业进行战略整合以后。

6.3.2 品牌设计的重要性

1）减少客源流失

品牌设计是为了将企业自身的品牌和市场上同类竞品区隔开，通过各种方式的长期宣传，让消费者在潜移默化中逐渐形成企业独特的强势品牌，从而可减少消费者选择产品时可能会失去的消费群体。

2）降低选择成本

独特的品牌形象设计能够帮助消费者提高认知并产生联想，使消费者产生积极的感受、喜爱和偏好。企业可使消费者在众多商品中选择自己的产品，利用品牌名称和品牌设计的视觉现象引起消费者的注意和兴趣。

3）提升品牌气质

优秀的品牌设计作为企业内外管理的基础，增强了员工的自信心和归属感，提高了员工的工作效率，还能为企业带来良好的社会口碑，形成品牌效应，提升企业的市场竞争力。通过完整统一的风格和差异化的品牌设计、鲜明到位的传播理念，能够使人们正确地、快速地对企业形象形成有效的深刻记忆，能够使人们全面认知企业的品牌、文化、可信赖感等，从而形成统一的认同感。

4）感官带动消费

通过视觉符号刺激潜在消费者，在消费者心智模式中建立企业鲜明的品牌气质，将其品牌信息与目标消费者达成心理共鸣，从而带动品牌推广和促成交易。

6.3.3 品牌设计的原则和构成要素

1）品牌设计的原则

（1）明确目标

在开始品牌设计之前，首先要明确其目标。设计师需要深入理解品牌的愿景、价值观以及目标受众，从而创建出真正代表公司核心价值的品牌形象。

（2）一致性

无论是在网站、名片、社交媒体还是广告中，公司的品牌形象都需要保持一致。一致性能帮助消费者在各种情境下快速地识别出自己所需的品牌。

（3）简洁性

好的品牌设计应当尽可能简洁明了。消费者无须花费大量时间去理解公司的信息。简单直接的设计会更易于理解和记忆。

（4）独特性

一个独特的品牌设计能让你的公司在竞争者中脱颖而出。设计师需要创新思考，避免模仿他人，以创造出真正能代表你公司的独特形象。

2）品牌设计的构成要素

品牌元素＝品名＋品记＋品类＋品质＋品位＋品德＋品行

（1）品名

品名即品牌名称，是指品牌中可以用语言称呼的部分。如可口可乐、娃哈哈。

（2）品记

品记即品牌标记，是指品牌中可以被识别，但不能用语言简洁而准确地称呼的部分。如符号、标志、图案、颜色等。

（3）品类

品类是指品牌所涵盖的产品类别，即该品牌具有哪些类别的产品。海尔是家电，乐百氏是饮料，摩托罗拉是通信，这就是品牌所具有的产品品类概念。

（4）品质

品质是指反映品牌所涵盖的产品的耐用性、可靠性、精确性等价值属性的一个综合尺度。品质是反映品牌形象的一个公认的重要元素。

（5）品位

品位是指品牌所涵盖的产品的科技含量、文化底蕴、审美情趣以及品牌传播所形成的品牌形象与品牌个性。如万宝路、剑牌、555 三种香烟，同是品质比较好的香烟，但品位各不同。万宝路是西部牛仔的豪放，555 是典型英国绅士的悠闲，剑牌则是中产阶级的愉悦。

（6）品德

品德是指品牌宣传中所倡导的企业文化、价值观念与经营理念。如 TCL 所倡导的经营理念是"为顾客创造价值、为员工创造机会、为社会创造效益"。

（7）品行

品行是指企业的管理行为、广告宣传行为、公共关系行为、销售行为、服务行为等企业组织行为和员工个人行为在社会上的表现给公众留下的印象和给品牌留下的积累。

课堂互动 6

根据品牌设计的原则和构成要素，组织品牌 Logo 设计活动。包括但不限于以下几个方面：①应该先从设计 Logo 的设计思路说起。②从 Logo 所象征的意义入手。③对图案的描述。

案例分析

如家超越锦江的秘密

1996年5月,锦江国际集团旗下的锦江之星旅馆投资管理有限公司选址上海梅陇,建成了中国第一家经济型酒店。次年,梅陇店正式对外营业,仅仅3个月,入住率就达到90%,锦江之星一举成名,由此成为中国经济型酒店的鼻祖,开始了中国经济型酒店的领跑之路。

5年之后,北京一家名不见经传的唐人酒店(后与首旅旗下建国客栈联合改名为"如家")涉足经济型酒店领域,重点发展3星级以下的宾馆作为连锁加盟店。仅用了4年时间,其在全国开业的门店数量已达到123家,超越了锦江之星;并于2006年10月在纳斯达克成功上市,奠定了如家国内行业老大的地位,成为众多中国老百姓商旅的居家首选。

为什么后来者如家可以在短短的4年间超越锦江之星,成为中国经济型酒店的第一品牌呢? 通过对如家商业模式的分析,不难破解如家后来居上的秘密。

第一,准确的顾客及其需求定位。近年来,国内普通商务人士和游客的流动规模大大增加,其居住方面的需求主要是快捷、标准化的服务和明确适中的价格。

第二,产品有所为,有所不为。床品和卫生间就是如家有所为的重点所在。首先是卫生上达到甚至超越了传统酒店的条件,在房间的颜色上增加了温馨感。其次是提升客户在旅店中的服务质量,让如家的客户能享受到高的住宿质量、良好家具带来的舒适性、由市中心区位带来的方便性,同时得到清洁和安全周到的服务。

第三,通过"幕后"运作创造独特价值。在投资运作方面,如家通过租赁和系统建设的方式,使新店的建设周期大大缩短。在人员管理方面,如家人力成本仅有同业的1/6~1/3。在后台运作方面,如家通过规模庞大的呼叫中心和高效的订房网站创造了自身价值,降低了劳动成本,提高了服务效率。在服务运作方面,如家的标准化运作体系获得了绝大多数顾客的认可。

第四,通过房产租赁和特许加盟实现渠道的快速扩张。在市场扩张和渠道拓展运作方面,如家采用房产租赁和特许加盟的经营方式,实现了高速扩张。

第五,以标准化建立竞争壁垒。高效的资金使用方式和精确到便笺纸页数的管理操作模板,帮助如家将分店迅速开遍全国,而这一切的保障则是酒店管理层对计划规定"无情地推进和执行"。在宏观层面,如家着重提高特许加盟店的比例,降低资金占用率;在微观层面,扁平化的管理结构、统一的店长培训,确保了运营手册上的每一页都能够得到落实。

思考:

1. 如家是如何超过锦江的,创新体现在哪些方面?

2. 如家的产品差异化体现在哪些方面?

本章小结

　　做好产品首先要对消费者进行需求调研、需求挖掘、需求确认这些步骤,真正了解消费者的需求。需求是一个好产品的前提,是一个优秀产品的起点。需求挖掘的方法有用户访谈、调查问卷、竞品分析、运营数据分析、用户反馈、搜索引擎、社交平台、场景分析、现场观摩沟通和培养自己产品嗅觉这些方法。产品分为核心产品、基本产品、期望产品、附加产品和潜在产品这五个层次。服务设计包括了从概念发掘到服务实施整个设计过程中的探索性、创新性和评价性的各种活动。品牌故事的基本模式分为一般故事模式、有省略的故事模式和有详略的故事模式这三个方面。

第 7 章
市场分析

知识提要

(1)市场环境的含义、环境分析的内容和方法;

(2)收集顾客信息、构建顾客画像;

(3)市场竞争的含义、竞争者分析内容以及竞争策略;

(4)预测销售量的重要性和方法。

学习目标

(1)了解产品或服务市场分析的内容;

(2)了解企业销售预测的方法;

(3)掌握环境分析、顾客分析和竞争分析的方法。

名人名言

在竞争激烈的市场中,成功者是那些善于创造领先优势的人。

——彼得·德鲁克

案例导入

黄亮和李燕的创业故事

甘肃人黄亮,40 岁,是某市一家陶器厂的技工,手艺很高,而且还是个班长,多年被评为厂里的先进工作者。妻子李燕,38 岁,过去在供销社当过售货员和业务组组长,后因单位效益不好,一直赋闲在家。他们 15 岁的女儿在上初中,家里生活虽然不富裕,但过得挺美满。

近来黄亮的厂里经常停产,致使他收入急剧下降,所以他夫妻俩正为以后的生活和孩子的学业担忧。黄亮有主见,做事认真严谨,还有管理班组的经验。李燕身体很好,干活勤快,为人热情,性情开朗。他们虽然人到中年,但还想自己积极探索一条新路子,闯出一番新天地。

他们所在的城市工业不发达,老百姓收入低,一般的生意不好做。他们注意到本地有人做朱砂泥工艺品,做游客的生意,销路很好。于是,他们打算在家开一个作坊,制作类似的手工艺品。这样一来,他们不光做生意,也干实业,很合黄亮的心意。

(资料来源:人力资源和社会保障部职业能力建设司,中国就业培训技术指导中心.创办你的企业:创业计划培训册[M].2版.北京:中国劳动社会保障出版社,2017.)

思考:

黄亮和李燕应该如何对朱砂泥工艺品市场进行评估?

7.1 市场环境分析

市场环境是指经营活动所处的社会经济环境中企业不可控的因素。环境分析通过对影响企业经营的各种内外因素和作用的评估、平衡,以辩证、系统的观点,审时度势,趋利避害,适时采取对策,做出适应环境的动态抉择,以维持企业生存,促进企业发展。也就是实现企业外部环境、企业内部条件及综合动态平衡的结合。

7.1.1 企业与环境

任何企业的经营活动都是在市场中进行的,而市场又受国家政治、经济、技术、社会文化的限制与影响。所以,企业从事生产经营活动,必须从环境的研究与分析开始。

企业与环境之间存在着密切的联系。一方面,环境是企业赖以生存的根底。企业经营的一切要素都要从外部环境中获取,如人力、材料、能源、资金、技术、信息等,没有这些要素,企业就无法进行生产经营活动。同时,企业的产品也必须通过外部市场进行营销,没有市场,企业的产品就无法得到社会承认,企业也就无法生存和发展。同时,环境能给企业带来机遇,也会造成威胁。问题在于企业如何去认识环境、把握机遇、避开威胁。另一方面,企业是一种具有活力的社会组织,它并不是只能被动地为环境所支配,而是在适应环境的同时也对环境产生影响,推动社会进步和经济繁荣。企业与环境之间的根本关系,是在局部与整体的根本架构之下的相互依存和互动的动态平衡关系。

因此,企业必须研究环境,主动适应环境,在环境中求得生存和发展。

7.1.2 环境分析的内容

企业环境是指与企业生产经营有关的所有因素的总和,可以分为外部环境和内部环境两大类。企业外部环境是影响企业生存和发展的各种外部因素的总和。外部环境分为宏观环境和微观环境。宏观环境包括政治环境、经济环境、技术环境和社会文化环境等。这些因素对企业及其微观环境的影响力较大,一般通过微观环境对企业间接产生影响。微观环境包括市场需求、竞争环境、资源环境等,涉及行业性质、竞争者状况、消费者、供给商、中间商及其他社会利益集团等。这些因素会直接影响企业的生产经营活动。企业内部环境也称企业内部条件,是企业内部物质和文化因素的总和。

1)宏观环境分析

宏观环境一般包括四大类,即政治环境、经济环境、技术环境、社会文化环境(图7-1)。

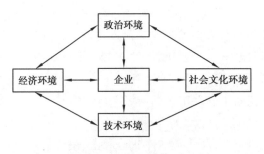

图 7-1　企业宏观环境

（1）政治环境

政治环境是指那些影响和制约企业的政治要素和法律系统，以及其运行状态，具体包括国家政治制度、政治军事形势、方针政策、法律法规及执法体系等。在稳定的政治环境中，企业能够通过公平竞争获取正当权益，得以生存和发展。国家的政策法规对企业生产经营活动具有控制、调节作用，相同的政策法规可能会给不同的企业带来不同的时机或制约。

（2）经济环境

经济环境是指构成企业生存和发展的社会经济状况及国家的经济政策。具体包括社会经济制度、经济结构、宏观经济政策、经济发展水平以及未来的经济走势等。其中，重点分析的内容有宏观经济形势、行业经济环境、市场及其竞争状况等。衡量经济环境的指标有国内生产总值、国民收入、就业水平、物价水平、消费支出、分配规模、国际收支状况，以及利率、通货供给量、政府支出、汇率等国家财政货币政策。

（3）技术环境

技术环境是指与本企业有关的科学技术现有水平、发展趋势和发展速度，以及国家科技体制、科技政策等。如科技研究的领域、科技成果的门类分布及先进程度、科技研究与开发的实力等。在知识经济兴起和科技迅速发展的情况下，技术环境对企业的影响可能是创造性的，也可能是破坏性的，企业必须预见这些新技术带来的变化，采取相应的措施予以应对。

（4）社会文化环境

社会文化环境是指企业所处地区的社会结构、风俗习惯、宗教信仰、价值观念、行为标准、生活方式、文化水平、人口规模与地理分布等因素的形成与变动。社会文化环境对企业的生产经营有着潜移默化的影响，如文化水平会影响人们的需求层次，风俗习惯和宗教信仰可能抵抗或禁止企业某些活动的进行，人口规模与地理分布会影响产品的社会需求与消费等。

2）微观环境分析

微观环境是企业生存与发展的具体环境。与宏观环境相比，微观环境更能够直接地给一个企业提供更为有用的信息，同时也更容易被企业所识别。微观环境主要包括市场需求、竞争环境和资源环境以及直接相关的政策、法律、法令等方面（图 7-2）。

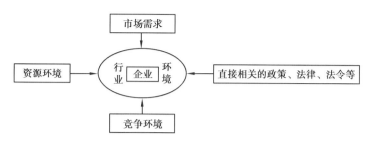

图 7-2　企业微观环境

（1）市场需求

在商品经济条件下，环境向企业提出的需求主要表现为市场需求。市场需求包括现实需求和潜在需求。现实需求是指顾客有支付能力的需求，潜在需求是指处于潜伏状态的、由于某些原因不能马上实现的需求。现实需求决定企业目前的市场销量，而潜在需求决定企业未来的市场销量。

（2）竞争环境

竞争环境包括竞争规模、竞争对手实力与数目、竞争激烈程度等。

（3）资源环境

资源是指企业从事生产经营活动应投入的所有资源，包括人力、财力、物力、技术、信息等。资源环境包括各种资源开发利用状况、资源的供给状况、资源的开发变化情况等。

另外，来自政府和社团的直接相关的政策、法律、法令等，也对行业及企业有直接约束和影响。

3）企业内部环境分析

企业内部环境包括企业的物质环境和文化环境，反映了企业所拥有的客观物质条件和工作状况以及企业的综合能力，是企业系统运转的内部根底。因此，企业内部环境分析也可称为企业内部条件分析，其目的在于掌握企业实力现状，找出影响企业生产经营的关键因素，区分企业的优势和劣势，以便寻找外部发展时机，确定企业战略。如果说外部环境给企业提供了可以利用的时机，那么内部条件是抓住和利用这种时机的关键。只有在内外环境都适宜的情况下，企业才能健康发展。企业内部环境分析的内容和程序如图 7-3 所示。

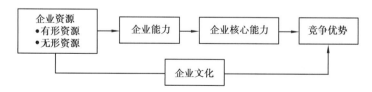

图 7-3　企业内部环境分析的内容和程序

（1）企业资源分析

企业的任何活动都需要借助一定的资源来进行,企业资源的拥有和利用情况决定其活动的效率和规模。企业资源包括人力资源、物力资源、财力资源、技术资源、信息资源等,可分为有形资源和无形资源两大类。

①人力资源。人力资源包括人的数量、素质和使用状况。人力资源分析包括各类人员(包括生产操作人员、技术人员、管理人员)的数量、技术水平、知识结构、能力结构、年龄结构、专业结构;各类人员的配备情况、合理使用情况;各类人员的学习能力及培训情况;企业员工管理制度分析等。

②物力资源。物力资源包括各种有形资产。物力资源分析就是要研究企业生产经营活动需要的物质条件的拥有情况以及被利用程度。

③财力资源。财力资源是一种能够获取和改善企业其他资源的资源,对财力资源的管理是企业管理最重要的内容之一。财力资源分析包括企业资金的拥有情况、构成情况、筹措渠道和利用情况,具体包括财务管理分析、财务比率分析、经济效益分析等。

④技术资源。技术资源主要分析企业的技术现状,包括设备和各种工艺装备的水平、测试及计量仪器的水平、技术人员和技术工人的水平及其能级结构等。

⑤信息资源。信息资源包括的内容很多,如各种情报资料、统计数据、规章制度、方案指令等。信息资源分析现有信息渠道是否合理、畅通,各种相关信息是否掌握充分,企业组织现状、企业组织及其管理存在的问题及原因等。

（2）企业文化分析

企业文化分析主要是分析企业文化的现状、特点以及对企业活动的影响。企业文化是企业战略制订与成功实施的重要条件和手段,它与企业内部物质条件共同组成了企业内部约束力量,是企业环境分析的重要内容。

①企业文化及其结构。企业文化是企业在运行过程中形成的,并为全体成员普遍接受和共同奉行的价值观、信念、行为准则及具有相应特色的行为方式、物质表现的总称。企业文化产生于企业管理的过程中,并随着管理过程的开展及企业内外环境的变化而变化,是物质文化和精神文化相结合的产物。

企业文化包括三个层次:物质文化、制度文化和精神文化(图7-4)。物质文化是企业文化的表现层面,通过物质形态的产品形象、厂容厂貌、企业标志、员工服饰、企业环境等表现出来,通常称为企业形象。制度文化是企业文化的过渡层面,是指具有本企业文化特色的各种规章制度、道德标准和行为准则的总称,通过领导体制、规章制度、员工行为方式等反映出来。精神文化是企业文化的核心层面,是存在于企业成员思想中的意识形态,包括企业经营哲学、理想信念、价值观念和管理思维方式等,通常称为企业精神。

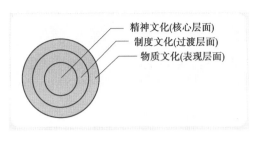

图 7-4　企业文化结构

②企业文化功能。企业文化具有以下功能：

a.导向功能。企业文化可以为企业生产经营决策提供正确的指导思想和健康的精神气氛，如通过价值观来引导员工，使员工按照企业提倡的价值观念摆正自己的位置和做出行为决策，为实现企业目标而自觉地努力工作。

b.凝聚功能。企业文化中共同的价值观、信念和行为准则，就如同企业的内部黏合剂，可使企业员工产生强烈的集体意识，形成强大的凝聚力和向心力，使整个企业上下一心，同舟共济。

c.约束功能。企业文化中以规章制度、行为标准的形式表达出来的制度文化，对每个员工的行为无疑会有约束作用，更重要的是，整个企业文化会对企业全体成员的行为形成一种无形的群体压力（包括舆论压力、情感压力等），从而约束员工的行为。

d.辐射功能。企业文化不但在本企业中产生作用，还会通过各种渠道对社会产生作用。如员工与社会各方面的交往，产品的宣传、销售及效劳，都会反映出企业的价值观念和文化特点，可以让社会了解企业，并对社会和其他企业产生影响。

（3）企业能力分析

企业能力是指企业有效地利用资源的能力。拥有资源不一定能有效运用，因而企业有效地利用资源的能力就成为企业内部条件分析的重要因素。

①企业能力分析的内容。企业能力可分为不同的类别，如按重要程度可分为一般能力和核心能力，按综合性可分为综合能力和专项能力，按内容可分为组织能力、社会能力、产品及营销能力、生产及技术能力、市场开拓能力和管理能力等。不同的能力有不同的分析重点，如产品及营销能力主要是分析产品的收益性和竞争性、市场营销的现状及潜力等，具体评价内容有产品质量、销售增长率、市场占有率、销售利润率、产品市场潜力等；生产及技术能力主要包括生产方案与组织、生产管理能力、生产技术装备水平、物资供给及工艺实施能力、技术开发能力等。

②企业核心能力。企业核心能力是指企业独有的，能为顾客带来特殊效用，使企业在某一市场上长期具有竞争优势的内在能力。企业要形成和保持竞争优势，只拥有一般的资源和能力还不行，必须形成超出竞争对手的特殊技能和能力。它是企业在发展过程中逐渐积累起来的知识、技能及其他资源相结合而形成的一种体系（或者说是一组技能和技术的集合），是企业拥有的最主要的资源或资产。核心能力可以是技术，如索尼公司的微型化技术、摩托罗拉公司的无线通信技术、英特尔公司的芯片制造技术、佳能公司的光学镜片成像技术

和微处理技术;也可以是管理和业务流程,如全球规模最大、利润最高的零售商沃尔玛公司的"过站式"物流管理模式,联邦快递公司能保证及时运送的后勤管理,宝洁公司、百事可乐优秀的品牌管理与促销,丰田公司的精益生产能力等;还可以是技术、经营、管理等能力的结合,如海尔的技术开发能力、质量保证能力和营销能力所构成的核心能力。核心能力决定了企业的经营范围,特别是企业多角化经营的广度和深度。

企业核心能力就像一棵大树的树根,树的主干是企业的核心产品,树的枝叶就是企业的最终产品(图7-5)。假设遇上突然的变故折断了树干,但只要核心能力这个树根还在,企业就有可能东山再起。因此,核心能力是企业长期竞争优势的源泉,企业必须不断地培育和发展自身的核心能力。

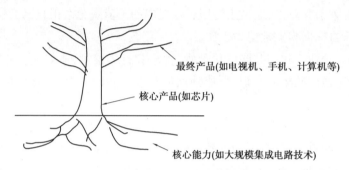

最终产品(如电视机、手机、计算机等)

核心产品(如芯片)

核心能力(如大规模集成电路技术)

图 7-5 核心能力与企业产品

分析企业核心能力可以从三个方面入手:①本企业的核心能力是什么,现状如何? ②企业核心能力是否能奠定和维持企业的竞争优势? ③如何开发和培育企业的核心能力?

7.1.3 环境分析的方法

1)一般环境分析方法

一般环境分析方法最常见的是 PEST 分析方法。PEST 分析是指从政治与法律环境(P)、经济环境(E)、社会与文化环境(S)、技术环境(T)四个方面来探索、认识影响企业发展的重要因素。

(1)PEST 分析法的详细说明

P——Political,政治与法律环境,主要考虑影响企业战略的政治因素和法律因素,如外交政策、产业政策、环境保护等,以及对企业战略有重要意义的政治和法律变量,如关税和进出口限制(表7-1)。

表 7-1 影响企业战略的主要政治与法律环境因素

执政党性质	环境保护法
政治体制	劳动法
政府的管制	公司法

续表

货币政策	反垄断法
财政政策	合同法
投融资政策	知识产权法
对外贸易政策	企业所得税法
政权的稳定性	增值税法
产业政策	关税法

E——Economic，经济环境，主要考虑影响企业战略的经济特征、经济联系、经济条件等，如劳动生产率水平、消费模式、货币市场模式、税率、通货膨胀率等（表7-2）。

表 7-2　影响企业战略的主要经济环境因素

国内生产总值（GDP）及国民生产总值（GNP）变化	税率
汇率	货币市场模式
经济转型	贷款的可得性
可支配收入水平	居民消费（储蓄）倾向
通货膨胀率	规模经济
政府预算赤字	消费模式
劳动生产率水平	就业状况
证券市场状况	外国经济状况
进出口因素	不同地区和消费群体间的收入差别
价格波动	能源适用性

经济环境主要包括宏观经济环境和微观经济环境两个方面。宏观经济环境主要是指一个国家的人口数量及其增长趋势、国民收入总值（GNI）、国民生产总值（GNP）及其变化情况，以及通过这些指标能够反映的国民经济发展水平和发展速度；微观经济环境主要是指企业所在地区或所服务地区的消费者的收入水平、消费偏好、储蓄情况、就业程度等因素，这些因素直接决定着企业目前及未来的市场大小。

S——Social，社会与文化环境，主要考虑影响企业战略的民族特征、文化传统、价值观、宗教信仰、社会结构、教育程度、文化水平、收入水平、风俗习惯、审美观点等因素，以及地区或市场的地理、气候、资源、生态等因素（表7-3）。

表 7-3　影响企业战略的主要社会与文化环境因素

人口总数	人口地理分布
人口结构比例	人口性别比例
人口出生率、死亡率	人口移进率、移出率
人口受教育程度	人口职业分布
家庭户数	家庭生命周期
社会保障计划	人口预期寿命
人均收入状况	生活方式
购买习惯	储蓄倾向
消费者心理	消费者行为
投资倾向	对政府的态度
对企业的期望	品牌忠诚度
民族特征	文化传统
价值观	社会阶层
风俗习惯	审美观点
种族平等状况	宗教信仰
地理位置	城镇大小
地形地貌	气候特征
资源、能源状况	生态保护

其中,人口因素对企业战略的制订有重大影响。具体涉及人口总数、人口地理分布、人口性别比例、人口年龄比例、人口受教育程度、人口职业分布、人口收入状况、家庭户数、家庭生命周期等。

T——Technological,技术环境,主要考虑影响企业战略的社会科技水平、科技政策、技术发展动态、R&D 能力、产品生命周期等因素(表 7-4)。

表 7-4　影响企业战略的主要技术环境因素

社会科技水平	社会科技力量
国家科技体制	科技政策
科技发展趋势	国家对科技开发的投资和支持重点
技术发展动态	技术转移和技术商品化速度
技术传播速度	专利及其保护情况
产品生命周期	折旧和报废速度

（2）PEST 分析法的应用案例

表 7-5 是某 IT 企业 PEST 分析关键因素汇总。

表 7-5　某 IT 企业 PEST 分析关键因素

政治与法律	经济	社会与文化	技术
政治稳定性	经济增长	收入分布	政府研究支持
政府组织/态度	利率与货币政策	人口统计、人口增长率与年龄分布	产业技术动态
税收政策	政府开支	劳动力与社会流动性	新发明与技术发展
国际贸易章程与限制	就业、失业政策	生活方式、价值观	技术转让率
产业政策	征税	教育与文化水平	技术更新速度与生命周期
公司法、雇佣法律	汇率	职业与休闲态度	专利及保护情况
消费者权益保护法	通货膨胀率	潮流与风尚	能源利用与成本
竞争规则	经济周期	健康意识、社会福利及安全感	信息技术变革
环保制度	投资环境	消费能力、消费习惯	互联网变革
安全规定	消费者指数	自然环境	移动技术变革

2）内外部环境综合分析方法

企业在分析外部环境的同时，必须分析其内部环境，即分析企业自身的能力和限制，找出企业所特有的优势和存在的劣势。SWOT 分析法是最常用的内外部环境综合分析方法。

SWOT 分析法也称态势分析法，是由旧金山大学的管理学教授于 20 世纪 80 年代初提出来的，是一种能够较客观而准确地分析和研究一个单位现实情况的方法。

SWOT 四个英文字母分别代表：优势（Strength）、劣势（Weakness）、机会（Opportunity）、威胁（Threat）。从整体上看，SWOT 可以分为两部分：第一部分为 SW，主要用来分析内部条件；第二部分为 OT，主要用来分析外部条件。利用这种方法可以从中找出对自己有利的、值得发扬的因素，以及对自己不利的、要避开的因素，发现存在的问题，找出解决办法，并明确以后的发展方向。

根据这个分析，可以将问题按轻重缓急分类，明确哪些是目前亟须解决的问题，哪些是可以稍微拖后一点儿的事情，哪些属于战略目标上的障碍，哪些属于战术上的问题，并将这些研究对象列举出来，依照矩阵形式排列，然后用系统分析的思想，把各种因素相互匹配起来加以分析，从中得出一系列相应的结论，而结论通常带有一定的决策性，有利于领导者和管理者做出较正确的决策和规划。

SWOT 分析法常常被用于制订集团发展战略和分析竞争对手情况，在战略分析中是最常用的方法之一。进行 SWOT 分析时，主要有以下几个方面的内容：

（1）分析环境因素

运用各种调查研究方法,分析出公司所处的各种环境因素,即外部环境因素和内部环境因素。外部环境因素包括机会因素和威胁因素,它们是外部环境对公司的发展直接有影响的有利因素和不利因素,属于客观因素;内部环境因素包括优势因素和劣势因素,它们是公司在其发展中自身存在的积极因素和消极因素,属于主动因素。在调查分析这些因素时,不仅要考虑到历史与现状,更要考虑未来发展问题。

（2）构造 SWOT 矩阵

将调查得出的各种因素根据轻重缓急或影响程度等排序方式,构造 SWOT 矩阵。在此过程中,将那些对公司发展有直接的、重要的、大量的、迫切的、久远的影响因素优先排列出来,而将那些间接的、次要的、少许的、不急的、短暂的影响因素排列在后面。

（3）制订行动计划

在完成环境因素分析和 SWOT 矩阵的构造后,便可以制订出相应的行动计划。制订计划的基本思路:发挥优势因素,克服劣势因素,利用机会因素,化解威胁因素;考虑过去,立足当前,着眼未来。运用系统分析的综合分析方法,将排列与考虑的各种环境因素相互匹配起来加以组合,得出一系列公司未来发展的可选择对策。

表 7-6 是乐海情休闲娱乐会馆 SWOT 分析矩阵。

表 7-6　乐海情休闲娱乐会馆 SWOT 分析矩阵

内部环境　　　　外部环境	机会（Opportunity） • 市场存有很大的发展潜力 • 是内蒙古唯一一家休闲娱乐会馆 • 消费向中小城市集中	威胁（Threat） • 竞争对手,如其他娱乐性企业竞争力不断提高 • 消费水平持续较低 • 外部人才市场的诱惑
优势（Strength） • 先进的技术,先进的设备 • 环保健康的经营理念 • 高素质的员工队伍 • 与国际接轨的经营模式 • 绿色养身,低碳营销	SO 战略 • 利用技术、品牌和品质优势,拓展消费市场 • 实行全面化战略	ST 战略 • 始终保持品牌、技术、品质优势,降低成本,与竞争对手拉开差距,实行全面化战略
劣势（Weakness） • 市场处于开发阶段 • 缺乏适应各等级消费人群的价格定位	WO 战略 • 利用人才优势,开拓新的休闲娱乐方式 • 深入调查,确定适合消费的价格定位	WT 战略 • 制订合理的人力资源体制和其他体制,使人员优势得到充分发挥

7.2 目标顾客分析

7.2.1 顾客分析的意义

市场是企业的根本,如果不能以合理的价格向顾客提供他们需要和想要的产品,他们就会到别处去购买。感到满意的顾客会成为回头客,他们会向自己的朋友和其他人宣传推荐你的产品。让顾客满意,意味着会给企业带来更多的销售额和更高的利润。

记住:没有顾客,企业就会倒闭。

顾客购买产品或服务是为了满足不同的需求;

他们购买自行车,是因为他们需要交通工具;

他们购买漂亮衣服,是为了使自己的外表更美观得体;

他们购买电视机,是为了获取信息和娱乐;

他们购买防盗门,是为了居家安全。

记住:如果解决了顾客的问题,满足了他们的需求,企业就有可能成功。

7.2.2 收集顾客信息

收集顾客信息,也就是做顾客方面的市场调查,这对任何创业计划都很重要。为了帮助了解顾客的情况,可以提出下面这些问题。

①企业准备满足哪些顾客的需要?将准备提供的产品或服务列一张清单,并记录顾客需要的产品或服务的种类。顾客是男性还是女性,是老人还是儿童?其他企业也可能成为潜在顾客。把所有可能影响企业构思的方面写下来。

②顾客想要什么产品或服务?每个产品或服务的哪方面最重要,规格、颜色、质量还是价格?

③顾客愿意为每个产品或每项服务付多少钱?

④顾客在哪儿?他们一般在什么地方和什么时间购物?

⑤他们多长时间购物一次,每年、每月还是每天?

⑥他们购买的数量是多少?

⑦顾客数量在增加吗?能保持稳定吗?

⑧为什么顾客购买某种特定的产品或服务?

⑨他们是否在寻找有特色的产品或服务?

通过收集顾客信息,可以得到上述这些问题的可靠答案,有助于判断企业构思是否可行。

7.2.3 获取顾客信息的方法

收集顾客信息可以采取以下方法:

1）统计资料法

统计资料法是收集客户信息的主要方法,通过企业的各种统计资料、原始记录、营业日记、订货合同、客户来函等,了解企业在营销过程中各种需求变化情况和意见反映。这些资料多数是靠人工收集和整理的,而且分散在企业各职能部门内部,需要及时整理汇总。这些数据主要包括交易订单数据、行为数据、产品等业务对象数据及外部工具产生的数据。其中交易订单数据主要是从企业管理系统、客户管理系统、销售系统中产生的各类交易信息,包括订单、购物车、收藏夹等;行为数据主要是客户在网站、微信公众号、微博、抖音、小程序等触点上产生的大量行为数据,如访问页面、关注微信、表单提交、转发点赞等;产品等业务对象数据主要包括产品库存、价格波动等与客户极度相关的数据;外部工具产生的数据是指由邮件、微课堂、微店、报名表单等现代营销所依赖的外部工具产生的数据。

2）观察法

观察法主要是通过在第一线进行实地观察收集客户信息。由于此法信息来源直接,可以减少传递者的主观偏见,所得资料较为准确,但观察法主要是看到事实的发生,难以说明内在的原因。现实生活中处处都有信息,只要善于观察,就能捕捉市场机会。

3）会议现场收集法

会议现场收集法主要是通过各种业务会议、经验交流会、学术报告会、信息发布会、专业研讨会、科技会、技术鉴定会等进行现场收集。

4）阅读法

阅读法主要是指从各种报纸、杂志、图书资料中收集有关信息。报刊是传播信息的媒介,只要仔细阅读、认真研究,不难发现其中对自己有用的信息。国外一所战略研究所分析,世界上有 60% ~70% 的信息情报是来自公开的图书资料,可见从阅读中收集信息的重要性。

5）视听法

视听法主要是指在广播、电视节目中去捕捉信息。广播与电视是大众传播媒介,信息传递快,除广告外还有各种市场动态报道,这些都是重要的信息源。

6）多向沟通法

多向沟通法是指与企业外部有关单位建立信息联络网,互通情报,交流信息。多向沟通可分为纵向沟通与横向沟通两大类:纵向沟通是指加强企业上下级之间的信息交流,建立自上而下的信息联络网,既反映企业的情况,又能取得上级有关部门的情报资料;横向沟通是指行业内企业之间、地区之间、协作单位之间建立各种信息交换渠道,定期或不定期交换信息情报资料。

7）购买法

购买法是一种有偿转让信息情报的方法。随着信息革命的发展,国内外新兴起各种信息行业,如咨询公司、顾问公司等,这些公司负责收集、整理各种信息资料;各类专业研究机构、大学研究部门也有各种信息资料。购买法就是向这些信息服务单位有偿索取,虽然这些资料多数属于第二手资料,但省时且来源广,只要目的明确,善于挑选,就不失为重要来源。

8)数据库收集法

数据库收集法是指许多公司开始使用从一个被称为数据库的大型数据组中寻找所需客户资料的方法。银行和信用卡公司、电信公司、目录营销公司,以及其他需储存客户大量信息数据的公司,存储的数据不仅包括客户的地址,还包括他们的经营状况、员工人数、营业额及其他信息。

7.2.4 构建顾客画像

企业通常会对自己的顾客构建一个较为完整、清晰的画像,方便企业能够在众多人群中迅速锁定自己的目标顾客,并采取针对性的营销策略,实现顾客满意度最大化和企业利益最大化的目标。这就需要将收集到的零散的顾客属性(图7-6)、行为数据转换为不同的顾客标签,按照价值将顾客划分为重度顾客、购买顾客、关注顾客等。然后通过对顾客喜欢的产品类别、购买频次等特征进行分析、统计,以挖掘潜在的价值信息,构建顾客画像。对顾客进行细分后,企业在后续运营中可以依据不同的顾客标签,为顾客提供有针对性的服务。

图 7-6　顾客属性图

课堂互动 1

分析身边的一款产品,如小红书、抖音等,根据精准定位目标顾客画像流程图(图7-7),完成目标顾客画像。

1.提取产品优势和卖点

首先列出产品本身的主要优势和卖点。

2.解决顾客痛点,引起情感共鸣

从优势和卖点出发,思考两点:产品能帮助顾客解决什么困难? 如何让顾客在情感上产生共鸣?

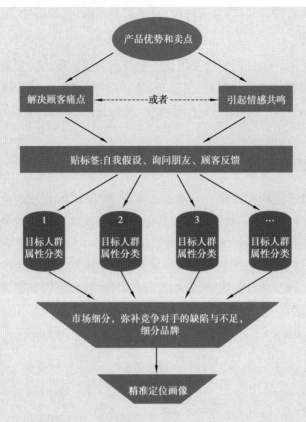

图7-7 精准定位目标顾客画像流程图

3.定位目标顾客属性

针对上面的顾客痛点和情感共鸣进行延伸,定位目标顾客所具备的属性。这里提供三种可以参考的方法:自我假设(头脑风暴)、询问朋友、客户反馈。

(1)自我假设(头脑风暴)

简单来讲,自我假设(头脑风暴)就是自己问自己问题,通过各种假设来判断什么样的群体会有上面所总结出来的困难和焦虑,可以从多个角度去假设,比如性格、年龄、学历、区域、爱好、浏览网站频次、工作、经济收入等,发现产品目标顾客群的形象定位。

(2)询问朋友

可以向身边的朋友咨询,尤其本身就是产品目标顾客范围内的那些朋友,可以多和他们交流,从他们给出的建议中挑选比较好的、具有普遍性的,这些都可以作为定位精准目标顾客画像的思路。

(3)顾客反馈

从顾客反馈中分析之前的顾客群定位是否准确,是否已经解决了大部分顾客的痛点,或者在他们身上还有哪些潜在需求是没有注意到的、可以进一步去满足的,所以顾客反馈一定要利用好,它可以帮助企业改进产品,还能帮助企业拓展更多的精准顾客群。

4. 细分卖点

筛选了目标顾客群的大致属性分类后,基本上就找到目标顾客的轮廓了,但是可能找到的目标顾客属性别人也都找到了,竞争很激烈,所以接下来要选择一个比较好做的市场,也就是细分卖点,这样定位才会更加精准,顾客的需求才会更加强烈。

为了筛选出更加精准的目标顾客,要在产品优势和卖点上加入市场和竞争这两个维度。只有做到"人无我有,人有我优",目标顾客才会认可。

5. 针对目标顾客进行营销

细分卖点以后,对目标顾客的定位基本就完成了,也就是营销时常说的,你的"鱼塘已经找到了",针对这些人群做的营销才是最合适的,转化率才会大大提升,最终达到事半功倍的效果。

7.3　竞争分析

如果说产品的实现是"惊险的一跳",那么在市场上你得比竞争对手跳得更高。

7.3.1　市场竞争的含义

在同一市场上存在两个以上的企业生产同一性的或可替代产品,就存在市场竞争。

①市场竞争是指在同一目标市场范围内,能对其他企业的营销活动产生影响的一种市场行为。

②这些企业的产品相互具有替代性。所谓替代,是指具有高度需求交叉弹性的产品。

③市场竞争是指所有参与方在争取市场需求的变化时,朝有利于本企业的交换目标实现转化。

7.3.2　竞争者识别与分析

1）以市场竞争观念来识别竞争对手

市场竞争观念是指企业需要从顾客观点来看待竞争,因此,应该将所有能够满足顾客某种真正需要或服务于同一顾客群的企业都看成竞争对手。具备这种竞争观念,可以使企业真正把握竞争的本质。例如,洗衣机生产企业,提供顾客的产品是满足顾客清洁的需要。因此,洗衣机的清洁功能就可以不仅限于衣服类用品,还可以包括对食品、物品的清洁。这样,任何提供给消费者清洁食品、其他家庭用品产品的企业,都是洗衣机企业的竞争对手。如果洗衣机企业能够在洗衣机产品上增加这类功能,则企业不仅为产品找到更广阔的市场,同时也使消费者的满足度得到大大提高。海尔集团就是按照这样的竞争思路,设计出为顾客所需要的、功能更多的洗衣机产品。

2）竞争者的类型

从市场需求的角度可将竞争者分为以下四类:

（1）品牌竞争者

品牌竞争者是指以相似价格向相同顾客提供相似产品的企业。如奔驰、宝马。

（2）行业竞争者

行业竞争者是指提供一种或一类相互密切替代产品的企业。如高档轿车、普通轿车。

（3）形式竞争者

形式竞争者是指提供满足顾客同种需要的不同种类产品的企业（竞争者近视症）。如轿车、摩托车。

（4）一般（愿望）竞争者

一般（愿望）竞争者是指向相同的顾客提供不同产品以满足顾客不同需要的企业。如轿车、住房。

课堂互动2

作为最后留下来的美国摩托车品牌，哈雷·戴维斯被视为自由和冒险的象征，其拥有者是"富有的城市骑车人"。在他们眼中，哈雷不仅仅是一种交通工具，更是一种生活方式和社会地位的象征。因此，在美国哈雷·戴维斯与其他摩托车生产商之间仅有非常间接的竞争关系，与它竞争的主要是那些"富有的城市人"同样热衷的产品，如温室和游泳池。

根据营销情景中描述的事实，学生独立思考并回答：

1. 从市场角度来看，企业面临哪些竞争力量？

2. 对于哈雷·戴维斯来说，为什么温室和游泳池也是竞争者？

3）竞争者识别的方法

竞争者识别的基本方法是波特五力分析模型（图7-8），五力分别是供应商的议价能力、购买者的议价能力、潜在竞争者的进入能力、替代品的替代能力、行业内现有企业之间的竞争能力。五种力量的不同组合变化最终影响行业利润潜力变化。

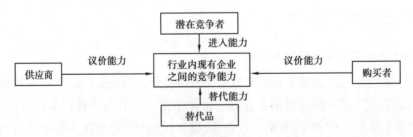

图7-8　波特五力分析模型

（1）供应商的议价能力

供应商主要通过提高投入要素价格与降低单位价值质量的能力，影响行业中现有企业的盈利能力与产品竞争力。

（2）购买者的议价能力

购买者主要通过压价与要求提供较高的产品或服务质量的能力，影响行业中现有企业的盈利能力。

（3）潜在竞争者的进入能力

潜在竞争者进入后,将通过与现有企业瓜分原有市场、激发新一轮竞争,对现有企业造成巨大的威胁。这种进入威胁主要取决于行业的吸引力和进入障碍的大小。行业开展快、利润高,进入障碍小,潜在竞争的威胁就大。进入障碍包括:规模经济,潜在竞争者规模不经济则难以进入;产品差异优势,潜在竞争者与原企业争夺用户,必须花费较大代价去树立企业形象和产品信誉,一旦失败,将丧失全部投资;现有企业对关键资源的控制,一般表现为对资金、专利技术、原材料供给、分销渠道等关键资源的积累与控制,对潜在竞争者形成障碍;等等。

（4）替代品的替代能力

替代品是指与本行业产品具有相同或相似功能的其他产品。如洗衣粉可以局部替代肥皂。替代品产生威胁的根本原因往往是它在某些方面具有超过原产品的优势,如价格低、质量高、性能好、功能新等。假设替代品的盈利能力强,对现有产品的压力就大,会使本行业的企业在竞争中处于不利地位。

（5）行业内现有企业之间的竞争能力

大部分行业中的企业,相互之间的利益都是紧密联系在一起的,作为企业整体战略一部分的各企业竞争战略,其目标在于使自己的企业获得相对于竞争对手的优势,所以,在实施中就必然会产生冲突与对抗现象,这些冲突与对抗就构成了现有企业之间的竞争。现有企业之间的竞争常常表现在价格、广告、产品介绍、售后服务等方面,其竞争强度与许多因素有关。

下面,通过实例说明五力模型分析。

案例故事 1

用波特五力分析模型分析瑞幸咖啡

供应商的议价能力

供应商的讨价还价能力很关键,因为瑞幸是咖啡的下游企业,需要和咖啡豆、咖啡机等供应商打交道,议价能力就很重要。在这方面,瑞幸与世界第三大粮食输出商路易达孚公司达成合作,于 2019 年在中国合资建设运营一家咖啡烘焙工厂,而路易达孚将在瑞幸咖啡完成 IPO 后,以等同于公开招股价格,定向发行的方式购买总额为 5 000 万美元的 A 类普通股。可见,瑞幸在和供应商打交道方面还是十分在行的。

购买者的议价能力

当企业作为买方时,希望以低廉的价格购买到性价比高的物品;而当企业作为卖方时,又希望将商品以高价出售给市场和顾客。要想赢得用户,关键是要能提供更好的用户体验,而用户体验不外乎是产品、价格、体验三要素。

在产品上,瑞幸咖啡进入市场以来,一直用的是精选阿拉比卡咖啡豆,咖啡配方是 3 位 WBC（世界咖啡师大赛）冠军从 180 多个配方中精选出来的。2018 年 12 月,瑞幸咖啡门店的咖啡豆升级,选用的是刚刚获得意大利米兰 2018 IIAC 国际咖啡品鉴大赛金奖的咖啡豆。所以,品质是有保证的。在价格上就更不用说,瑞幸咖啡的高补贴模式让它在价格方面一骑绝尘,毕竟一般同行企业很少敢这样亏本去补贴。这样的商业模式,大大增强了用户的体验感。

行业内现有企业之间的竞争能力

应对现有竞争者的竞争,关键是形成差异化的核心竞争力。在这方面,瑞幸咖啡从一出生就采取了完全不同的模式:用新零售的方式重构人、货、场。

瑞幸咖啡通过"无限场景"战略,通过"场景"的创新,打破了线上与线下的边界,将"门店"布局到了消费者身边。瑞幸咖啡将门店布局到城市各个地方,包括 CBD 商业区、写字楼大堂、学校、医院、火车站、加油站等人流密集处。既可以堂食,又能自提,还能外送,此举不仅提升了用户体验,更是在后端大幅降低了成本,提升了运营效率。

替代品的替代能力

替代品的性价比越高,顾客转换成本则越低,替代品给行业带来的冲击和压力也就越大。面对替代品的威胁,瑞幸从来没有把自己局限于咖啡上,而是持续进行品类的扩张。

打开瑞幸咖啡的 App 可以看到,除了咖啡,还有茶饮(各种小鹿茶)、冰品(各种瑞纳冰)、众多鲜榨果蔬汁,以及巧克力饮品、巴黎水、纯牛奶等。

4)竞争对手分析

(1)了解竞争对手的渠道

①竞争对手的垃圾。

②进入现场。

③购买对手产品。

④招聘竞争对手雇员。

⑤猎取与竞争对手领导有矛盾的人。

⑥企业家经历、生平。

⑦经销商。

⑧顾客。

⑨供应商。

(2)竞争者分析的内容

①顾客对竞争者的评价(表7-7)。

表 7-7　顾客对竞争者的评价(优、良、中、劣)

竞争者	顾客知晓度	产品质量	供货效率	技术服务	推销人员
A					
B					
C					

②竞争者的财务优劣势评价指标(表7-8)。

表7-8　竞争者的财务优劣势评价指标

财务指标名称	指标功用
清偿力比率	表明竞争者是否足以清偿到期的短期金融债务
债务与资产的资本结构比率	表明竞争者是否有清偿长期债务的能力
利润比率	表明竞争者的盈利情况与盈利能力
周转比率	表明竞争者是否有效地利用其资产(低周转率会抑制利润率)
普通股安全率	表明股票市场对企业的信任度的高低

(3)构建竞争壁垒

好的竞争壁垒是充分考虑自身防御成本和对方进入成本两方面因素而构建的。一方面,构建这个壁垒不会造成自己成本的急剧上升;另一方面,由于这个壁垒的存在,对方无法进入,或者需要付出极大的代价才能进入。产品、营销甚至企业文化、知识、政策都可以构建竞争壁垒。

(4)打造自己的核心竞争力

核心竞争力是指对手短期内无法模仿的、使企业稳定发展的可持续性竞争优势。打造自己的核心竞争力,这个竞争力可能是:

①更好的产品或服务;

②更低的价格或更高的价格;

③更先进的技术;

④团队成员独特的学习工作经历;

⑤对手无法复制的商业模式;等等。

7.3.3　竞争策略

1)成本领先战略

一个企业力争使其总成本降到行业最低水平,并以此作为战胜竞争者的基本前提。

采用这种战略,核心是争取最大的市场份额,使单位产品成本最低,从而以较低售价赢得竞争优势。

2)差别化战略

实施这种战略的竞争优势,主要依托产品及其设计、工艺、品牌、特征、款式和服务等各个方面,在与竞争者相比时能有显著的独到之处。

3)聚焦战略

聚焦战略也称重点集中战略,是指把目标放在某个特定的、相对狭小的领域内,在局部市场争取成本领先或差别化,以建立竞争优势。这种战略是中小企业常用的一种战略。

案例故事2

黄亮前后用了两个星期以联系业务的名义去几处作坊打探,对他们的情况有了大致的了解。其中,实际调查的有两家企业,其他企业都拒绝了黄亮的调查请求,关于这几家企业的情况,黄亮都是托亲戚朋友根据他列的简单调查表探听来的。

黄亮发现,附近已经有5家朱砂泥作坊,都是家庭式个体小企业。最早的已经开工三年,多数不到一年。这些企业雇用的工人从1~9人不等,都是手工操作。规模最大的企业有9个工作台。年产量最少的7 200件,最多的6.7万件,大约平均年产3.7万件。他们做的都是低价的简单工艺品,零售价在29~33元。每家的品种只有3~4个,款式大同小异,都是仿制别人的,只略加改动,没有多少创新。用简单的包装盒装产品,或干脆不做任何包装。单价的区别主要在于规格大小不同,另外还有外观、运输距离和销售环节等几个因素。哪家都没有企业经营计划,都是摸着石头过河,唯一的目标是想多赚钱。哪家都不打广告,也不贴商标。没有一家是自己开店,而都是找些亲戚或熟人在旅游点摆摊,同时也批发给商店、摊贩。

此外,黄亮还打听到兰州郊区有3家小厂,使用钢模制坯,产品精致,品种多,质量稳定,单价也高,最贵的50元。但黄亮还没有能力和这样的企业竞争。经摸底调查后,黄亮和李燕对自己的方案信心更足了,脑子里添了不少主意,同时也感受到了压力,他们决心后来居上,一定要比别人做得更好。

至于更远处的竞争者,黄亮和李燕没有足够的时间和金钱去了解,也不知道怎样打听。根据从互联网上查到的旅游业统计数据和在旅游现场了解到的情况,去年仅敦煌一处旅游景区就卖了朱砂泥工艺品30万件以上,再加上其他几个景点,销量总共有60万件。而本地几家作坊的产量加起来也不到总量的一半,这说明兰州和外地来货超过了一半。旅游点的外来产品与本地的产品相比,造型和质量都要好一点,一个平均贵1元。他们推断外地的竞争对手也都是小型作坊,只是起步早一些。从价差来看,外地企业与景区不同,他们的销售多了一个运输环节,因此,外地企业的产品不具备价格优势。

7.4 市场潜量预测

预测销售量就是估算企业在未来一段时间内(12个月)的销售量。预测销售量是预测销售收入和编制创业计划书的基础,也是最重要、最困难的内容。

7.4.1 预测销售量的重要性

预测销售量的重要性主要有以下几点:

①制订企业计划书最重要的环节:做销售预测必须通过市场调查,绝不能凭主观想象臆造。

②投资和预测启动资金的依据:做好销售预测能有效防止企业投资风险。

③价格、现金流量计算的依据。

④预测企业能否生存发展的重要依据。

7.4.2 预测销售量的方法

1）德尔菲法

美国兰德公司提出一种向专家进行函询的预测法,被称为德尔菲法。它既可以避免由于专家会议面对面讨论带来的缺点,又可以避免个人一次性通信的局限。在收到专家的回信后,将他们的意见分类统计、归纳,不带任何倾向地将结果反馈给各位专家,供他们作进一步的分析判断,提出新的估计。如此反复,意见渐趋接近,得到较准确的预测结果。

2）经验预测法

你可能在同类的企业中工作过,甚至在你竞争对手的企业中工作过。你应该对市场有所洞察和了解,并利用这方面的知识来预测你的销售。

3）类比预测法

将你的企业资源、技术和市场营销计划与竞争对手进行比较。基于他们的水平来预测你的企业销售,这可能是最常用的销售预测方法。

4）试销预测法

小量试销你的产品或服务,看看你能销售出多少。这种方法对制造商和专业零售商有效,但不适用于有大量库存的企业。

5）订单预测法

可以通过要求你提供产品或服务的近期来函预测你的销售量。如果你的企业客户不多,可以采用这种方法。

6）调查预测法

调查访问那些可能成为你客户的人,了解他们的购买习惯。分析结果,然后判断你提的问题是否提供了预测销售所需的信息。

案例故事 3

黄亮和李燕记得有条生意经:买卖成功的关键是摸清市场和竞争对手。他们知道,企业的主要风险来自市场需求变化和竞争对手的对策。为此,黄亮和李燕决定认真做好当地市场销售预测。他们用了几周的时间自己去调查,还通过亲戚、朋友等多种渠道收集竞争对手的生产和销售信息。搞销售的人嘴比较严,大部分情况是从作坊工人那里套出来的。表 7-9 是竞争对手前一年的产量。

表 7-9　竞争对手前一年的产量

项目	作坊 1	作坊 2	作坊 3	作坊 4	作坊 5
工作台数量/个	1	2	5	8	9
平均月产量/件	600	1 240	3 000	4 960	5 580
上一年总产量/件	7 200	14 880	36 000	59 520	66 960

前期,他们了解到上一年附近旅游景区总共销售朱砂泥手工艺品60万件。扣除上述5家产品近19万件和兰州市郊3家企业的中高档产品20万件。余下21万件是本省其他地区或外省贩来的货,约占总量的1/3。而他们对外地竞争对手的情况,除产品样式、价格和总量外,其他知道得很少。好在商贩普遍反映朱砂泥工艺品需求旺,有多少卖多少。游客数量年年走高,商贩看好今年旅游旺季,他们认为是可信的。只要供不应求就有机遇,不管还有多少家要进来,不管现有的厂家打算增产多少,他们一定要抓住这个机遇,争取在3~4个月内把销售量提高到1 500件。考虑到暑期是旅游旺季,黄亮和李燕打算在7月和8月将销售量分别提高到1 600件和1 800件。经过反复考虑,他们决定先购买3个工作台进行生产。

表7-10是他们的销售量预测。

表7-10　销售量预测

月份	3月	4月	5月	6月	7月	8月	9月	10月	11月	12月
销售量 预测/件	500	800	1 000	1 200	1 600	1 800	1 500	1 500	1 500	1 500

能力训练

对创业项目进行市场评估,完成表7-11、表7-12。

表7-11　目标顾客描述

顾客特征	情况
谁将成为你的顾客 (一般性描述)	
年龄	
性别	
地点 (他们住在哪里)	
工资水平 (具体数字)	
他们平均多长时间买 一次你的产品或服务	
他们愿意出多少钱 购买你的产品或服务	
他们的购买量有多大	
未来的市场规模和趋势 (未来顾客数量会增加、 减少或保持不变)	

表 7-12　确定竞争对手并进行分析

项目	创业产品和服务	竞争者1的产品和服务 姓名： 地址：	竞争者2的产品和服务 姓名： 地址：	竞争者3的产品和服务 姓名： 地址：
价格合理性				
质量可靠性				
购买方便性				
顾客满意度				
员工技术水平				
企业知名度				
广告有效性				
品牌信誉度				
交货及时性				
地理位置的优越性				
销售策略 （如赊销、折扣）				
售后服务				
设备				
销售量				

未来要能准确预测销售量，需要做大量的调研工作，请将你调研的具体内容及有效信息填入表7-13。

表 7-13　调研内容及有效信息

调研内容	有效信息
1.	
2.	
3.	

综合考虑以上因素，预测你的产品或服务各月的销售量，从而确定全年销售总量并填入表7-14。

表 7-14　全年销售量预测

产品或服务	1 月	2 月	3 月	4 月	5 月	6 月	7 月	8 月	9 月	10 月	11 月	12 月	合计

案例分析

泡泡玛特的盛世与泡沫

2021 年,随着潮玩市场的爆发式增长,中国潮玩形成了以泡泡玛特为行业龙头,多个新秀品牌快速成长的井喷式崛起局面。在多家大众、商业、文娱、跨境电商类头部媒体及机构的年度榜单中,以泡泡玛特为代表的中国潮玩品牌入围多个奖项,奠定了潮玩品类在新消费领域的重要地位。

成功降低门槛

在泡泡玛特出现之前,潮玩更多地被定性为艺术家玩具,受众往往是小众圈层的玩具收藏者和艺术爱好者,也正是受其艺术价值和稀缺性的影响,过去潮玩的售价通常在数千元到上万元不等。而泡泡玛特的出现,将潮玩这个品类的体验门槛大幅拉低,对于那些痴迷于潮流文化的年轻消费群体来说,只需要几十元便能拿到潮玩世界的入场券。泡泡玛特独特的盲盒形式充分利用了人们的侥幸心理,但区别于博彩的是,泡泡玛特的每一次购买都能有所回报,同时每一次开盲盒的惊喜与如今年轻群体中盛行的享受当下、追求快乐的价值观不谋而合,正是低门槛、快刺激、侥幸心这三大要素,吸引了众多消费者反复购买。

新人群定位

过去潮玩的受众主要是男性,推出的产品也都是机甲、怪兽、动漫/影视人物这类偏男性的设计。然而在独立经济能力提升的前提下,女性更愿意通过消费来取悦自己,她们的诉求不单纯是功能,更多在于精神价值的满足。从玩偶、抱枕、萌宠等受女性市场追捧的事物中可以看到,"可爱""萌""颜值""美"等要素往往是驱动女性产生购买行动的必要条件。泡泡玛特率先洞察到了女性消费者对潮玩的真实需求,众多产品均是以这些要素为基础设计的。截至 2020 年 7 月,泡泡玛特基本上完成了一、二线城市优质触点的占领。其中,线下泡泡玛特几乎完成所有热门商圈、商场的覆盖,共计拥有 160 家零售店,超过 1 000 台无人售货机。线上则以天猫、微信小程序为主要阵地。在 2020 年"双 11"期间,泡泡玛特成为玩具类目下第一个成交破亿元的品牌,将迪士尼、万代等远远甩在了身后。借着渠道的优势,泡泡玛特已经实现了在消费者端头部品牌认知的建立。与此同时,泡泡玛特也面临着缺乏品牌竞争壁垒的潜在风险。在如今国内潮玩市场中,市场份额最高的是泡泡玛特,约为 8.5%,与第二名仅相差 1%。其实,无论是潮玩这个品类,还是盲盒这种形式,在技术端和生产端都没有太大的难度。尽管泡泡玛特已经独家签约 30 多位设计师,并与全球近百名设计师达成合作,但依旧绕不开如何找到能与消费者产生连接,从而设计出爆款这一问题。除了与同行在优质设计和设计资源之间的竞争外,泡泡玛特还面临着来自其他领域甚至行业的跨界打击。随着泡泡玛特的出圈,必将有越来越多的玩家进入盲盒潮玩这个赛道。如今的泡泡玛特更像是一夜成名的网红,凭借着 Molly 这个爆款设计成功打开了大众潮玩市场。在潮玩这个风口上,泡泡玛特还能飞多高、飞多久? 相信时间会给出答案。

思考:

1. 简述泡泡玛特的市场地位。它采用了什么竞争战略?

2. 泡泡玛特面临的机会和威胁是什么?

本章小结

市场环境是指经营活动所处的社会经济环境中企业不可控制的因素。市场环境可以分为外部环境和内部环境两大类。外部环境分为宏观环境和微观环境,宏观环境包括政治环境、经济环境、技术环境和社会文化环境等。微观环境包括市场需求、竞争环境、资源环境等,涉及行业性质、竞争者状况、消费者、供给商、中间商及其他社会利益集团等。企业内部环境也称企业内部条件,是企业内部物质和文化因素的总和。环境分析的方法包括 PEST 分析法和 SWOT 分析法。

顾客是企业的根本。顾客分析的内容包括:收集顾客信息和构建顾客画像;竞争分析包括:竞争者识别、竞争分析和竞争策略;从市场需求的角度,将竞争者分为品牌竞争者、行业竞争者、形式竞争者和一般(愿望)竞争者四种类型;竞争者识别的基本方法是波特五力分析模型;竞争分析内容涉及顾客对竞争者的评价及竞争者的财务优劣势评价指标;竞争策略包括成本领先战略、差别化战略和聚焦战略。

预测销售量就是估算企业在未来一段时间内(12 个月)的销售量。预测销售量的方法有德尔菲法、经验预测法、类比预测法、试销预测法、订单预测法和调查预测法。

第 8 章
营销策略

知识提要

(1) 市场细分、目标市场选择和市场定位；

(2) 产品策略、价格策略、分销策略和促销策略；

(3) 4P 组合、人员策略、过程和有形展示；

(4) 病毒营销、事件营销、口碑营销、饥饿营销、知识营销等。

学习目标

(1) 了解服务的特点；

(2) 掌握产品、服务营销组合策略；

(3) 掌握新媒体营销策略。

名人名言

优秀的企业满足需求，杰出的企业创造市场。

——菲利普·科特勒

案例导入

完美日记的数字化营销策略

小红书是一个海外购物分享社区和跨境电商相结合的平台，最受用户欢迎的就是分享社区，最常见的形式就是用户使用了某款产品产生心得后，通过图文并茂的方式进行分享。完美日记成立不到一年，就把目光瞄准到小红书 App 并进行布局。在小红书中，完美日记把 4R 营销理论中注重企业和客户关系之间的互动发挥得淋漓尽致。

首先，与其中的美妆博主进行合作，并把各博主按金字塔分成四个阶层，按从高到低的等级来分配，分别为明星、大 V、中小 V 和草根。完美日记先经过人气明星的推荐引起消费者关注和探讨，然后依靠头部和腰部达人优质的内容制作达到真正的宣传效果，引导消费者购买，最后经过普通的消费者购买使用后回到平台，进行二次传播。这种传播方式如同不断分裂、变异的病毒。越来越多的用户购买产品后，争相模仿人气博主写心得、晒笔记，从而达到病毒式的营销效果。

完美日记作为新锐品牌,通过与具有内容创造能力和发展潜力的中小 V 合作,不仅能给自己提高品牌的知名度,还能反过来给合作的博主增加人气,以此降低合作成本。

完美日记非常注重运用优质偶像和粉丝经济,加持品牌的影响力。

防水纤长睫毛膏

完美日记推出防水纤长睫毛膏后,邀请了知名艺人林允以接地气的方式在微博进行宣传,引起大量粉丝和美妆爱好者的关注,睫毛膏在 3 个月的时间内断货 5 次,并在 2018 年获得了"芭莎美妆大奖"的睫毛膏人气奖。

"小黑钻"唇膏

体会到偶像带来的甜头之后,完美日记开始注重运用粉丝经济(粉丝经济是近年来出现的一个新名词,是指粉丝和被关注者关系之上的经营性创收行为,被关注者多为明星、偶像和行业名人等)。2018 年 8 月 23 日,完美日记因为在微博官宣人气偶像朱正廷作为其唇妆代言人,引发了大量粉丝的关注,打破了官方微博转发上百万的纪录。趁着热度还在,完美日记立马推出朱正廷代言的新品"小黑钻"唇膏。同时,完美日记还会精心设计各种细节,从而抓住粉丝的心。成功打进粉丝内部后,完美日记开始设置 4 重任务关卡,运用粉丝经济让粉丝为了支持偶像掏出钱包积极购买产品。帮偶像解锁应援任务,除了能解锁陈漫拍摄的硬照和 TVC,还能让偶像的照片放在 5 座城市的地铁大牌广告和上海外滩震旦大屏上。这种新颖有趣的模式,不仅提高了偶像的知名度、给品牌方带来经济上的回报,还使粉丝因为支持偶像而获得内心的满足感,仿佛离偶像更近一步。

当"天猫 99"大促日来临时,朱正廷所代言的小黑钻唇膏一开售就创下了 60 秒破 24 000 支的销售纪录,小黑钻礼盒在 3 秒钟就被一抢而空。

利用线下体验店增加用户体验度

一直以来,完美日记都是通过电商渠道进行经营和运作。完美日记于 2017 年 7 月至 9 月,为了提升顾客的体验度,在北京、上海陆续开了 3 家快闪店,直到 2019 年 1 月 19 日,完美日记把目光锁定在广州正佳广场,开设了首家线下体验店。不管是开快闪店,还是首家线下体验店,完美日记除了在店铺展示各类火爆的产品,还会为了给顾客提供更好的体验,特地在现场配备多名彩妆师来协助消费者试妆。同时,在开店的首日邀请知名模特和美妆时尚博主点燃气氛,以吸引更多的人流量。

思考:

完美日记采用了哪些营销策略?

8.1　目标市场营销策略

STP 即目标市场营销,是指企业根据一定的标准对整体市场进行细分后,从中选择一个或者多个细分市场作为自身的目标市场,并针对目标市场进行市场定位。

8.1.1 市场细分

1)市场细分的概念

市场细分(segmentation)是指营销者通过市场调研,依据消费者的需要和欲望、购买行为和购买习惯等方面的差异,把某一产品的市场整体划分为若干消费者群的市场分类过程。每一个消费者群就是一个细分市场,每一个细分市场都是具有类似需求倾向的消费者构成的群体。

2)确定市场细分因素

(1)地理细分

国家、地区、城市、农村、气候、地形。

(2)人口细分

年龄、性别、职业、收入、教育、家庭人口、家庭类型、家庭生命周期、国籍、民族、宗教、社会阶层。

(3)心理细分

社会阶层、生活方式、个性。

(4)行为细分

时机、追求利益、使用者地位、产品使用率、忠诚程度、购买准备阶段、态度。

3)市场细分步骤

(1)选定产品市场范围

企业应明确自己在某行业中的产品市场范围,并以此作为制定市场开拓战略的依据。

(2)列举潜在顾客的需求

可从地理、人口、心理等方面列出影响产品市场需求和顾客购买行为的各项变数。

(3)分析潜在顾客的不同需求

公司应对不同的潜在顾客进行抽样调查,并对所列出的需求变数进行评价,了解顾客的共同需求。

(4)制订相应的营销策略

调查、分析、评估各细分市场,最终确定可进入的细分市场,并制定相应的营销策略。

4)市场细分的条件

有效的细分市场必须具备以下特征:

(1)可衡量性

指各个细分市场的购买力和规模能被衡量的程度。如果细分变数很难衡量的话,就无法界定市场。

(2)可盈利性

指企业新选定的细分市场容量足以使企业获利。

(3)可进入性

指所选定的细分市场必须与企业自身状况相匹配,企业有优势占领这一市场。可进入性具体表现在信息进入、产品进入和竞争进入。考虑市场的可进入性,实际上是研究其营销活动的可行性。

(4)差异性

指细分市场在观念上能被区别并对不同的营销组合策略有不同的反应。

8.1.2 目标市场选择

1)目标市场的概念

目标市场(targeting)就是通过市场细分后,企业准备以相应的产品和服务满足其需要的一个或几个子市场。

2)选择目标市场策略

选择目标市场,明确企业应为哪一类用户服务,满足他们的哪一种需求,是企业在营销活动中的一项重要策略。选择目标市场一般运用下列三种策略。

(1)无差别性市场策略

无差别性市场策略,就是企业把整个市场作为自己的目标市场,只考虑市场需求的共性,而不考虑其差异,运用一种产品、一种价格、一种推销方法,吸引可能多的消费者。美国可口可乐公司从 1886 年问世以来,一直采用无差别性市场策略。

(2)差别性市场策略

差别性市场策略就是把整个市场细分为若干子市场,针对不同的子市场,设计不同的产品,制定不同的营销策略,满足不同的消费需求。

(3)集中性市场策略

集中性市场策略就是在细分后的市场上,选择两个或少数几个细分市场作为目标市场,实行专业化生产和销售。

8.1.3 市场定位

1)市场定位的概念

市场定位(positioning)是指企业针对潜在顾客的心理进行营销设计,创立产品、品牌或企业在目标顾客心目中的某种形象或某种个性特征,保留深刻的印象和独特的位置,从而取得竞争优势。

市场定位是通过为自己的产品创立鲜明的个性,从而塑造出独特的市场形象来实现的。产品差异化是实现市场定位的手段,但并不是市场定位的全部内容。市场定位不仅强调产品差异,而且要通过产品差异建立独特的市场形象,获得顾客的认同。

2)市场定位的步骤

(1)目标市场现状分析

通过对目标市场的调查,了解目标市场上竞争者,提供何种特色产品给顾客,顾客实际上需要什么属性的产品等。

（2）目标市场初步定位

企业全面分析目标市场现状，特别是在研究顾客对该产品各种属性的重视程度的基础上，要权衡利弊，初步确定本企业产品在目标市场上所处的位置。

（3）目标市场正式定位

如果产品目标市场初步定位比较顺利且没有发生意外，这个定位就是正确的，就可正式定下来。但初步定位经常发生偏差，还需修正进行重新定位，完成产品的市场定位。

3）市场定位的方式

（1）按产品属性定位

产品属性包括生产制造该产品的技术、设备、生产过程以及产品的功能等，也包括与产品有关的原料、产地、历史等因素。这些特性都可作为定位的要素。例如，在汽车市场上，日本的丰田汽车侧重于"经济可靠"；瑞典的沃尔沃汽车具有"耐用"的特点。

（2）按照质量和价格定位

质量和价格本身就是一种定位。人们一般认为高质量应对应高价，所以高质高价就是一种产品定位。但是有时也可以反其道而行之，如日本汽车就是将产品定在"质高而价不高"的位置上，获得了竞争的成功。

（3）按照使用者和用途定位

为老产品找到一种新用途，是为该产品找到定位的好方法。不同的使用者也可以对产品进行定位。

（4）按竞争态势定位

按照市场竞争状况，考虑企业的各种资源常采用以下三种定位方式：

①避强定位。这是一种针对强有力竞争对手的定位。其优点是能够迅速在市场上站稳脚跟，在消费者心中树立企业和产品的良好形象。因为这种定位风险较小，成功率较高，所以企业常常采用这种定位方式。

②迎头定位。这是一种与市场上最强竞争者"对着干"的定位方式。如上例中的"同坐一席"就是这种定位。这是一种风险较大的定位，但如果成功，企业就会取得较大的市场优势。实行迎头定位方式，应做到知己知彼，特别是要清醒估计自己的实力，不求压倒对方，只求平分秋色。

③重新定位。指对销路窄、市场反应差、适应能力差的产品进行二次定位，其目的是摆脱困境重新获得增长与活力。

能力训练1

针对创业的产品或服务进行 STP 分析，形成分析报告。

8.2 产品营销组合策略

制订市场营销计划，一般从市场营销的产品、价格、地点、促销四个基本策略的组合入手，这四个方面通常被称为"市场营销组合策略"，简称"4P 组合"。

8.2.1　产品策略

1)产品组合策略

(1)产品组合的概念

产品组合(product combination)也称产品搭配、产品结构,是指一个企业生产经营的所有产品的组合方式。它一般由一条或多条产品线组成,而每一条产品线又由一个或多个产品项目组成,或者由一个或几个亚产品线组成,每一个亚产品线又包括一个或多个产品项目。

产品线也称产品大类或产品系列,是由一组密切相关的产品项目构成的。这些产品项目在技术上和结构上密切相关,具有相同使用功能,售给同类顾客,渠道相似,售价在一定幅度内变动。

产品项目是产品线的具体组成部分,是产品品种或品牌之下的各种不同规格、型号、尺码、花色、配方、口味等的具体产品。

(2)产品组合的宽度、长度、深度和关联度

产品组合的宽度:是指企业所拥有的产品线数目的多少。产品线越多,产品组合就越宽,反之就越窄。

产品组合的长度:是指同一产品线上产品品种或品牌数目的多少。品种或品牌数目越多,产品线、产品组合就越长,反之就越短。

产品组合的深度:是指同一品种或品牌下的不同规格、型号、尺码、花色、配方、口味等具体产品数目的多少。

产品组合的关联度:是指产品组合中各条产品线之间相互关联的程度。产品组合中各条产品线在生产条件、最终用途、技术要领、分销渠道等方面越接近,互相联系越紧密,则该产品组合的关联度就越大,反之就越小。

(3)产品组合策略

产品组合策略包括以下几种类型。

①扩大产品组合。就是扩展产品组合的宽度,加强产品组合的长度和深度。即一个企业在原有产品线的基础上,再增加一条或几条产品线,扩大经营范围,实现多元化经营。或者是在原有产品大类内增加新的产品项目,生产经营更多的产品以满足市场需要。

扩大产品组合的常见方式是产品线延伸和产品线填补。产品线延伸是指全部或部分改变原有产品的市场定位,使原有产品线得到加长,具体包括:向下延伸、向上延伸和双向延伸三种实现方式。

向下延伸是指在经营成熟的中、高档产品线上增加低档产品项目,以吸引更多顾客,增加销售收入,扩大市场占有率。

向上延伸是指在原有的低档产品线中增加中、高档产品项目,以提升企业形象,获得高额利润。

双向延伸是指原来一直生产中档产品的企业,在掌握了市场优势以后,同时生产高档和低档产品,以完善企业的产品线,取得更快的发展。

产品线填补表现为无明显的向上向下特征,只是在现有的产品线内增加一个或几个新的产品项目,以堵塞市场漏洞,取得超额利润。

②缩减产品组合。就是降低产品组合的宽度,削减产品组合的长度和深度。即在原有的产品组合中取消若干产品线或产品项目,集中力量生产经营一个系列的产品或少数产品项目,提高专业化水平,力图从生产较少的产品中获得较多的利润。

③产品线的现代化决策。就是将现代科学技术应用于生产经营过程,不断改造和更新设备、技术、工艺等生产方式水平,促使企业的产品组合更加符合市场需求的发展潮流。

在营销实践中,企业往往需要对以上几种策略进行综合运用,才能真正实现产品组合的动态平衡。

2)产品生命周期策略

企业经营者应认识到,一种产品的生命是有限的,产品开发后,一般会经历导入期、成长期、成熟期和衰退期四个阶段(图8-1),因此,企业选择或开发新的替代品是企业经营中要预先计划的工作。

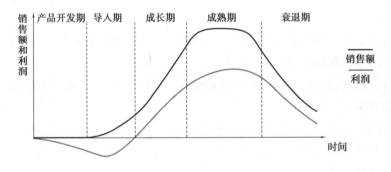

图8-1　产品生命周期图

(1)各阶段的特点

①导入期。新产品投入市场,便进入导入期。此时,顾客对产品还不了解,只有少数追求新奇的顾客可能购买,销售量很低。为了扩展销路,需要大量的促销费用,对产品进行宣传。在这一阶段,由于技术方面的原因,产品不能大批量生产,因而成本高,销售额增长缓慢,企业不但得不到利润,反而可能亏损,产品也有待进一步完善。

②成长期。这时顾客对产品已经熟悉,大量的新顾客开始购买,市场逐步扩大。产品大批量生产,生产成本相对降低,企业的销售额迅速上升,利润也迅速增长。竞争者看到有利可图,将纷纷进入市场参与竞争,使同类产品供给量增加,价格随之下降,企业利润增长速度逐步减慢,最后达到生命周期利润的最高点。

③成熟期。市场需求趋向饱和,潜在的顾客已经很少,销售额增长缓慢直至转而下降,标志着产品进入了成熟期。在这一阶段,竞争逐渐加剧,产品售价降低,促销费用增加,企业利润下降。

④衰退期。随着科学技术的发展,新产品或新的代用品出现,将使顾客的消费习惯发生

改变,转向其他产品,从而使原来产品的销售额和利润额迅速下降。于是,产品又进入了衰退期。

（2）各阶段的营销策略

①导入期的营销策略。导入期的特征是产品销量少,促销费用高,制造成本高,销售利润很低甚至为负值,根据这一阶段的特点,企业应努力做到:投入市场的产品要有针对性;进入市场的时机要合适;设法把销售力量直接投向最有可能的购买者,使市场尽快接受该产品,以缩短导入期,更快地进入成长期。在产品的导入期,一般可以由产品、分销、价格、促销四个基本要素组合成各种不同的市场营销策略。仅将价格高低与促销费用高低结合起来考虑,就可形成以下四种策略。

a.快速撇脂策略。以高价格、高促销费用推出新产品。

b.缓慢撇脂策略。以高价格、低促销费用推出新产品,目的是以尽可能低的费用开支求得更多的利润。

c.快速渗透策略。以低价格、高促销费用推出新产品。

d.缓慢渗透策略。以低价格、低促销费用推出新产品。

②成长期市场营销策略。针对成长期的特点,企业为维持其市场增长率,延长获取最大利润的时间,可以采取下面几种策略。

a.改善产品品质。如增加新的功能,改变产品款式,发展新的型号,开发新的用途等。对产品进行改进,可以提高产品的竞争能力,满足顾客更广泛的需求,吸引更多的顾客。

b.寻找新的细分市场。通过市场细分,找到新的尚未满足的细分市场,根据其需要组织生产,迅速进入这一新的市场。

c.改变广告宣传的重点。把广告宣传的重心从介绍产品转到建立产品形象上来,树立产品品牌,维系老顾客,吸引新顾客。

d.适时降价。在适当的时机,可以采取降价策略,以激发那些对价格比较敏感的消费者产生购买动机和采取购买行动。

③成熟期市场营销策略。对成熟期的产品,宜采取主动出击的策略,使成熟期延长,或使产品生命周期出现再循环。为此,可以采取以下三种策略:

a.市场调整。这种策略不是要调整产品本身,而是发现产品的新用途、寻求新的用户或改变推销方式等,以使产品销售量得以扩大。

b.产品调整。这种策略是通过产品自身的调整来满足顾客的不同需要,吸引有不同需求的顾客。整体产品概念的任何一层次的调整都可视为产品再推出。

c.市场营销组合调整。即通过对产品、定价、渠道、促销四个市场营销组合因素加以综合调整,刺激销售量的回升。常用的方法包括降价、提高促销水平、扩展分销渠道和提高服务质量等。

④衰退期市场营销策略。面对处于衰退期的产品,企业需要进行认真的研究分析,决定采取什么策略,在什么时间退出市场。通常有以下几种策略可供选择:

a. 继续策略。继续沿用过去的策略,仍按照原来的细分市场,使用相同的分销渠道、定价及促销方式,直到这种产品完全退出市场为止。

b. 集中策略。把企业能力和资源集中在最有利的细分市场和分销渠道上,从中获取利润。这样有利于缩短产品退出市场的时间,同时又能为企业创造更多的利润。

c. 收缩策略。抛弃无希望的顾客群体,大幅度降低促销水平,尽量减少促销费用,以增加利润。这样可能导致产品在市场上的衰退加速,但也能从忠实于这种产品的顾客中得到利润。

d. 放弃策略。对于衰退比较迅速的产品,应该当机立断,放弃经营。可以采取完全放弃的形式,如把产品完全转移出去或立即停止生产;也可采取逐步放弃的方式,使其所占用的资源逐步转向其他的产品。

课堂互动 1

创业的产品或服务处在生命周期的哪个阶段? 应采取什么营销策略?

8.2.2　价格策略

价格是企业经营者最重要的决策之一,是市场营销组合中唯一为企业提供收益的因素,是市场竞争中的一种重要手段。在大多数情况下,就商品型产品而言,价格一直是购买者选择的主要决定因素。定价是否得当,将直接关系到产品的销售量和企业的利润额。确定合理的定价和价格政策,是各类企业经营者面临的具有现实意义的重大决策。

1)价格的内涵

(1)价格的定义

价格分为广义价格和狭义价格。其中,狭义价格是为产品或服务收取的货币总额。广义价格是顾客为获得拥有或使用某种产品或服务的利益而支付的价值。营销价格是在价值决定的基础上,由市场供求关系形成的买卖双方的成交价格。

(2)价格的构成

商品价格的形成要素及其组合,亦称价格组成。它反映商品在生产和流通过程中物质耗费的补偿,以及新创造价值的分配,一般包括生产成本、流通费用、税金和利润四个部分。

价格=生产成本+流通费用+税金+利润

生产成本和流通费用构成商品生产和销售过程中所耗费用的总和,即成本。这是商品价格的最低界限,是商品生产经营活动得以正常进行的必要条件。生产成本是商品价格的主要组成部分。构成商品价格的生产成本,不是个别企业的成本,而是行业(部门)的平均成本,即社会成本。流通费用包括生产单位支出的销售费用和商业部门支出的商业费用。商品价格中的流通费用是以商品在正常经营条件下的平均费用为标准计算的。

税金和利润是构成商品价格中盈利的两个部分。税金是国家通过税法,按照一定标准,强制向商品的生产经营者征收的预算缴款。按照税金是否计入商品价格,可以分为价内税和价外税。利润是商品价格减去生产成本、流通费用和税金后的余额。按照商品生产经营的流通环节,可以分为生产利润和商业利润。

2)定价策略

(1)撇脂定价策略

撇脂定价策略是指在新产品投放市场时,将价格制定得很高,以便在短期内赚得更多利润。这种策略也称高价策略。

撇脂定价策略适用于需求弹性较小的细分市场。对于专利保护商品和竞争对手仿制可能性不大的商品,可考虑选择此种策略。撇脂定价格获得高收益,容易引起竞争介入,此时,企业应采取适当降价,以便取得竞争优势,扩大销售额。撇脂定价格策略是一种追求短期利润最大化策略,从长期发展的观点来看是不可取的。

(2)渗透定价策略

渗透定价策略也称低价策略,它是在新产品投放市场时,制定比较低的价格,快速接近消费者,刺激需求,争取市场的主动权。一般适用于需求弹性大的商品,企业可以通过增加需求、扩大产销量、降低成本,实现企业的获利目标。

(3)满意定价策略

满意定价策略是一种介于撇脂定价和渗透定价之间的折中定价策略,其新产品的价格水平适中,同时兼顾生产企业、购买者和中间商的利益,能较好地得到各方面的接受。

优点:满意价格对企业和顾客都是较为合理公平的,由于价格比较稳定,在正常情况下盈利目标可按期实现。

缺点:价格比较保守,不适于竞争激烈或复杂多变的市场环境。

适用对象:适用于需求价格弹性较小的商品,包括重要的生产资料和生活必需品。

(4)折让定价策略

折让定价策略是指在一定条件下,以降低产品的销售价格来刺激购买者,从而达到扩大产品销售量的目的。价格的折让主要表现是折扣,一般表现为单价折扣、数量折扣、现金折扣、推广折扣和季节折扣等形式。

(5)心理定价策略

心理定价策略是指针对购买者的心理特点而采取的一种定价策略,主要有声望定价、尾数定价、双位定价和高位定价等。

①声望定价。是指企业按照其产品在市场上的知名度和消费者中的信任程度来制定产品价格的一种方法。一般地,声望越高,价格越高,这就是产品的"名牌效应"。

②尾数定价。是指在制定产品价格时,价格的尾数取接近整数的小数(如199.9元)或带有一定谐音的数(158元)等。它一般只适用于价值较小的中低档日用消费品定价。

③双位定价。是指在向市场以挂牌价格销售时,采用两种不同的标价来促销的一种定价方法。例如:某产品标明"原价158元,现促销价99元"。这种策略适用于市场接受程度

较低或销路不太好的产品。

④高位定价,即根据消费者"价高质优"的心理特点实行高标价促销的方法。但高位定价必须是优质产品,不能弄虚作假。

(6)组合定价策略

组合定价策略是针对相关产品组合所采取的一种方法。它根据相关产品在市场竞争中的不同情况,使互补产品价格有高有低,或使组合售价优惠。对于具有互补关系的相关产品,可以采取降低部分产品价格而提高互补产品价格,以促进销售,提高整体利润。

(7)生命周期定价策略

生命周期定价策略是根据产品从进入市场到退出市场的生命周期,分阶段确定不同价格的定价策略。产品在市场中的寿命周期一般分为推广期、成长期、成熟期和衰退期。推广期产品需要获得消费者的认同,进一步占有市场,应采用低价促销策略;成长期的产品有了一定的知名度,销售量稳步上升,可以采用中等价格;成熟期的产品市场知名度处于最佳状态,可以采用高价促销,但由于市场需求接近饱和,竞争激烈,定价时必须考虑竞争者的情况,以保持现有市场销售量;衰退期的产品市场竞争力下降,销售量下滑,应该降价促销或维持现价并辅之以折扣等其他手段。同时,积极开发新产品,保持企业的市场竞争优势。

能力训练2

调查一位做生意的老板,让他说说自己的产品是如何定价的? 影响定价的因素有哪些? 将调查的结果在课堂上进行交流。

案例故事1

黄亮和李燕多次分头去敦煌等6个旅游点蹲点调查,最深刻的体会是:游客看中的商品,只有在他们认为价格公道时才会购买。对商贩来说,只有在他们觉得有利润时,才会积极进货和推销,以便能从中获得利润。所以,他们给商贩定的批发价,以及商贩给顾客定的零售价对企业的成功都至关重要。但是,黄亮只知道自己做一个工艺品的成本大概花费多少,而李燕觉得零售价她掌握不了。因为这取决于商贩的本事和游客的接受能力,他们搞不清批发价定为多少才合适。

怎么办? 他们决定把调查记录的资料整理出来,从了解到的零售价出发往回倒算批发价和成本价。经过整理,他们发现顾客购买类似的朱砂泥工艺品每个花费29~33元。商贩一般在进货价上加价20%~30%;竞争者一般是在产品成本价上加价40%~50%。

据此,李燕提出,如果他们的产品在敦煌一带零售价为28元就好出手。如果他们也照搬商贩和竞争厂的加价规则,那么给商贩的批发价(出厂价)不能高于24元。这意味着他们的成本价应控制在17元左右,对此黄亮觉得比较有把握,他们的价格政策就这么确定了。至于比敦煌更远的旅游点的产品零售价,由于商业环节多,听说在30~32元,游客也能接受。

8.2.3 分销渠道

1)分销渠道的概念

菲利普·科特勒认为:营销渠道是指某种货物或劳务从生产者向消费者移动时,取得这种货物或劳务的所有权的所有企业和个人。美国市场营销协会给出的定义是："营销渠道是企业内部和外部的代理商和经销商(批发和零售)的组织机构,通过这些组织,商品才得以上市行销。"

2)分销渠道的结构

(1)直接渠道

直接渠道也称零级渠道,指没有中间商参与,产品由生产者直接售给消费者的渠道类型。直接渠道是工业品分销的主要方式。大型设备、专用工具以及技术复杂、需要提供专门服务的产品,几乎都采用直接渠道分销。在消费品市场,直接渠道也有扩大的趋势,鲜活商品和部分手工业制品、特制品,都是传统直销的方式;新技术在流通领域的广泛应用,使邮购、电话电视直销和计算机网络销售等直接营销方式迅速发展。

(2)间接渠道

间接渠道指有一级或多级中间商参与,产品经由两个或多个商业环节销售给消费者的渠道类型。间接渠道是消费品分销的主要方式,一些工业品也采用间接渠道分销的方式。

(3)渠道的长短与宽窄

①长渠道和短渠道。分销渠道的长度通常按经过的流通环节或层次的多少来划分。显然,其长短只是相对的。为了分析和决策方便,可以将上述零级渠道称为直接渠道,把一级渠道定义为短渠道。而把二、三级渠道划为长渠道。

②宽渠道与窄渠道。分销渠道的宽度取决于渠道的每个层次中参与分销的中间商的数量。若制造商选择较多的同类型中间商(如多家批发商或多家零售商)经销产品,则这种产品的分销渠道为宽渠道;反之,则为窄渠道。

3)分销渠道策略

通常有以下的策略选择:

(1)密集型分销渠道策略

密集型分销渠道策略也称广泛型分销策略,即商品生产者广泛利用大量中间商经销本企业的商品,使消费者能够随时随处购买到企业的商品,日用消费品、方便商品、标准化程度高的商品等常采用这种策略。

(2)选择性分销渠道策略

选择性分销渠道策略是指企业在同一目标市场上有选择地使用部分条件优越的批发商和零售商销售本企业的商品。这种策略对所有商品都是适用的,是企业较多使用的一种策略。对于生活资料中的选购品(服装、家具等)、特殊品和工业品中的零配件等,常采用这种策略。

(3)专营性分销渠道策略

专营性分销渠道策略是指生产者在某一目标市场上选择有限数量的中间商经销其商品。其极端形式是独家经销(只选择一家中间商经销本企业商品)。

专营性分销渠道常常是一种排他性的专营,其规定这些中间商不能经营其他厂商生产的同类竞争产品,这主要适用于高档特殊品(珠宝、金制品等)或技术服务要求高的商品。

案例故事 2

黄亮和李燕家有四间大瓦房和一个宽敞的院子。原本对于他们来说选址很简单,因为做小型朱砂泥工艺品的作坊用料少,冷塑工艺简单,工具设备不多,不用烧结窑,占地少。所以,作坊就可以建在自己的院子里,根本不需要找其他地方。然而,他们又考虑到,朱砂泥工艺品生产过程多少还是会影响邻居的生活,而且对销售方式有影响。所以,他们还是决定租一处带院子的厂房进行生产活动。经过考察,他们找到一处厂房,面积和位置都较为合适,租金 2 000 元,他们也能承受。

地点选好后,黄亮和李燕开始考虑销售问题。李燕如果去旅游点摆摊,只能照看一两处,照看不了所有点。另外,来回跑路很辛苦,路费不少,还要付摊位费,而且还顾不了家。因此,他们决定将产品卖给旅游景区的商店和摊贩,由他们将产品卖给游客。起步时,由李燕定期送货到旅游景区。有的景区比较远,但是没关系,路程对他们而言不是大问题,乘汽车即可。他们的产品体积小,重量不大,李燕每趟可以手提两个纸箱,带几十件产品。对于附近的旅游景区,为保证送货及时,他们考虑先买一辆三轮车,等将来业务量大了,再购买更好的交通工具送货。如果以后开通产品的线上销售渠道,他们准备通过物流送达。

8.2.4 促销策略

促销(promotion)即促进销售的简称,是指企业利用人员和非人员的方法沟通信息,影响和劝诱顾客购买某种产品和劳务,或者促使顾客对卖方及其产品产生好感和信任度的一种活动。

促销通常包括四种方式:

1)人员推销

人员推销是企业利用推销人员与顾客直接接触,传递企业及其产品的有关信息,以促进产品销售的一种营销活动。作为一种最古老的促销方式,人员推销可以分为上门推销、街头推销、柜台推销和会议推销等几种形式。

2)广告

广告是由广告主以付费形式通过大众媒体将有关企业以及产品的信息传递给目标受众的一种促销手段。

3)营业推广

营业推广是在短期内刺激顾客或中间商迅速和大量地购买某种特定产品或服务的促销活动。

4)公共关系

公共关系指某一组织为改善与社会公众的关系,促进公众对组织的认识、理解及支持,达到树立良好的组织形象、实现组织与公众的共同利益与目标的管理活动与职能。

课堂互动 2

使用头脑风暴法让学员谈都见过哪些促销方式,分别写在卡纸上。教师分类、归纳为:

● 广告:向你的顾客提供产品信息,让他们有兴趣购买你的产品。你可以通过报纸或广播做广告。招贴画、小册子、价格表和名片等也是给企业和产品做广告的方法。

● 宣传:在地方报纸或杂志上刊登介绍你的企业的文章,积极参与公益活动,从而达到树立企业良好形象、间接达成促销的目的。

● 销售促销:当顾客来到你的企业或以其他方式与你接触时,你要想方设法让他们买你的产品。促销的手段很多,你可以用醒目的陈列、展示、竞赛活动吸引顾客,也可以用买一赠一的方式,刺激顾客的购买欲。

分组讨论:

(1)三种促销方式的利与弊?

(2)什么才是适合小老板促销办法?

案例故事 3

黄亮和李燕照黄明的建议买了一本讲解销售管理的小册子,读了之后,他们很受启发,但感到绝大部分促销方式对他们这个家族企业不适用,也太贵。例如,报纸广告:游客来去匆匆,很少看当地报纸,更不注意上面的广告。而本地读者,很少去旅游点,不买当地纪念品。广告牌:旅游点附近严格限制设广告牌的种类,只有食品和饮料广告,没见过做工艺品的广告。商标:手工艺品贴上商标不伦不类,像大工业生产的标准化产品,失去了手工艺的特色。黄亮和李燕商量出来的促销方式极其简单,有以下几种方式。

盖印:黄亮要像名工匠师傅那样在产品上留下自己的印记。他要设计和雕刻一大一小两个精美的图章。小的盖在泥坯的底下,得严肃,从而吸引顾客的注意力;大的盖在纸箱四周,在商贩那里树立形象,因为没钱定做专门的纸箱。

报纸宣传:黄亮有个老同学是地方报纸的记者。黄亮打算请他写篇文章,从自我创业的角度宣传他们的企业。

促销:旅游点卖纪念品的商贩绝大部分是本地改行的农民,比较实在。谁的东西好、能挣更多的钱就进谁的货,不必请客送礼。订货都是小老板自己做主,不存在给采购员回扣的问题。所以黄亮和李燕促销的关键就是要保证产品款式新颖、质量稳定、价格低廉、交货及时。每次开发出新产品,要送些免费样品给商贩试销,请他们摆在显眼的位置。

企业形象大使:李燕仪表端庄大方,生性开朗,并且为人诚实、勤奋、自信、友善,与商贩打交道非常合适,让她作为企业的形象大使。

赊销:他们打算对知根知底的商贩搞赊销,放款 30 天,但不超过每月销售量的一半。

8.3 服务营销组合策略

服务营销的实践表明,服务营销与产品营销有很大的差别,两者的营销层面和范围不同,决定了两者的营销方式和手段不同。美国服务营销学家布姆斯和毕纳提出了 7P 服务营销组合策略,从而将 4P 策略扩展到了 7P 策略。

8.3.1　Product——产品策略

服务企业经过市场调查与市场分析,根据自身的资源条件和所处的环境,选择目标市场,进行产品开发。

由于服务的无形性,人们除了根据一些有形线索来鉴别一项服务水平的高低,往往也根据服务的商标来判断一项服务的质量和可靠性。如著名的希尔顿酒店、麦当劳快餐、中国的长城饭店等都属于名牌商标。人们一听到或看到这些商标,就马上会联想起优质可靠的服务。所以服务产品策略的另一重点就是做好服务商标的注册、保护、宣传等工作,争创名牌商标。

无形的服务永远是产品的主体,有形产品或有形的介质则是无形服务的依托,因此在服务产品的研制、开发与产品组合时,应尽可能考虑服务特点,避免其负面影响带来的限制性,灵活地为服务提供有形化组合空间和方式,赋予其独特的卖点,可以让我们的顾客注意到我们。

在产品核心利益或功能方面应重视开发,引导行业潮流;在产品的附加层方面应注重品牌、特色、品质、有形资源展示;重视品牌建设,赋予企业品牌以独特理念、价值观与独特主张,赋予产品品牌以独特卖点、独特文化、独特利益。

除此之外还要考虑如何利用产品的无形附加层,如信贷、保证、售后服务等各种方式以快捷、便利、安全、辅助为基点为营销服务,赋予顾客更多的相对价值。

8.3.2　Price——价格策略

在定价策略上,各种有关物质产品定价的概念和方法均适用于服务定价,但受服务产品特征的影响,服务定价策略也显示出不同的特点。在服务市场上,企业同顾客之间的关系通常比较复杂,企业为服务开出的价格不单单是一个价格标签,更是向顾客发出的。顾客可能得到的某种服务质量的信号,以便于灵活运用定价策略,保证企业的价格策略取得成功。

8.3.3　Place——渠道策略

由于服务的不可储存性特点,服务营销渠道选择不太涉及有关的仓储、运输、存货等问题,但提供服务的时间和地点却是渠道决策的关键内容。由于服务在空间上具有一定的不可转移性,因此在开发销售渠道时,商家需考虑如何最佳化利用渠道和中间商的特长展开服务的有形化传播,并节省中间环节,将价格优惠给顾客,从而大批量吸引异地顾客的光临,将服务的空间转移限制性降到最低。

8.3.4　Promotion——促销策略

由于服务具有无形性和不可保存性,在利用多种方式和手段来支持营销的各种活动,以辅助和促进消费者对商品或服务的购买和使用时,应注重与顾客之间的互动沟通。通过鲜明生动的有形展示集中普通媒体和大众的目光,同时,将不可能转化或储存的滞留服务产品,以附加或变向出售的"打包方式"从整体上吸引顾客。为了更好地达到企业既定的目标,企业可以通过合理选择和搭配广告、人员推销、销售促进和公关关系等方式。如:为提高企业的知名度,可以运用动态广告与公关的有机搭配;为让公众更好地了解新产品性能和服务内涵,可以通过字面广告和人员推销达到最佳效果;为短期增加销量,企业可以运用人员推销结合广告达到好的效果。

8.3.5 People——人员策略

由于服务具有不一致性,服务在不同的环境下,其标准会因提供者或消费者的不同而有所变化,因此在营销当中人的因素就变得更为重要,控制好人的因素就可以大幅度降低客户的投诉比率,提高产品的赞誉度和企业形象。因此在服务营销中要做好人的工作,以促进服务绩效的提高。

1)员工在服务中的作用

"以人为本,员工第一"的原则是服务业公认的原则。企业每一位员工能力不同,岗位不同(一人多岗),作用(贡献)不同,所产生的价值也就不同,一个高素质的员工能够弥补由于物质条件的不足可能使消费者产生的缺憾感,而素质较差的员工则不仅不能充分发挥企业拥有的物质设施上的优势,还可能成为顾客拒绝再消费企业服务的主要缘由。

2)内部营销

1981 年,格隆鲁斯提出了内部营销的概念,内部营销的目的是"激励雇员,使其具有顾客导向观念"。此外,格隆鲁斯还提出了另外一种重要思想,即有效的服务需要前台与后台雇员的共同合作。内部营销是整合企业不同职能部门的一种工具,内部营销是把员工看成内部顾客,通过一系列类似市场营销的活动为内部顾客提供优质的服务,来调动员工的积极性并促进各部门人员之间的协调与合作,激发他们为外部顾客提供优质的服务。在企业内部形成一个基层员工、中层员工、总裁的倒三角服务管理链。

最底层是总裁或总经理,他要为中层经理和管理人员服务;而中层管理人员要为基层人员服务,基层员工为外部顾客提供优质服务。这就要求所有人员都要转变经营观念,树立顾客第一的思想,建立现代营销理念。

3)人员管理

在服务营销组合中,处理好人的因素,就要求企业必须根据服务的特点和服务过程的需要,合理进行企业内部人力资源组合,合理调配好一线队伍和后勤工作人员,提供良好、合理的工作平台。以向顾客提供一流的服务为目的,开展营销工作。

4)员工动力的激发

员工的激励可以在公开、公正、公平的基础上,以物质激励和非物质激励等方法激发员工的热情。提高人力资源的利用率和输出的质量从而降低企业经营活动的成本,创造多元效益。物质激励可以利用工资、津贴、福利等方式;非物质激励可以通过研究劳动者的八大动力源泉危机、荣誉、使命、竞争、沟通、生存、兴趣和空间来多角度思考,激励员工的内在热情和动力,尽职尽责提高企业整体形象和信誉,从而提高企业和服务产品的竞争力。

5)人员策略延伸

人员策略除了研究企业员工的工作贡献和成本价值外,还包括了中间商对顾客服务人员的利用和规范管理。这些人员的行为表现,也是服务产品构成的一部分,是消费者眼中的形象代言人。因此企业需要对中间商的一线从业人员进行与内部员工具有统一标准的培训、规范管理,如:航空公司除了在自己的公司直销网点进行销售机票外,还利用机票销售代理商进行宣传和销售,为达到服务和标准的统一,航空公司要求代理商的销售人员和咨询员必须按内部员工的标准进行着装、接待、解释和操作,以此统一形象和服务质量,保证为顾客提供最好的服务。

8.3.6　Process——过程

过程是服务营销组合中的一个重要因素。过程是指与服务生产、交易和消费有关的程序、操作方针、组织机制、管理规则、对顾客参与的规定与指导原则、流程等。

1)过程管理的作用

服务产生和交付给顾客的过程是服务营销组合中一个主要因素,因为顾客通常把服务交付系统感知成服务本身的一个部分。在现实服务产品的提供过程中,服务的满意度并非依靠单独的环节就能满足的,如我们去看电影,影片的质量的好坏,固然是我们关心的,但如果售票人员、检票人员服务态度不佳,必然会影响你欣赏电影的心情,及对影院的日后评价,他是一个有机的联合整体。因此,过程管理对服务营销的成功是十分重要的。

所有的工作活动都是过程。过程包括一个产品或服务交付给顾客的程序、任务、日程、结构、活动和日常工作。它包括有关顾客参与和雇员判断的政策决定。把过程管理作为一个独立的活动或营销组合要素对待,是提高服务质量的前提条件。在竞争中谁能在对顾客服务过程中节约时间、提高效率、减少中间流程、增强问题处理的反应灵敏度、激发员工内在动力、拉近与消费者的关系,谁就能创造"相对"优势竞争地位。

2)过程管理的基本策略——服务过程的规范化

由于服务具有易变形、服务人员及消费者的心理状态也会受到社会因素和环境因素的变化而产生不稳定性,因此我们需要对其过程进行规范化处理,服务过程规范化的具体策略和作用可以归纳如下:

①建立严整的服务过程标准和规范,这样有利于提高对服务质量的管理。服务质量有较强的主观性,顾客对服务质量的评价受主观因素的影响较大,有了服务规范和标准,顾客就有了比较客观的评价基数,而服务质量管理也有了比较客观的信息反馈依据,从而有利于促进服务质量管理。如:一些餐厅为提高对顾客服务的好评感,规定在客人走进餐厅后 10 秒内必须与客人产生互动;茶水服务须在客人入座后 15 秒内完成;上菜时,凉菜 7 分钟内完

成、热菜 15 分钟内完成;前后上菜完成不超过 20 分钟,以此来吸引顾客的好评。

②对服务过程及其质量进行全面的监控,包括生产商的直接对客服务和中间商的对客服务,使服务过程及其质量的偏差被控制在尽可能小的范围内,这样有利于企业形象建设,直接增强企业的社会形象和行业品牌。服务过程的控制是服务过程规范化的保障,在运转过程中须保持其动态性、整合性、针对性、及时性、有效性,如:突发事件是服务过程中较难解决的问题,我们不能提前预知,最好的方法就是及时通过对服务环节和过程的监控在发现问题苗头时针对性地处理和防范,以保证整体服务受到顾客的好评,降低服务的投诉率。

③通过规范化、标准化服务内容和过程,大规模地进行网点模式"复制"。这样有利于开拓服务渠道和扩大服务规模,如像肯德基、麦当劳这样网点和规模已经达到了全球化服务营销的目的,没有服务和过程的标准化和规范化他们的成绩是不可想象的。

8.3.7 Physical Evidence——有形展示

服务的有形展示,是指服务过程中能被顾客直接感知和提示服务信息的有形物。美国服务营销专家 Shotstack 指出:"顾客看不见服务,但能看见服务环境、服务工具、服务设施、服务人员、服务信息资料、服务价目表、服务中的其他顾客等有形物,这些有形物就是顾客了解无形服务的有形线索。"服务营销不仅将环境视为支持及反映服务产品质量的有力实证,而且将有形展示的内容由环境扩展至包含所有用以帮助生产服务和包装服务的一切实体产品和设施。这些有形展示,若善于管理和利用,则可帮助顾客感觉服务产品的特点以及提高享用服务时所获得的利益,有助于建立服务产品和服务企业的形象,支持有关营销策略的推行;反之,若不善于管理和运用,则它们可能会把错误信息传达给顾客,影响顾客对产品的期望和判断,进而破坏服务产品及企业的形象。

对有形展示可以从不同的角度作不同的分类。不同类型的有形展示对顾客的心理及其判断服务产品质量的过程有不同程度的影响。从构成要素上来划分,可以分为实体环境展示、信息沟通展示和价格展示。

1)实体环境展示

有形展示的实体因素主要包括三大因素:周围因素、设计因素和社会因素。

（1）周围因素

周围因素指空气的清新度、气温、湿润度、光亮度、噪声、气氛、整洁度、环境的安全度等。这类要素通常被顾客认为是构成服务产品内涵的必要组成部分,它们的存在并不会使顾客格外地兴奋和惊喜,但如果没有这些因素或者这些因素达不到顾客的期望,就会削弱顾客对服务的信心。例如:餐厅应该具有清洁卫生的环境和温馨的气氛,如果这些达到了消费者的要求,即使菜看没什么特色,顾客也还是会感到满足。相反,如果卫生环境不合格,就会令顾客大为反感,另选餐厅,并且告知自己周围的群体某某餐厅不卫生,这样必然会影响餐厅的客源量。

（2）设计因素

设计因素指产品有形构成中的结构、造型、颜色、风格等美学因素和陈设、标识等功能因素,这类因素主要被用于改善服务产品的包装。如酒店服务场所的设计、景区景观和路线的设计、高尔夫球场的规划设计等,设计性因素的主动刺激比周围环境更易引起顾客的注意,鼓励其采取接近行为。

（3）社会因素

这一因素是指在服务场所内一切参与及影响服务产品生产的人,包括服务员工和其他出现于服务场所的人士,他们的人数、言谈举止等都有可能影响顾客对服务的质量的期望与认知。例如:在对民航服务人员的管理上,各个航空公司,对其服务人员的要求标准都很严格,整洁、专业化的服装,良好的仪容仪表。在进入自己的工作岗位后,其个人表现更要严格遵守服务规范,以真心的笑容和礼貌而快捷的反应对待每一位顾客。

2）信息沟通展示

信息沟通是另一种服务展示形式,这些来自公司本身以及其他引人注意的沟通信息通过多种媒体传播,展示服务。从赞扬性的评论到广告,从顾客口头传播到公司标记,这些不同形式的信息沟通都传送了有关服务的线索,影响着公司的营销策略。信息沟通展示的常用方法有以下几种:

（1）服务有形化

让服务更加实实在在而不那么抽象的办法之一就是在信息交流过程中强调与服务相联系的有形物,从而把与服务相联系的有形物推至信息沟通策略的前沿。麦当劳公司针对儿童的"快乐餐"计划的成功,正是运用了创造有形物这一技巧。麦当劳把汉堡包和法国炸制品放进一种被特别设计的盒子里,盒面有游戏、迷宫等图案,也有罗纳德·麦克唐纳德自己的画像,这样麦当劳把目标顾客的娱乐和饮食联系起来,令这些目标顾客高兴。

（2）信息有形化

信息有形化的一种方法是鼓励对公司有利的口头传播。如果顾客经常选错服务提供者,那么他特别容易接受其他顾客提供的可靠的口头信息,并据此做出购买决定。因此,顾客在选择保健医生、律师、汽车机械师,或者大学教授的选修课之前,总要先询问他人的看法。

3）价格展示

价格是市场营销组合中唯一能产生收入的因素,而其他的因素都会引起成本增加。此外,价格之所以重要还有另一个原因:顾客把价格看作有关产品的一个线索。价格能培养顾客对产品的信任,同样也能降低这种信任。价格可以提高人们的期望(它这样昂贵,一定是好货),也能降低这些期望(你付出这么多钱,得到了什么?)。由于服务是无形的,服务的不可见性使可见性因素对于顾客做出购买决定起重要作用,价格的高低成为消费者判断服务水平和质量的一个依据。

8.4 新媒体营销策略

8.4.1 新媒体与新媒体营销

新媒体相较于传统媒体(报刊、杂志、广播)的优势在于它的传播范围广,不受地域限制、互动性强、投放更有针对性、可监控效果、投放灵活,成本低、感官性强。它是一种线下营销,资源整合型的新媒体。新媒体营销顾名思义,就是以一种新的媒体形式来做营销,无论是微信、微博还是短视频,都是新媒体营销的一种方式。

新媒体营销分为五种形式:社交类、自媒体类、音频类、短视频类、直播类(图 8-2)。

图 8-2 新媒体营销的类型图

①社交类媒体营销,就是以社交媒体的方式展开的营销方式。如最早的 QQ 空间、博客营销、论坛营销、人人网,到现在的微博、朋友圈、脉脉、陌陌等都属于社会化媒体营销。

②自媒体营销,就是把自己作为媒体人,发布自己的观点,也就是说打造个人 IP。利用自媒体平台,发布自己的观点,展开的营销方式,如公众号、头条号、百家号、大鱼号、搜狐号、一点资讯、企鹅号等。

③音频营销就是通过语音展开的营销方式。如喜马拉雅 App、荔枝 FM,都是音频,发布的都是有声读物。

④短视频营销就是借助于短视频平台,创造优质的短视频内容,来宣传产品或服务。如:抖音、好看视频、快手、西瓜视频、微视、微信视频号等。

⑤直播平台营销就是通过主播通过直播平台,近距离展示产品,和消费者互动,引导粉丝购买产品。如抖音直播、百度直播、视频号直播、快手直播等。

8.4.2 新媒体营销策略

新媒体营销策略包括:病毒营销、事件营销、口碑营销、饥饿营销、知识营销、互动营销、情感营销、会员营销。

1）病毒营销

病毒营销又称病毒式营销,它是利用公众的积极性和人际网络,让营销信息像病毒一样传播扩散。营销信息被快速复制传向数以万计、数以百万计的受众,它能够像病毒一样深入人脑,快速复制,广泛传播,将信息短时间内传向更多的受众。病毒营销是一种常见的网络营销推广方式,常用于进行品牌推广、微信推广等。

2）事件营销

事件营销是通过策划、组织利用具有新闻价值、社会影响以及名人效应的人物或事件,吸引媒体、社会团体和消费者的兴趣与关注,以求提高企业或产品的知名度、美誉度,树立良好品牌形象,并最终促成产品或服务的销售的手段和方式。

3）口碑营销

口碑营销就是把口碑的概念运用在营销领域的过程。吸引消费者、媒体的注意,使其主动去传播公司的产品和服务并给予良好的评价和认可。让人们通过口碑了解产品,从而树立品牌形象,最终达到企业销售产品和提供服务的目的。

4）饥饿营销

日常生活中,我们常常碰到供不应求的现象,比如买房先要预付诚意金、买新车要排队等候,甚至买手机也要大排长龙。那么在物质丰富的今天为什么还会出现这种现象?这就要商家采用的"饥饿营销"的方式。

饥饿营销也就是商家采取大量广告促销,勾起顾客的购买欲,然后采取饥饿营销的手段,让用户苦苦等待。结果激发了用户的购买欲,为产品未来的大量销售奠定了基础,同时有利于品牌形象的塑造。

5）知识营销

知识营销是通过有效的知识传播方法和途径,将企业所拥有的对用户有价值的知识(包括产品知识、专业研究成果、经营理念、管理思想以及优秀的企业文化等)传递给潜在用户,并逐渐形成对企业品牌和产品的认知,为将潜在用户最终转化为用户的过程和各种营销行为。知识营销的五大作用:①知识营销要让用户在消费的同时学到新知识,这是做好知识营销最为根本的目的。②用知识来推动营销,是知识营销的本质要求,因此我们需要提高营销活动策划中的知识含量。③知识营销重视和强调知识作为纽带的作用,通过对相关商品知识的延伸、宣传、介绍,让顾客知晓商品或服务的特点及优势。④知识营销以传播知识为媒介,以传播商品知识为公益诉求,激发顾客的购买欲望,从而达到推销商品的目的。⑤知识营销就是在营销过程中,加入商品的相关知识,提升知识含金量,帮助顾客全面认识商品,促进顾客购买欲望,从而达到销售商品、树立品牌、开拓市场的目的。教育培训行业最常用的方式就是"知识营销"。

6）互动营销

在互动营销中。互动的双方一方是消费者,一方是企业。只有抓住共同利益点,找到巧妙的沟通时机和方法才能将双方紧密地结合起来。互动营销主要强调,双方都采取一种共同的行为。互动营销可以给我们带来四大好处:促进客户的重复购买、有效地支撑关联销售、建立长期的客户忠诚、能实现顾客利益的最大化。将互动营销作为企业的营销战略重要组成部分来考虑,将是未来许多企业所要发展的方向。

7)情感营销

情感营销就是把消费者个人情感差异和需求作为企业品牌营销战略的情感营销核心,通过借助情感包装、情感促销、情感广告、情感口碑、情感设计、企业文化等策略来实现企业的经营目标。在情感消费时代,消费者购买商品所看重的已不是商品数量的多少、质量好坏以及价钱的高低,而是为了一种感情上的满足,一种心理上的认同。近年来,许多的产品都打着"青春、梦想、逆袭"等口号,就是利用情感营销的方式来获得与消费者的共鸣。

8)会员营销

会员营销是一种基于会员管理的营销方法,商家通过将普通顾客变为会员,分析会员消费信息,挖掘顾客的后续消费力和汲取终身消费价值,并通过客户转介绍等方式,将一个客户的价值实现最大化。会员营销,通过会员积分、等级制度等多种管理办法,增加用户的黏性和活跃度,将用户生命周期持续延伸。会员营销,是一门精准的营销,是通过设计完整的商业环节,把每一项工作不断做到极致,达成更高指标,来实现企业效益和规模的不断扩大。会员营销也是一种绑定消费者的手段,在新媒体营销里面运用得非常广泛。

课堂互动3

创业产品或服务如何使用社群营销进行传播? 它们的具体操作方式是什么样的? 这与其他使用传统营销方式的企业在效果上有什么不同?

能力训练3

制订企业的市场营销计划

(1)产品或服务:企业构思的产品相关信息。

表 8-1　产品或服务表

产品或服务			
质量		价格优势	
配置描述			
基本功能描述			
售后服务描述			
与竞争对手的比较			

(2)价格:参照市场价格和竞争对手的价格,制定自己产品或服务的市场价。

表 8-2　价格表

自己企业		竞争对手	
预计成本价		预测成本价	
预计定价		市场价格	
期望市场占有率		市场占有率	
期望利润率		利润率	

(3)渠道:根据竞争对手渠道情况,设计自己的渠道体系。

表 8-3　渠道表

自己企业		竞争对手	
拓展渠道途径		渠道体系	
预留渠道利润		渠道利润	
渠道拓展难度		渠道控制力度	

(4)促销。

表 8-4　促销方式表

广告		成本预测
人员推销		成本预测
营业推广		成本预测
公共关系		成本预测

案例分析

米勒啤酒公司

1969 年,美国啤酒业中的"老八",米勒啤酒公司,被国际烟草行业的巨子菲力浦·莫里斯公司(PM)收购。该公司生产的"万宝路"牌香烟的销售量世界第一。当时的 PM 公司凭借高超的营销技术取得了辉煌的战绩,他一方面有着香烟销售带来的巨大盈利,另一方面又受到日益高涨的"反对吸烟"运动的威胁。为了分散经营风险,他们决定进入啤酒业,在这一领域一展身手。

当时美国的啤酒业是寡头竞争的态势。市场领导者安修索·希公司(AB)的主要品牌是"百威"和"麦可龙",市场份额约占 25%。佩斯特蓝带公司处于市场挑战者地位,市场份额占 15%。米勒公司排在第八位,市场份额仅占 6%。啤酒业的竞争虽已很激烈,但啤酒公司的营销手段仍很低级,他们也许营销中缺乏市场细分和产品定位的意识,把消费者林工笼统地看成一个需求没有什么区别的整体,用一种包装、一种广告、一个产品向所有的顾客推销。

PM 公司兼并了米勒公司后,在营销战略上做了根本性的调整。他们派出烟草营销的一流好手充实到米勒公司,决心再创啤酒业中的"万宝路"。

在作出营销决策以前,米勒公司进行了认真的市场调查。他们发现,若按使用率对市场进行细分,啤酒饮用者可细分为轻度饮用者和重度饮用者两类,前者的人数虽多,但其总的饮用量却只有后者的 1/8。他们还发现重度饮用者有以下特征:多是蓝领阶层;年龄多在 30 岁左右;每天看电视 3.5 小时以上;爱好体育活动。

米勒公司决定把目标市场定在重度饮用者身上,并果断地决定对米勒的"海雷夫"牌啤酒进行重新定位。"海雷夫"啤酒是米勒公司的"旗舰",素有"啤酒里的香槟"美称,在消费者心目中是一种价高质优的"精品啤酒"。这种啤酒很受妇女和社会高收入者欢迎,但这些人多是轻度饮用者。米勒决定把"海雷夫"献给那些"真正爱喝啤酒的人"。

重新定位从广告开始,他们考虑到目标顾客的心理、职业、年龄、习惯等特征,在广告信息、媒体选择、广告目标方面作了很多变化。他们首先在电视台特约了一个"米勒天地"栏目,广告主题变成"你有多少时间,我们就有多少啤酒"来吸引那些"啤酒坛子"。广告画面中出现的尽是些激动人心的场面:船员神情专注地在迷雾中驾轮船;钻井工人奋力止住井喷;消防队员紧张地灭火;年轻人骑着摩托车冲下陡坡。他们甚至请来了当时美国最著名的篮球明星张伯伦为啤酒客助兴。

为了配合广告攻势,米勒又推出一种容量较小的瓶装"海雷夫",这种小瓶装啤酒正好盛满一杯,夏天顾客喝这种啤酒不用担心剩余的啤酒会变热。这种小瓶装的啤酒还很好地满足了那部分轻度饮用者的需要,尤其是妇女和老人,他们啜完一杯,不多不少,正好。"海雷夫"的重新定位战略非常成功,到了 1978 年,这种牌子的啤酒年销量达 2 000 万箱,仅次于 AB 公司的"百威"啤酒,名列第二。

"海雷夫"的成功,鼓舞了米勒公司,他们决定乘胜追击进入另一个细分市场——低热度啤酒市场。进入 20 世纪 70 年代,美国各地的"保护健康运动"方兴未艾,米勒注意到对节食很敏感的顾客群正在不断扩大,即使那些很爱喝啤酒的人也在关心喝啤酒会使人发胖的问题。

当时美国已有低热啤酒出现,但销路不佳。米勒断定这一情况的出现并不是因为人们不能接受低热啤酒的概念,而是不当的定位所致。他们错误地把这种啤酒向那些注重节食但并不爱喝啤酒的人推销。

米勒公司看好这一市场,他们花了一年多的时间来寻找一种新的配方,这种配方能使啤酒的热量降低,但口感和酒精度与一般的啤酒无异。1973 年米勒公司的低热啤酒——"莱特"牌啤酒最终问世了。

对"莱特"啤酒的推出,米勒公司可谓小心翼翼。他们找来一家著名的广告商来为"莱特"啤酒设计包装,对设计提出了四条要求:

①瓶子应给人一种高质量的印象;

②要有男子汉气;

③在销售点一定能夺人眼目;

④要能使人联想起啤酒的好口味。

为了打好这一仗,他们还慎重地选择了四个城市进行试销,这四个地方的竞争环境、价格、口味偏好都不相同。

广告攻势自然很猛烈,电视、电台和整版报纸广告一块上,对目标顾客进行浪费或者轮番轰炸。广告主题用的是"您所有对啤酒的梦想都在莱特中"。广告信息中强调:

低热度啤酒喝后不会使你感到腹胀;

"莱特"的口感与"海雷夫"一样,味道好极了。

米勒公司还故伎重演,找来大体育明星拍广告并给出证词:莱特啤酒1/3的热量,但口味更好,你可以开怀畅饮而不会有腹胀的感觉。瞧! 还可以像我一样健美。试销的效果的确不坏,不但销售额在增加而且顾客重复购买率很高。

到了1975年,米勒公司才开始全面出击,广告攻势在美国各地展开,当年广告费用达1 100万美元(仅"莱特"一项)。公众对"莱特"啤酒的反应之强烈,就连米勒公司也感到意外。各地的"莱特"啤酒供不应求,米勒公司不得不扩大生产规模。

起初,许多啤酒商批评米勒公司"十分不谨慎地进入了一个根本不存在的市场",但米勒公司的成功堵住了他们的嘴巴。他们也匆匆忙忙地挤进这一市场,不过此时米勒公司已在这个细分市场上稳坐第一把金交椅了。

"莱特"啤酒的市场成长率很快。1795年销量是200万箱,1976年便达到500万箱,1979年更达到1 000多万箱,1980年该品牌的啤酒销量直逼"百威""海雷夫",名列第三位,超过了老牌的"蓝带"啤酒。

1974年底,米勒公司又向AB公司盈利最多的产品——"麦可龙"牌啤酒发起了挑战。"麦可龙"是AB公司啤酒中质量最高、价格最贵、市场成长率最快的产品。AB公司依靠它一直稳稳地占领着最高档啤酒这一细分市场。

米勒公司岂肯放过,这次米勒公司采用了"移花接木"战术。它购买了在美国最受欢迎的德国高档啤酒"老温伯"的特许品牌,开始在国内生产。

米勒把"老温伯"的价格定得更高,广告中一群西装笔挺、气质不凡的雅皮士举杯同饮,说道:"今晚,来喝老温伯。"很快,"麦可龙"在这一市场中的领导地位也开始动摇。

1974—1980年,米勒公司平均在每箱啤酒的广告费是3美元,而同期啤酒行业的平均广告费用仅1美元。米勒公司在1970年,盈利很少,其中1972年盈利20万美元,但在米勒公司大胆地甩出广告之后,1980年净盈利达到1.5亿美元。

在整个70年代,米勒公司的营销取得巨大的成功。到1980年,米勒公司市场份额已达到21。1%,总销售收入达26亿美元,米勒啤酒被称为"世纪口味"。

思考:

1.米勒公司是如何细分市场的?

2.米勒公司是如何定位的?

3.在米勒公司的成功营销中,除广告外,有没有其他因素?

4. 米勒公司有没有潜在的危险？如何防范？

本章小结

目标市场营销战略包括三个阶段：市场细分、目标市场选择和市场定位；产品营销组合策略包括：产品、价格、分销渠道和促销四个基本策略，简称"4P 组合"；服务营销组合策略是在 4P 组合策略基础上扩展到了 7P 策略，即人员、过程和有形展示；新媒体不同于传统媒体，它具有传播范围广、不受地域限制、互动性强投放更有针对性、可监控效果、投放灵活，成本低、感官性强的特点。新媒体营销策略包括：病毒营销、事件营销、口碑营销、饥饿营销、知识营销、互动营销、情感营销和会员营销。

第 9 章
企业创建

知识提要

(1)企业使命的内涵及构建、企业愿景的制订；

(2)国家及区域的创业政策、各类孵化平台的内涵及作用；

(3)公司的类型、股东承担的责任与义务、注册流程。

学习目标

(1)理解企业使命的内涵、学习企业使命及愿景的制订方法；

(2)了解相关的创业政策、企业孵化平台的类型；

(3)了解公司的不同类型及承担的责任与义务、学习公司的注册流程。

名人名言

在竞争激烈的市场中,成功者是那些善于创造领先优势的人。

——彼得·德鲁克

案例导入

秦创原创新驱动平台

秦创原创新驱动平台是陕西省创新驱动发展总平台和创新驱动发展总源头,是陕西省最大的孵化器和科技成果转化特区。2021 年 3 月 30 日,陕西省委、省政府在西咸新区举行秦创原创新驱动平台建设大会,宣告秦创原创新驱动平台正式授牌成立。秦创原在科技型企业孵化中的作用如下:

一是秦创原聚焦建设立体联动"孵化器"、成果转化"加速器"和两链融合"促进器"三大目标,该目标贯穿科技型企业的全生命周期,使创新产品与市场需求实现无缝连接,推动企业的快速成长和新技术产业的发展壮大。二是"平台+机制"双轮驱动。一方面以企业需求为导向,推动创新型领军企业主导,产业链上下游企业参与,联合高等院校、科研院所构建企业行业技术创新平台;另一方面完善科研人员职务发明成果共享机制,健全科研人员股权激励机制和以创新为导向的科技评价体系。三是要素集聚。吸引产、学、研、用、金等各种创新要素在秦创原汇聚,形成一种优质创新生态。高校、科研院所、企业和各市都可以参与其中,各得其所、各取所需,全面释放创新潜能。四是人才高地。培育和引进并重,加强建设人才高地,加快落实人才创新创业奖补、人才税收奖励等多项措施,实现科技人才聚集。提升一批高水平科技经纪人队伍,加快创新供给与产业需求有效衔接;打造"科学家+工程师"队伍,推进产学研深度融合;打造"新双创"队伍,实现高等院校人才培养与企业需求无缝对接。五是开放升级。统筹关中、陕南、陕北区域协同创新,加强与京津冀、长三角、大湾区、黄河流域省区对接,积极与共建"一带一路"国家和地区开展合作,着力打造更高水平的开放合作平台。

秦创原创新驱动平台定位就是要以创新来驱动高质量发展,以构建科技创新产业化平台为创新驱动发展加力加速,让创新资源成为发展优势;就是要加快构建从研发到孵化、再到产业化的科创系统,让科创企业和科创产业迅速发展壮大;就是要最大限度激发全社会创新创业、创造热情,让创新在三秦大地蔚然成风;努力把秦创原打造成陕西省创新驱动发展的总源头和总平台,建设成辐射带动西部地区乃至全国和"一带一路"沿线高质量发展的市场化、共享式、开放型、综合性科技创新大平台。

思考:

秦创原创新驱动平台在科技型企业的孵化中起到了怎样的作用?

9.1 创业政策与企业孵化

9.1.1 国家创业政策

2020 年 7 月 30 日,《国务院办公厅关于提升大众创业万众创新示范基地带动作用进一步促改革稳就业强动能的实施意见》要求从落实创业企业纾困政策、强化双创复工达产服务、增强协同创新发展合力三方面积极应对疫情影响,巩固壮大创新创业内生活力;发挥多元主体带动作用,打造创业就业重要载体从实施社会服务创业带动就业示范行动、增强创业带动就业能力、加强返乡入乡创业政策保障、提升高校学生创新创业能力和发挥大企业创业就业带动作用这五方面入手;构建大中小企业融通创新生态、构筑产学研融通创新创业体系、加强不同类型双创示范基地协同联动以此提升协同联动发展水平,树立融通创新引领标杆;加强创新创业金融支持,着力破解融资难题从深化金融服务创新创业示范和完善创新创业创投生态链这两方面入手;做强开放创业孵化载体、搭建多双边创业合作平台;探索完善包容创新监管机制、深化双创体制改革创新试点、创新促进科技成果转化机制。

2020 年 12 月 24 日,《国务院办公厅关于建设第三批大众创业万众创新示范基地的通知》指出,第三批双创示范基地要按照创业就业、融通创新、精益创业、全球化创业等差异化功能定位。强化区域覆盖、功能布局、协同发展,增强示范功能和带动效应,一是聚焦稳就业和激发市场主体活力,着力打造创业就业的重要载体;二是聚焦保障产业链供应链安全,着力打造融通创新的引领标杆;三是聚焦支持创新型中小微企业成长为创新重要发源地,着力打造精益创业的集聚平台;四是聚焦深化开放创新合作,着力打造全球化创业的重要节点。

2021 年 10 月 12 日,《国务院办公厅关于进一步支持大学生创新创业的指导意见》文件指出,通过将创新创业教育贯穿人才培养全过程、提升教师创新创业教育教学能力、加大大学生创新创业培训、提升大学生创新创业能力;从降低大学生创新创业门槛、便利化服务大学生创新创业、落实大学生创新创业保障政策这三方面优化大学生创新创业环境;从加强高校创新创业实践平台和提升大众创业万众创新示范基地带头作用这两部分加强大学生创新创业服务平台建设;继续加大对高校创新创业教育的支持力度和落实落细减税降费政策来推动落实大学生创新创业财税扶持政策;落实普惠金融政策和引导社会资本支持大学生创新创业加强对大学生创新创业的金融政策支持;以完善成果转化机制和加强成果转化服务来促进大学生创新创业成果转化;完善大赛可持续发展机制和打造创新创业大赛品牌以办好中国国际"互联网+"大学生创新创业大赛;建立大学生创新创业信息服务平台和加强宣传引导来加强大学生创新创业信息服务。

2022 年 5 月 13 日,《国务院办公厅关于进一步做好高校毕业生等青年就业创业工作的通知》文件提到,要扩大企业就业规模、拓宽基层就业空间、支持自主创业和灵活就业和稳定公共部门岗位规模等多渠道开发就业岗位;精准开展困难帮扶、优化招聘服务、加强就业指导和落实实名服务来强化不断线就业服务;稳妥有序推动取消就业报到证、提供求职就业便利、积极稳妥传递档案和完善毕业去向登记来简化优化求职就业手续;健全青年就业服务机制、提升职业技能水平和扩大就业见习规模来着力加强青年就业帮扶;从加强组织领导、强化工作保障和做好宣传引导三方面压紧压实工作责任。

9.1.2 区域创业政策

1)北京

北京市在支持大学生创业支持政策方面从工商税收政策、创业支持补贴政策、创业培训教育、创业政策配套方面给予北京大学生创业政策支持。

①在工商税收优惠方面,北京大学生毕业创业持有《就业创业证》且在毕业年度内创办企业,可以在营业税、个人所得税、教育附加费及城市维护建设税方面享受 3 年的限额优惠扣减。在创业担保贷款和贴息方面,北京大学生自主创业可以申请额度 10 万元的创业担保贷款,并且对超过金融机构贷款基础利率基础三个点以内进行财政贴息补偿。在行政性事业收费方面,北京市政府对大学毕业生两年内工商部门注册登记成立公司给予管理登记以及证照类行政事业性收费免费的优惠政策。

②在创业支持补贴政策方面,北京财政局与北京教委出台《北京高校大学生就业创业项目管理办法》,北京市优秀大学生创业团队可通过政策申请的方式获得最高 20 万元的创业资金奖励。大学生创办小微企业可给予社会保险补贴,并且在毕业学年之内参加创业培训的,政策给予培训补贴。在创业配套服务中,北京市公共就业和人才服务机构可以为北京当地有创业意愿的大学生提供创业指导服务,项目服务内容涵盖政策咨询服务、项目融资与开发服务、创业风险与信息服务及创业跟踪服务等多方面服务内容。

③在创业培训和教育方面,北京市政府政策部门通过与地方政府、高等学校的合作成立北京地区高等学校大学生就业创业项目。在该创业项目下成立了诸多子项目包括北京地区高校大学生创业园、北京高校示范性创业中心、大学生创新创意创业实践项目。在此项目的

基础上,北京市政府构建了立体式的大学生创业孵化体系,为大学生就业和创业提供经费支持以及场地设备、人员培训等服务。北京市政府还依托三大市级大学生创业园与区县政府以及高校商谈合作,为北京市大学生创业提供对创业企业及创业团队的孵化培训服务,并在基础设施上给予支持,在场地、办公、设备、信息资源服务方面给予持续的政策保障。

2)上海

①上海市政府对毕业 2 年内的大学生创业者给予"零首付"的创业政策优惠,并且在工商登记上给予登记类、管理类和证照类行政事业性收费免收的政策支持。而这部分政策据上海市工商局部门政策优惠能减少大学生创业 3 万元的资金开支。

②政府与银行合作为大学生创业者提供免息免担保的创业贷款并且利用政府背书为优秀的创业企业设立高额度的授信服务。上海市大学生科技创业基金会对大学生创业者提供创业尝试基金资助,对高校毕业生 2 年内的创业项目实施资助模式,创业者可以通过提交创业点子经过评审后就可以得到创业资金的资助。这种高效率的创业资金资助模式相对于广州市的创业大赛项目是评审时间周期短,效率高并且更为务实的创业资助模式。

③在大学生创业融资方面,上海市通过上海市大学生科技创业基金、上海市大学生创业企业信用担保基金、科技型中小企业技术创新基金为上海市内的大学生创业项目进行全方位的创业融资服务。上海市大学生科技创业基金作为非营利性的基金组织,以投资资助的形式对符合条件的大学生创业企业进行注资,在项目运行两年内进行资助,单个项目资助金额可达 30 万元。除上海大学生科技创业基金这样的非营利性基金组织的支持外,上海科技型中小企业技术创新基金作为政府的专项基金,对创业初期的中小企业创新项目进行创业项目支持和引导,通过无偿资助的方式给予上海大学生创业立项项目资助,资助金额在 20 万 ~ 40 万元。

3)深圳

①对于毕业两年内自主创业的高校大学创业者,对符合工商营业并纳税经营满 1 年的大学生创业者给予一次性创业资助。深圳出台规定对小型创业企业符合规定的给予最高 8 000 元的财政资金扶持,同时对符合规定的高校毕业生自主创业企业给予 3 年社会保险补贴。

②大学生创业的金融政策支持是政府政策支持的核心内容,深圳市在大学生创业金融政策支持方面提供创业政策补贴、创业项目资助以及创业小额担保贷款的组合政策配套。在小额担保贷款方面,深圳市政府对深圳高校大学生毕业生提供个人贷款以及合伙经营贷款的整体贷款政策。从政策实施效果来看,在申请小额担保贷款方面对深圳高校大学毕业生创业者提供较大帮助。

③在工商注册登记方面,深圳市给予毕业 2 年内的大学生申请符合条件的有限责任公司优惠的零首付注册政策。同时对大学生创业初期资金以及场地等的限制,深圳市政府给予以拥有的非专利技术作为设立企业的资金注入,对场地要求也给予宽松的政策优惠。深圳大学生创业者可以依托政府及相关部门出具的场所使用证明进行企业日常经营。在深圳

大学生创业优惠政策的支持下,放宽初创企业场地资源的政策,拓宽了政府在场地许可、登记方面的注册条件,为大学生创业者提供了便民的政策措施。深圳市还根据本地产业结构发展的实际情况,在生物、新能源、互联网、新材料及文化创意产业方面给予营业期限延迟等方式给予政策支持。

课堂互动 1

全班同学分成若干小组,每组 5 人左右,各组分别从税收、融资等方面对国家鼓励创业的优惠政策进行总结,并说明这些政策对自己创业会产生什么影响?

9.1.3　企业孵化平台

1)政府主导型孵化器

政府主导型孵化器运行模式是在各级政府大力发展孵化器的背景下产生的早期运行模式,此模式主要以政府部门或者下辖的事业单位为运行主体,人员结构和资本来源均为政府。其运行后提供的服务是公益性的,主要是通过促进在孵企业的发展带动该地区产业发展,从而获得税收等方面的间接经济效益。该类孵化器除提供企业孵化服务,还承担了政府的部分服务功能,包括改善区域内创业环境、宣传和落实科技与产业政策、引导产业结构调整、培植地区税源、企业调研、信息沟通等职能。该模式可以使企业很好地得到政府的政策和行政服务支持,对于那些对租金敏感的小规模在孵企业吸引力大,但由于单纯靠财政支持,支持力度有限,作为政府职能部门在企业管理和追求直接效益方面将制约科技企业孵化器的成长。

在云南省科技厅的领导下 1992 年 8 月成立的云南高新创业服务中心,是云南省第一家政府主办的企业孵化器。此后,昆明市以科技创业服务中心命名的政府主办的孵化器得到了快速发展,在整个孵化体系中占据主导地位。目前,这类企业孵化器已发展到多家,其中规模较大的是云南高新创业服务中心和昆明科技创新园。各科技创业服务中心在行政上隶属区科技局或区管委会,在管理上采用事业单位的机制模式,企业孵化器的基建资金、日常运营费用,以及作为配套的孵化资金均由财政拨付。

2)企业主导型孵化器

企业主导型孵化器是在市场经济条件下,由多种民间资本按照企业化模式进行投资建设,主要通过技术转让和投资新技术应用获取高额利润。它是独立自主、自负盈亏的市场竞争主体,具备健全的企业制度和优越的人才储备等先发优势,可以在享受政府优惠政策的同时,实现利润最大化、投资主体多元化、运作管理市场化、创新项目商品化的战略目标。大多数企业主导型孵化器是以某个专业领域为投资切入点,为调整产品结构、获取新的利润增长点,或为品牌产品提供产业链的上下游支撑,一些大型企业投资建设与行业相关的专业型孵化器,形成一定的集聚效应,推动孵化器向专业化方向发展的同时,也为本地企业家创造现实和理想的创业环境。

2005 年,海尔集团提出"人单合一"模式,此后致力于从制造业转型为开放创业平台,不断推动员工、组织和企业实现转型。为确保员工、组织、企业转型顺利开展,海尔集团在 2015 年重点建设两个平台——投资驱动平台和用户付薪平台。海尔官方网站统计,截至 2018 年,海尔集团已通过支持内部人员建立了 200 多家小微企业。在海尔创业平台,已有 470 个项目诞生,共有 1 328 家风险投资机构,吸引了 4 000 多家生态资源,孵化和培育了 2 000 多家创客小微企业。无独有偶,2013 年底小米围绕"硬件+软件+服务"战略——该战略采用"投资+孵化"模式,开启对外投资布局生态链,培育了一批"米家军"。小米 CDR 招股说明书披露,截至 2018 年 3 月,小米已投资 210 多家生态链企业,其中 90 多家企业专注于智能硬件产品的开发和生产。

3)高校主导型孵化器

高校主导型孵化器由大学、研究所和技术开发中心主导成立,其目的是吸引高级科研人才利用高校的教育资源和校友资源,以高校科技成果转化和大学生创新创业为重点,通过为创业者引进具有丰富行业或创业经验的成功创业者、大型企业高管或创业投资人等创业导师,传授运营管理、产品设计、发展策略等经验,扩大学校与商业界的联系。同时,高校聚集了丰富的知识资本,拥有先进的仪器设备、试验基地和大量科技成果,通过转化和转让研发成果使孵化项目进入产业界,实现产品盈利以继续支持项目的深入研究,保障初创型孵化企业的发展。高校孵化器倾向于筛选具有创新科技或创新服务模式的企业,入孵后对看好的企业进行天使投资,在毕业后的后续融资中再退出以实现股权溢价。通过大学与企业之间相互联系和衔接,建立起与社会资金、市场需求相结合的平台,形成具有市场化、研发技术优势的科技孵化器,使大学的人力、智力资本和技术优势得到充分发挥。

上海同济新产业发展公司和上海杨浦科技创业中心有限公司共同出资组建了上海同济科技园孵化器有限公司。孵化器公司位于同济大学赤峰路南校区,是国家高新技术创业服务中心和上海科技企业孵化协会的理事单位。作为同济大学国家大学科技园区的企业孵化培育基地,孵化器公司集企业入驻服务、投融资服务、专业中介服务等于一身,专业从事科技型中小企业的孵化和培育。近年来,孵化器公司逐步建立和实施了联络员、辅导员、创业导师的企业服务机制,积极地为大学生创业企业提供全过程、全方位的服务:开业指导入驻管理、创业培训、提供人力资源和劳动社会保障方面的中介服务、帮助企业部分出资购买财务代理服务协助建立内部管理制度、组织申报科技创业项目、落实财税扶持政策、投融资服务工作等。

延伸阅读 1

国家、陕西、西安、西咸新区对科技型企业孵化的优惠政策

国家:

(1)《中华人民共和国促进科技成果转化法》

(2)《关于"十五"期间大力推进科技企业孵化器发展的意见》

(3)《关于实施高新技术企业所得税优惠有关问题的通知》

(4)《关于进一步加大对科技型中小企业信贷支持的指导意见》

(5)《中小企业国际市场开拓资金管理办法》

(6)《财政部 国家税务总局关于科技企业孵化器税收政策的通知》

陕西：

(1)《陕西省人民政府办公厅关于印发科技型企业创新发展倍增计划的通知》

(2)《我省加强科技企业孵化载体建设管理》

(3)陕西省工业和信息化厅、陕西省科学技术厅关于印发《强化技术创新加快新产品研发促进工业高质量发展的若干政策措施》的通知

(4)《陕西省科学技术厅关于疫情防控期间进一步为科技型中小微企业提供支持和便利化服务的通知》

(5)关于印发《陕西省科技企业孵化器认定和管理办法》的通知

西安：

(1)《西安市人民政府办公厅关于印发加快推进科技创新型企业科创板上市扶持政策的通知》

(2)《西安市人民政府办公厅关于印发金融支持经济稳增长工作措施的通知》

(3)《西安市优化创新创业生态着力提升技术成果转化能力工作措施》

(4)《西安市加快推进科技创新型企业科创板上市扶持政策》

(5)《西安市离岸创新创业平台认定管理办法(试行)》

(6)《西安市人民政府关于支持西安国家自主创新示范区聚集创投机构和创投人才的若干意见》

西咸新区：

(1)西咸新区举办"激发市场主体创新动能若干政策"发布会

(2)西咸新区发布支持秦创原总窗口建设措施15条

(3)秦创原·青禾计划发布会在西咸新区举行

(4)西咸新区出台"秦创原创新人才计划"奖励措施

(5)《秦创原创新驱动平台建设政策包(总窗口)》

(6)西咸新区沣东新城统筹科技资源改革示范基地科技创新专项基金管理暂行办法

9.2　企业使命与愿景

9.2.1　企业使命与愿景的内涵

1)企业使命的内涵

有一首歌谣如下：

> 不要给我衣服,我要的是迷人的外表;
>
> 不要给我鞋子,我要的是两脚舒服,走路轻松;
>
> 不要给我房子,我要的是安全、温暖、洁净和欢乐;
>
> 不要给我书籍,我要的是阅读的愉悦与知识的满足;

不要给我磁带，我要的是美妙动听的乐曲；

不要给我工具，我要的是创造美好物品的快乐；

不要给我家具，我要的是舒适、美观和方便；

不要给我东西，我要的是想法、情绪、气氛、感觉和收益；

请，不要给我东西。

正如歌谣中所表达的，企业使命是企业管理者确定的企业生产经营的总方向、总目的、总特征和总的指导思想。它反映了企业管理者的价值观和企业力图为自己树立的形象，揭示了本企业与同行业其他企业在目标上的差异，界定了企业的主要产品和服务范围，以及企业试图满足的顾客的基本需求。

美国福特公司的企业使命：不断改进产品和服务，从而满足顾客的需求，只有这样我们才能够发展壮大，为股东提供合理的回报。上海大众公司的企业使命：在营销、研发、运营、服务、管理等方面取得国际竞争力，引领中国汽车产业的发展。我们致力于提供安全、优质、环保的汽车，以卓越的产品和服务提高消费者的生活品质，以诚实、高效的经营为用户、股东、员工、社会和其他合作伙伴创造价值。华为公司的企业使命：聚焦客户关注的挑战和压力，提供有竞争力的通信解决方案和服务，持续为客户创造最大价值。中国移动公司的企业使命：创无限通信世界，做信息社会栋梁。"创无限通信世界"体现了中国移动通过追求卓越，争做行业先锋的强烈使命感；"做信息社会栋梁"则体现了中国移动在未来的产业发展中将承担发挥行业优势、勇为社会发展中流砥柱的任务。创无限通信世界及时、充分而有效的沟通是人类实现资源共享、社会实现集约快速发展的必要条件。

企业的核心价值观是企业文化的内核，也是企业价值体系的头脑。尼采曾说过这样一句十分有名的话："当婴儿每一次站起来的时候，你会发现，使他站起来的不是他的肢体，而是他的头脑。"企业是以追求利润为原则走向市场竞争的，企业竞争的最高形式是文化竞争，因此，企业必须注重文化战略，以文化凝聚力量，以文化决胜市场，以文化推动企业成长。确立信誉是资本。以信誉立业，就要注重信誉，培养信誉，珍惜信誉，积累信誉，使企业形象深刻地被社会所认可。

2）企业愿景的内涵

德鲁克认为企业要思考三个问题：我们的企业是什么？我们的企业将是什么？我们的企业应该是什么？这也是我们思考企业文化的三个原点，这三个问题集中起来体现了一个企业的愿景，即企业愿景需要回答以下三个问题：我们要到哪里去？我们未来是什么样的？目标是什么？

企业愿景，也称企业远景，是指企业长期的发展方向、目的、目标、自我设定的社会责任和义务，可以明确界定企业在未来发展环境中的形象与定位。

企业愿景包括两部分：核心信仰和未来前景。核心信仰包括核心价值观和核心使命。它用以规定企业的基本价值观和存在的原因，是企业长期不变的信条，如同把组织聚合起来的黏合剂，核心信仰必须被组织成员共享，它的形成是企业自我认识的一个过程。核心价值观是一个企业最基本和持久的信仰，是组织内成员的共识；未来前景是企业未来 10～30 年欲实现的宏大愿景目标及对它的鲜活描述。

一般来讲,企业愿景包括四个方面的内容:

①使整个人类社会受惠受益。这是最基础的愿景,表达出企业的存在要为社会创造某种价值。

②实现企业的繁荣昌盛。这是为了谋求企业长期稳定发展,不断提高市场份额和盈利能力。

③员工能够敬业乐业。这是为了吸引和留住人才,提供良好的工作环境和福利待遇。

④使客户心满意足。这是最终目标,在企业成功过程中最为重要。如果客户对企业的愿景不能认同,那么愿景也就失去了意义。

课堂互动 2

生活中你所了解的优秀企业的愿景有哪些? 按企业类型分别举例。

表 9-1 企业愿景表

企业类型	企业愿景
农业	
制造业	
房地产业	
住宿和餐饮业	
软件和信息技术服务业	

9.2.2 确定企业使命

企业使命的构建主要分为个人愿望与企业使命相结合;明确企业方向,塑造使命整体图像;核心价值观与企业使命相融合;培养共同语言;开展团队学习;号召成员实现自我超越六个步骤(图 9-1)。

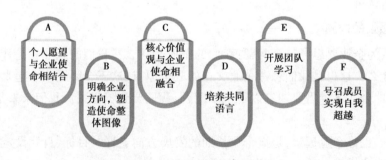

图 9-1 构建企业使命图

1)个人愿望与企业使命相结合

个人愿望是指个人对自己未来发展的一种期望,包括对家庭、企业、社区、民族、国家甚至世界未来的看法及个人未来的利益。个人愿望根植于个人价值观,它是个人持续行为的内在动力。每个人都有自己的愿望,不同的人其愿望并不完全相同。企业使命虽不等同于个人愿望,但应该从个人愿望中汇集。如果企业使命脱离或忽略成员个人愿望,那么成员只会敷衍,而不会是发自内心地尽职尽力。当然,企业使命必须高于个人愿望,使企业使命的实现过程也成为个人愿望的实现过程。为此,企业在确立使命时应该容纳那些与企业目标无利害冲突的个人愿望,并给予相应的实现空间,因为成员具有个人愿望的行为效率比不具有个人愿望的行为效率要高得多。

2)明确企业方向,塑造使命整体图像

这里所说的图像是指企业在创立自己的使命时,务必考虑企业未来究竟向何处去,要达到什么状态。这种方向既可以指出企业日后的样貌,也可以预示企业未来在社会中的地位。这些图像如果比较明确的话,那么企业使命也就比较鲜明了。使命整体图像可以让成员明白企业的未来,从而起到内在激励作用。如上海宝钢的使命就是把宝钢建成世界一流的钢铁联合企业,清楚地说明了宝钢的未来,使宝钢人产生一种任重道远和自豪的感觉,激励宝钢人争创一流业绩。因此,在方向明确的条件下,结合个人愿望塑造企业使命整体图像十分重要。首先,在塑造企业使命这一整体图像时,应全方位地展示企业未来的前景,使每个成员心中都有一个完整的企业使命观,从而使每个成员在具体的专业工作岗位上为企业整体尽责,而不是仅局限于其所属部门或小团体的利益。其次,结合个人愿望塑造企业使命整体图像时,应保留成员个人愿望中的亮点,使企业使命成为成员的共同创造物,让成员真正感到使命既关乎你也关乎我,我们都有责任为之奋斗,而不是仅仅把完成使命当作领导的事。

3)核心价值观与企业使命相融合

企业使命含有企业价值观,价值观不同,企业使命也会有所不同。企业的价值观是企业关于对自己、未来、社会等各方面的完整看法和价值取向,是一个完整的体系。企业使命含有企业的价值观,不是指全面包含企业的价值观体系,而是指包含这一价值观体系的核心部分。一个企业如果没有清晰的价值取向,谈不出什么核心价值,那么它的使命完成就只是一句空话。因此,构建企业使命要从发展企业的核心价值观着手。例如,美国惠普公司在其核心价值观"提倡改革与创新,强调集体协作精神"的基础上构建了自己的使命,即"创造信息产品,以便加速人类知识的进步,并且从本质上改变个人和组织的效能",从而形成"惠普管理模式",极大地刺激了公司的发展和经营业绩的增长。1999 年,惠普公司在《财富》杂志全球最大 500 家企业排行榜上名列第 41 位,营业收入 470.61 亿美元,利润 29.45 亿美元,资产额 336.73 亿美元。

4)培养共同语言

企业使命是在个人愿望的基础上提炼出来的,其本身就应该用企业全体成员的共同语言表示。共同语言是指企业成员一致使用的语言或是指企业成员特定使用的语言。共同语言的存在对于企业使命的形成和完成来说非常重要。如果企业管理者与非管理者之间没有一点共同语言,互相不知对方在想些什么、说些什么,也不想试着站在他人的角度考虑他人为什么那么想、那么说,那么企业成员就不可能有一个发自内心的共同愿望,也产生不了凝

聚力。一般而言,共同语言的形成有两种方式:一种是在企业运行过程中,将企业某些团体的内涵与企业的价值观相符的共同语言归纳引申为整个企业的共同语言;另一种是将企业制定的语言强制性地灌输给全体员工,最终形成以此为基础的共同语言。如日本企业在每天工作前要求员工背诵企业使命宣言,工作结束后再次朗诵,这样日复一日,从而对员工思想行为进行潜移默化的影响。

5) 开展团队学习

团队是指由若干个人组成的,为完成某一特定目标或任务的小团体。这一小团体是企业的基本构成单位,如企业的车间、部门、班组等。世界已经进入学习型组织的时代,真正创建学习型组织的企业,才是最有活力的企业。因此,团队学习对形成和完成企业使命很重要,一方面,它可以把企业使命转化为团队的努力方向,克服小团体的局部利益;另一方面,企业最终目标的实现,依赖团队的努力工作。从管理学家彼德·圣吉的《第五项修炼》中我们可以领悟到团队学习要取得成功必须强调四点:①当团队学习遇到复杂问题时,要善于汇集众人的思想并将其升华,形成团队智力;②良好的团队学习展开既需要创新性又需要协调一致的行动,发挥成员的学习积极性,从学习中形成团队的共同语言;③不能忽视团队的成员在其他团队中所扮演的角色与影响;④团队学习需要练习,只有不断练习,才能取得良好的学习成果。

6) 号召成员实现自我超越

自我超越是指不断突破自己的成就、目标、愿望,它对企业使命的完成来说也非常重要。只有企业成员都具有一种不断自我超越的欲望,企业使命才有激动人心的动力;相反,企业使命则不可能确定,即使确定也将失去它巨大的激发能量。一般来说,能够自我超越的人往往是那些永不停止学习的人,因为只有通过不断学习、不断接受新鲜事物,才能发现自己原来的想法、目标和愿望的不足,也只有这样,才能不断提出自己的新目标和愿望。人一旦停止了学习,也就停止向更高目标追求的可能。团队学习的目的之一就是逐步培养团队共同学习的习惯,从而帮助个人甚至团队形成和完善一种自我超越的内在机制。

课堂互动 3

全班同学分成若干小组,每组 5 人左右,各组轮流上台进行展示所创立企业的企业使命。每组先派一位同学简要介绍自己所创立企业的企业使命(时间 3 分钟),然后再派一位同学对该使命内涵进行详细的介绍(时间 7 分钟)。

9.2.3 制订企业愿景

企业愿景对于一个企业来说至关重要,企业愿景会决定一个企业的未来走向。企业愿景就是企业将来希望发展成什么样子,你的企业未来在哪些领域希望有怎样的成就和地位。我们要从以下五步制订企业愿景(图 9-2)。

图 9-2 制订企业愿景图

1）确立企业经营意志

制订企业愿景,首先要分析企业意志。企业意志是指企业所追求的核心理念,是企业内部成员在工作中产生的和企业同命运的共识观念、认同意识、激励机制,以及回报社会、受益公众的服务态度等的总和。只有建立在对企业意志正确分析的基础上,企业才有可能制定正确的企业愿景并得以贯彻执行。在确立企业经营意志时可从企业现有的资源、能力、环境出发,也可以从面向未来的企业志向出发。但使用前一种方法时应注意未来环境的变化趋势及竞争对手的变化趋势,并尽可能地减少现在对未来的束缚;而后一种方法要克服企业领导人的盲目乐观倾向,企业的制度平台应以学习型组织或与之接近的为好。对于家族式管理的企业,由于其管理中不能体现全员意志,即使确立了好的企业意志,也不一定能最终树立起可实现的企业愿景。

2）明确企业战略方向,进而制定相应的经营战略

由于企业愿景是企业确立自身未来的使命并逐步实现这一使命的过程,企业愿景的实现必须有相应的企业战略方向作为保证。即企业必须根据企业意志、自身状况及客观条件明确自身的战略方向。在明确了战略方向以后,企业就可以制定相应的经营战略了。

3）内部分解经营战略

企业应及时将经营战略在企业内部进行分解。只有分解了的战略才更易形成企业中全体人员的共识,才易给企业中的每一位员工界定行动标准,从而完成企业目标的分解。具体地说,企业经营战略在企业中可分解为明确的业务、具有挑战性的利润目标及富有弹性地适应未来变化的组织结构等方面。

4）全体人员达成共识

经过经营战略在企业内部分解这一过程后,企业愿景就由虚变实,但这依然可能只是企业的章程、文件上所规定的,只有把这些东西与企业的员工真正结合起来,才能使企业存在的价值持续提升。只有被企业同化的企业愿景,才是真正的企业愿景。要使企业愿景深入企业,并成为企业的共识,可以采用反复灌输、环境化、举办象征性活动等方式。

5）落实具体化的企业愿景

这是企业实现自身使命的关键步骤,没有这一步,前边的工作就失去了存在的价值。具体化的企业愿景在企业中落实可分为三个阶段:一是建立健全经营体制和组织评价体系。企业要想完成自身的使命,必须有一个能自律经营和易于考评的经营体制,前者使企业不至偏离经营方向,后者使发生的偏离易于被企业所察觉。二是不断革新。为使企业愿景能够实现,企业应通过激励、实验学习等方法有意识地培养能延续企业核心价值的人才,加速革新。要使企业中的领导者由命令的发布者、决策的制定者、权力的拥有者、智慧与能力的代表者转向企业的设计者,以及员工的导师、教练、兄长;使员工由被动接受指令者转变为参与者、人才和学生。三是确保经营活动的整合和持续。整合是指将企业的理念、制度、员工及各项活动置于统一思想之下进行融合、改造,使其具有共同的目标,即把企业愿景充分反映到企业理念及战略方式、组织评价体系、学习及人力开发体制和领导行为之中。持续是指企业无论在遇到何种困难时,均不放弃追求企业愿景的行为。只有确保经营活动的整合和持续,才能使企业得到持续发展。

延伸阅读 2

一些知名企业的愿景

控制全球食品服务业。 ——麦当劳

我们将进一步开拓成像技术与传感技术的无限可能,力争在该领域成为世界第一的企业。

——索尼

使世界更光明。 ——通用电气

计算机进入家庭,放在每一张桌子上,使用微软的软件。 ——微软公司

成为全球的超级娱乐公司。 ——迪士尼公司

在民用飞机领域中成为举足轻重的角色,把世界带入喷气式时代。 ——波音公司

9.3 企业类型选择

9.3.1 企业类型

在市场经济条件下,企业是在法律和经济上独立的经济实体。任何一个企业都要依法建立。投资人在创建一个企业时,都将面临企业的法律形式选择问题。企业的法律形式主要包括个体工商户、个人独资企业、合伙企业、中外合资企业、中外合作企业、外商投资企业、国有独资企业、无限责任公司、有限责任公司、股份有限公司等。从工商部门的统计数据来看,个人独资企业、合伙企业、有限责任公司、股份有限公司四种企业法律形式,是我国当前创办企业最常见的企业类型,下面分别阐述各企业形式的定义及特征。

1) 个人独资企业

个人独资企业是指依照《中华人民共和国个人独资企业法》(以下简称《个人独资企业法》)在中国境内设立,由一个自然人投资,财产为投资人个人所有,投资人以其个人财产对企业债务承担无限责任的经营实体。根据个人独资企业的基本含义可归纳出以下几个基本特征。

第一,个人独资企业是由个人创办的独资企业,其投资人是一个自然人。自然人只限于具有完全民事行为能力的中国公民。国家机关、国家授权投资机构或者国家授权的部门、企业、事业单位等都不能作为个人独资企业的设立人。第二,个人独资企业的全部财产为投资人个人所有,投资人(也称业主)是企业财产(包括企业成立时投入的初始出资财产与企业存续期间积累的财产)的唯一所有者。基于此,投资人对企业的经营与管理事务有绝对的控制权与支配权,不受任何其他人的干预。个人独资企业就财产方面的性质而言,属于私人财产所有权的客体。第三,个人独资企业的投资人以其个人财产对企业债务承担无限责任。换言之,无论是在企业经营期间还是企业因各种原因而解散时,对经营中所产生的债务若不能以企业财产清偿的,则投资人须以其个人所有的其他财产清偿。第四,个人独资企业是一个不具有法人资格的经营实体,其民事或商事活动都是以独资企业主的个人人格或主体身份进行的。尽管独资企业有自己的名称或商号,并以企业名义从事经营行为和参加诉讼活动,但它不具有独立的法人地位。

个人独资企业是一种以个人名义进行经营的企业形式,股东即企业所有人,因此股东也应承担以下责任和义务。①承担经营风险:个人独资企业的股东是企业的全部所有人,承担着全部的经营风险。如果企业出现经营亏损或债务问题,则股东需要承担全部责任。②缴纳税费:个人独资企业的股东应按照法律规定缴纳企业所得税和个人所得税等各种税费。③资金注入:个人独资企业的股东应当按照需要为企业注入资金,以保证企业的正常运营。④经营管理:个人独资企业的股东应当全权负责企业的经营管理,包括制订经营计划、管理人员、监督经营状况等。⑤承担法律责任:个人独资企业的股东应当遵守法律法规,不得违反相关法律规定,否则需承担相应的法律责任。

总之,个人独资企业的股东不仅应当承担全部经营风险,还应当履行各种责任和义务,以确保企业的正常运营和发展。

2)合伙企业

合伙企业是指自然人、法人和其他组织依照《中华人民共和国合伙企业法》(以下简称《合伙企业法》)在中国境内设立的,由两个或两个以上的合伙人订立合伙协议,为经营共同事业,共同出资、合伙经营、共享收益、共担风险的营利性组织。根据合伙企业的基本含义可归纳出以下几个基本特征。

第一,合伙企业以合伙协议为成立的法律基础。合伙协议依法由全体合伙人协商一致、以书面形式订立。合伙协议是合伙成立的依据,也是合伙人权利和义务的依据,必须以书面形式订立,且经过全体合伙人签名、盖章方能生效。第二,合伙组织作为一个整体对债权人承担无限责任。按照合伙人对合伙企业的责任,合伙企业可分为普通合伙和有限合伙。普通合伙的合伙人均为普通合伙人,对合伙企业的债务承担无限连带责任。有限责任合伙企业由一个或几个普通合伙人与一个或几个责任有限的合伙人组成,即合伙人中至少要有一个人对企业的经营活动负无限责任,而其他合伙人只能以其出资额为限对债务承担偿债责任,因而这类合伙人一般不直接参与企业经营管理活动。第三,合伙企业的经营活动由合伙人共同决定,合伙人有执行和监督的权利。合伙人可以推举负责人。合伙负责人和其他人员的经营活动,由全体合伙人承担民事责任。换言之,每个合伙人代表合伙企业所发生的经济行为对所有合伙人均有约束力。第四,合伙人投入的财产,由合伙人统一管理和使用,不经其他合伙人同意,任何一位合伙人不得将合伙财产移为他用。只提供劳务,不提供资本的合伙人仅有权分享一部分利润,而无权分享合伙财产。

合伙企业是由两个或两个以上合伙人共同经营的企业,股东即合伙人,因此股东应承担以下责任和义务。①分担经营风险:合伙企业的股东是企业的所有者之一,承担着全部或部分的经营风险。如果企业出现经营亏损或债务问题,股东需要按照约定分担相应的责任和义务。②缴纳税费:合伙企业的股东应按照法律规定缴纳企业所得税和个人所得税等各种税费。③资金注入:合伙企业的股东应当按照需要为企业注入资金,以保证企业的正常运营。④共同经营管理:合伙企业的股东应当共同负责企业的经营管理,包括制订经营计划、管理人员、监督经营状况等,共同为企业的发展贡献力量。⑤承担法律责任:合伙企业的股东应当遵守法律法规,不得违反相关法律规定,否则需承担相应的法律责任。

总之,合伙企业的股东应当共同承担各种责任和义务,以确保企业的正常运营和发展。需要特别注意的是,合伙企业的股东之间应当建立良好的协作关系,遵循诚实守信、公平合理、开放透明等原则,避免因利益分配等问题而出现纠纷。

3)有限责任公司

有限责任公司由两个以上股东共同出资组成,股东以其出资额为限对公司承担责任,公司以其全部资产对自己的债务承担责任。根据有限责任公司的基本含义可归纳出以下几个基本特征:

①公司的全部资本不划分为等额的股份,不发行股票,证明股东出资额是公司向股东签发的"出资证明书",这是有限责任公司与股份有限公司最主要的区别。股东缴纳足额认购的出资额后,不得抽回出资。

②股东以其出资额为限对公司承担责任,公司以其全部资产对自己的债务承担责任。这一特征表明:如果公司经营受挫或倒闭,股东的责任以其出资额赔光为限度;对外债务则以其企业的全部资本为限度。

③公司股份的转让有严格限制。股东与股东之间可以相互转让全部出资或部分出资,股东向股东以外的人转让其出资时必须经由全体股东半数同意,这与股份有限公司股票的自由转让是不同的。

④有限责任公司股东有最高人数的限制,不得超过一定限额。《公司法》规定:有限责任公司由2人以上50人以下股东共同出资设立。即最高限额为50人,不得超过此限额。

⑤股东以出资额的比例享受权利和承担义务。这与股份有限公司的股东的"一股一票"是不同的。

⑥有限责任公司的设立程序较为简单。

有限责任公司是一种以股份为基础的有限责任企业形式,股东即公司所有人,因此股东应承担以下责任和义务:

①承担有限责任:有限责任公司的股东只承担其出资的股本数额的责任,不承担公司债务和其他责任。

②缴纳股本:有限责任公司的股东应按照约定缴纳股本,并按照股份比例享有公司的收益和权益。

③参与股东会议:有限责任公司的股东应参加股东会议,行使股东投票权,参与公司决策。

④监督管理公司:有限责任公司的股东应当监督公司的经营管理,对公司的决策和管理提出意见和建议。

⑤承担法律责任:有限责任公司的股东应当遵守法律法规,不得违反相关法律规定,否则需承担相应的法律责任。

总之,有限责任公司的股东应当承担有限的责任和义务,并按照约定参与公司的管理和决策,以确保公司的正常运营和发展。需要特别注意的是,有限责任公司的股东之间应当建立良好的协作关系,遵循诚实守信、公平合理、开放透明等原则,避免因为利益分配等问题出现纠纷。

4)股份有限公司

股份有限公司通过发行股票筹集资本,把全部资本分为等额股份,股东以自己所持股份的数额对公司承担有限的责任,公司则以其全部资产对自己的债务承担责任。根据股份有限公司的基本含义,可归纳出如下基本特征:

①股份有限公司通过发行股票筹集资本,把全部资本分为等额股份,这是股份有限公司最基本的特征,也是它与有限责任公司最主要的区别。因为,只有股份有限公司才能发行股票。"它通过发行股票筹集资本"是指股份有限公司可以股票的形式公开向社会募股集资。

②股东以自己所持股份的数额对公司承担有限的责任,公司则以其全部资产对自己的债务承担责任。这一特征表明股东对企业的责任是以其所认购的股份为最大限度的,即使企业生产经营受挫甚至破产倒闭,股东的责任至多把认购的股本赔光,只会损失原来所认购的股份,股东个人其他财产不受影响,不会造成破产。

③经批准,公司可以向社会公开发行股票,股票可以自由交易或转让,而这种交易或转让并不影响公司的经营活动。

④股份有限公司股东不得少于规定数目,但没有上限。即股份有限公司的股东有最低人数的限制,而没有最高人数的限制。《公司法》规定:设立股份有限公司,应当有 5 人以上的发起人,其中须有半数的发起人在中国境内有住所。

股份有限公司是一种以股份为基础的有限责任企业形式,股东即公司所有人,因此股东

应承担以下责任和义务:

①缴纳股本:股份有限公司的股东应按照约定缴纳股本,并按照股份比例享有公司的收益和权益。如果股东未按约定缴纳股本,则应当承担相应的违约责任。

②参与股东会议:股份有限公司的股东应参加股东会议,行使股东投票权,参与公司决策。

③监督管理公司:股份有限公司的股东应当监督公司的经营管理,对公司的决策和管理提出意见和建议。

④承担有限责任:股份有限公司的股东只承担其出资的股本数额的责任,不承担公司债务和其他责任。

⑤承担法律责任:股份有限公司的股东应当遵守法律法规,不得违反相关法律规定,否则需承担相应的法律责任。

总之,股份有限公司的股东应当按照约定参与公司的管理和决策,承担有限的责任和义务,以确保公司的正常运营和发展。需要特别注意的是,股份有限公司的股东之间应当建立良好的协作关系,遵循诚实守信、公平合理、开放透明等原则,避免因为利益分配等问题出现纠纷。

课堂互动4

请查阅资料分别列出本章所学的个人独资企业、合伙企业、有限责任公司、股份有限公司这四个公司类型的优缺点。

9.3.2 股东承担的责任与义务

1)出资义务

即按照法律和公司章程的规定,向公司按期足额缴纳出资。股东违反出资义务可能导致其股东权利受限甚至丧失股东资格。首先,公司有权通过章程或者股东会决议对该类股东的利润分配请求权、新股优先认购权、剩余财产分配请求权等权利予以限制。其次,有限公司股东"未履行出资义务或者抽逃全部出资,经公司催告缴纳或者返还,其在合理期间内仍未缴纳或者返还出资",公司可以通过股东会决议"解除该股东的股东资格"。最后,如果公司章程或者股东会决议未对股东权利设置限制,法院可能在个案判决中认定未出资或出资不足之股东的股东权利应受限制。

2)善意行使股权的义务

这项义务的主要含义是,股东不得滥用其权利。《公司法》第三十条规定,公司股东应当遵守法律、行政法规和公司章程,依法行使股东权利,不得滥用股东权利损害公司或者其他股东的利益。公司股东滥用股东权利给公司或者其他股东造成损失的,应当依法承担赔偿责任。这是关于股东不得滥用权利的一般条款。某种行为是否属于滥用股东权利,须根据上述一般条款,依个案情节认定。

实践中,股东滥用其权利的一个突出现象是,控股股东利用其与公司的关联关系损害公司利益(最典型的就是进行关联交易)。因此,《公司法》第二十一条特别规定:公司的控股股东不得利用其与公司的关联关系损害公司利益;如违反该规定给公司造成损失,控股股东应当承担赔偿责任。这一规则同样适用于公司的实际控制人、董事、监事和高级管理人员,因为他们与控股股东一样与公司存在关联关系。《公司法》规定,关联关系是指公司控股股东、实际控制人、董事、监事、高级管理人员与其直接或者间接控制的企业之间的关系,以及可能导致公司利益转移的其他关系;但是,国家控股的企业之间不仅因为同受国家控股而具有关联关系。

《公司法》解释(五)对《公司法》第二十一条在审判中的适用又作了进一步解释。如果公司的控股股东、实际控制人、董事、监事、高级管理人员通过关联交易损害公司利益,原告公司依据《公司法》第二十一条的规定请求控股股东、实际控制人、董事、监事、高级管理人员赔偿所造成的损失,被告仅以该交易已经履行了信息披露、经股东会同意等法律、行政法规或者公司章程规定的程序为由抗辩的,人民法院不予支持。如果公司怠于提起上述损害赔偿之诉,股东有权依法提起代表诉讼。《公司法》解释(五)规定,公司没有提起上述诉讼的,符合《公司法》第一百五十一条第一款规定条件的股东,可以依据《公司法》第一百五十一条第三款规定向人民法院提起代表诉讼。此外,上述损害公司利益的关联交易合同,如果存在无效或者可撤销的情形,而公司又没有起诉合同相对方的,根据《公司法》解释(五),符合《公司法》第一百五十一条第一款规定条件的股东,可以依据《公司法》第一百五十一条第二款、第三款规定向人民法院提起诉讼。

3)公司出现解散事由后,股东有组织清算的义务

公司出现解散或者破产事由时应启动清算程序。清算的主要任务是,终结公司营业、清理财产、清偿债务、分配剩余财产。清算程序的结果是公司法人资格消灭。公司因破产而依《中华人民共和国企业破产法》(以下简称《企业破产法》)清算,为破产清算。因解散而依《公司法》清算,为非破产清算。公司出现解散事由后,应在规定时间内组织清算;有限公司股东直接组成清算组,股份公司的清算组由董事组成或者由股东大会确定的人员组成。有限公司股东、股份公司控股股东,未依法启动清算,损害债权人利益的,应承担相应的民事责任。破产清算自法院裁定宣告公司破产时开始,在法院控制之下,由破产管理人实施,公司股东无权参与。

课堂互动 5

A 船运有限责任公司共 8 个股东,除股东甲,其余股东都已足额出资。某次股东会上,7 个股东一致表决同意因甲未实际缴付出资而不能参与当年公司利润分配。3 个月后该公司船只燃油泄漏,造成沿海养殖户巨大损失,公司的全部资产不足以赔偿,养殖户向法院起诉公司及甲承担赔偿责任。甲向其他 7 个股东声明:自己未出资,也未参与分配,实际上不是股东,公司的债权债务与己无关。

请结合本节内容思考甲的抗辩理由是否成立。

9.4 企业注册流程

企业注册是指将一个商业实体合法地注册为一家公司的过程。注册公司是在法律上确认和承认企业存在的方式。这不仅让公司成为一个独立的法律实体,还提供了一些其他重要的好处。首先,注册公司可以为企业提供法律保护,与个人财务分开,并确保责任的合理分担。此外,通过注册公司,可以建立信用记录,从而有机会获得更好的贷款条件和商业机会。

企业注册的完整流程如图 9-3 所示。

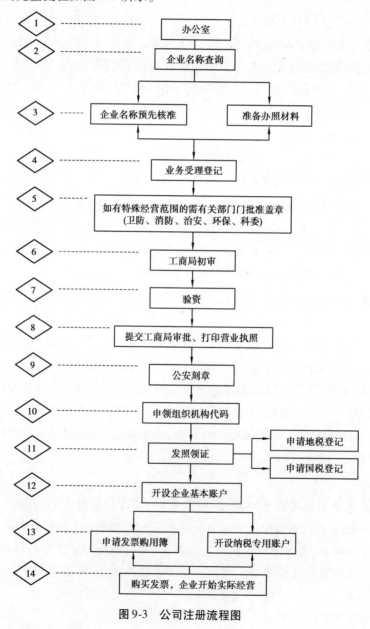

图 9-3 公司注册流程图

9.4.1　企业名称登记

企业名称登记主要有以下三个步骤,分别是名称查重、核准申请表和投资者声明。

1)名称查重

公司名称查重是进行公司预先注册的必要步骤之一,其目的在于保障注册的公司名称不与已有的公司名称重复,避免引起混淆和纠纷。因此,有必要对公司名称进行查重,确保公司名称的唯一性。在进行公司注册前,可先自行进行查重,查重的方法主要是通过网上查询,将字号输入在"国家企业信用信息公示系统"(图9-4)上查询是否已经被注册,尽量保证没有重名。

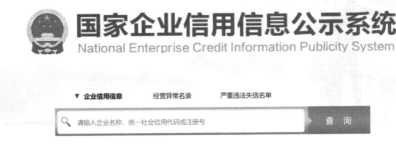

图9-4　国家企业信用信息公示系统图

2)核准申请书

从工商局领取一张"企业(字号)名称预先核准申请表",填入你准备取的公司名称(一共 5 个),工商局会检索是否有重名,如无重名,即可使用并核发"企业(字号)名称预先核准通知书",费用是 30 元(可以检索 5 个名称)。

"企业类型"栏应根据以下具体类型选择填写:有限责任公司、股份有限公司、分公司、非公司企业法人、营业单位、企业非法人分支机构、个人独资企业、合伙企业。

"经营范围"栏只需要填写与企业名称行业表述相一致的主要业务项目,应参照《国民经济行业分类》国家标准及有关规定填写。

申请企业设立名称预先核准、对已核准企业名称项目进行调整或延长有效期限的,申请人为全体投资人。其中,自然人投资的由本人签字,非自然人投资的加盖公章。

指定代表或委托代理人、具体经办人应在粘贴的身份证件复印件上用黑色钢笔或签字笔签字确认"与原件一致"。

"投资人"项及"已核准名称项目调整(投资人除外)"项可加行续写或附页续写。

3)投资者声明

①有限责任公司的股东必须在 2 ~ 50 个(国有独资有限公司和外商投资企业可以为单一股东)。

企业名称预先核准申请书

注:请仔细阅读本申请书《填写说明》,按要求填写。

□企业设立名称预先核准		
申请企业名称		
备选 企业字号	1. 2. 3.	
企业住所地	____省(市/自治区)_____市(地区/族/自治州) ____县(自治县/族/自治族/市/区)	
注册资本(金)	_____万元	企业类型 _____
经营范围		
	名称或姓名	证照号码
投资人		

□已核准名称项目调整(投资人除外)		
已核准名称		通知书文号
拟调整项目	原申请内容	拟调整内容

□已核准名称延期		
已核准名称		通知书文号
原有效期		有效期延至 ____年__月__日

指定代表或者共同委托代理人		
具体经办人 姓名	身份证件 号码	联系电话
授权期限	自 ____年 __月 __日至 ____年 __月 __日	
授权权限	1.同意□不同意□核对登记材料中的复印件并答署核对意见; 2.同意□不同意□修改有关表格的填写错误; 3.同意□不同意□领取《企业名称预先核准通知书》。	

(指定代表或委托代理人、具体经办人身份证件复印件粘贴处)

申请人 签字或盖章	
	年 月 日

图9-5 企业名称预先审核申请书示意图

②投资者的资格证明包括:

a. 企业法人营业执照复印件(企业法人营业执照复印件须提供原件核对,也可以加盖企业公章并注明该复印件用途);

b. 自然人的身份证明(原件核对);

c. 社团法人登记证、事业法人登记证或者编制批文;

d. 其他合法开业证明。

法律、法规和行政规章对股东或者发起人投资资格有特别规定的,还应当提交股东或者发起人的投资资格证明。

③企业名称由四部分组成:行政区划+字号+行业特点+组织形式,如深圳市惠光电子有限公司;外商投资企业在名称中使用"深圳"区域名称,如深圳惠光电子有限公司。

④名称中冠以"中国""中华""全国""国家""国际"等字样的或者在名称中间使用"中国""中华""全国""国家"等字样的,或者名称不含行政区划的,须另填名称登记表,报国家市场监督管理总局审批;冠省名的,须另填名称登记表,报省工商局审批。

⑤外国投资者的法律证明文件和资信证明文件,应当同时提交翻译公司盖有骑缝章的中文译文文本。

⑥外商独资企业如用货币出资应当用可兑换的外币出资。

⑦变更预先核准名称中投资者的,应当提交原投资者的决议。

投资者声明

兹经共同协商，一致同意使用XXX作为企业名称的字号，申请XXX的企业名称预先核准，并作如下承诺：

一、遵循诚实信用的原则；

二、如该企业名称对公众造成欺骗或者误解，或者损害他人合法权益的，或者企业名称中的字号与注册商标相同或相似造成侵权行为的，愿意无条件变更企业名称，并承担相应的法律责任。

同时，授权＿＿＿＿＿＿为代理人（代理人的身份证明或资格证明见附件）办理申请企业名称预先核准事宜；

授权权限如下：[1∨]（以下三项任选一项，但不得重复选择）

1. 不得修改任何材料
2. 可以修改材料中可当场更正的任何错误
3. 可以修改材料中可当场更正的部分错误：（以下可选多项）
   □ 企业自备文书的文字错误
   □ 有关表格的填写错误

如申请的企业名称未能核准，可修改、增加或减少企业名称字词表述

其他有权更正的事项：

授权期限为：自＿＿＿年＿＿月＿＿日到＿＿＿年＿＿月＿＿日

特此声明。

投资者盖章（签字）：XXX＿＿＿＿＿＿＿

代理人签名：＿＿＿＿＿＿＿
联系电话：＿＿＿＿＿＿＿

图9-6　投资者声明示意图

9.4.2　企业设立登记申请

公司企业设立登记申请主要有以下八个步骤，分别是申请书、文件目录、登记事项、股东情况、备案事项、代表人登记表、审核表、核发情况。

1）申请书

注册号：XXXXXXXXX

公司设立登记申请书

敬　告

1. 在签署文件和填表前，申请人应当阅读《中华人民共和国公司法》、《中华人民共和国公司登记管理条例》、深圳经济特区公司法规和本申请书，并确知其享有的权利和应承担的义务。
2. 申请人对其所提交的文件、证件的真实性、有效性和合法性承担责任。
3. 申请人应当使用钢笔、毛笔或签字笔工整地填写申请书或签字。
4. 申请人提交的文件、证件应当规整、洁净。

XXXXXX工商行政管理局：
根据《中华人民共和国公司法》和《中华人民共和国公司登记管理条例》有关规定，现申请设立登记，请予核准。同时承诺：所提交的文件、证件和有关附件真实、合法、有效，复印文本与原件一致，并对因提交虚假文件、证件所引发的一切后果承担相应的法律责任。

公司名称（盖章）：＿＿＿＿＿＿＿

法定代表人签字：＿＿＿＿＿＿＿

申请日期：＿＿＿年＿＿月＿＿日

图9-7　公司设立登记申请书示意图

2）文件目录

序号	在对应栏内打"√"（此栏由企业填写）	原件	复印件	备注
	XX市工商行政管理局制 **公司设立登记文件目录**			
	文件、证件名称			
1	公司董事长或执行董事签署的《公司设立登记申请书》	☐	☐	
2	有限责任公司全体股东、股份有限公司董事会出具的《企业（公司）申请登记委托书》	☐	☐	
3	公司章程	☐	☐	
4	股东或者发起人的法人资格证明或者自然人身份证明	☐	☐	
5	法定验资机构出具的验资报告	☐	☐	
6	董事、监事、经理的任职文件以及身份证明复印件	☐	☐	
7	公司董事长或执行董事的任职文件和身份证明复印件	☐	☐	
8	公司住所使用证明	☐	☐	
9	《企业名称预先核准通知书》	☐	☐	
10	法律、行政法规规定设立有限公司必须报经审批的或者公司经营范围中属于法律、行政法规规定必须审批项目的，提交有关部门的批准文件	☐	☐	
11	国务院授权部门或者省级人民政府的批准文件,募集设立的股份有限公司还应当提交国务院证券管理部门的批准文件	☐	☐	
12	创立大会的会议记录	☐	☐	
13	法定验资机构出具的筹办公司的财务审计报告	☐	☐	
说明	(1) 有限责任公司请提交1~10项。 (2) 股份有限公司设立请提交1~13项。 (3) 国有独资有限公司请提交1~10项。 (4) 股份合作公司设立登记文件目录另行制定。 (5) 企业改制为公司的登记文件目录另行制定。 (6) 公司住所为租赁的，提交经房屋租赁主管机关登记的租赁合同原件；住所为公司自有的提交房屋产权证明复印件。 (7) 以上各项未注明提交复印件的，一般均应提交原件；提交复印件的均应由公司加盖公章并注明"与原件一致"，同时出示原件。 企业被委托人签字： 登记机关受理员签字： 企业被委托人联系电话： 日期：			

图 9-8 公司设立登记文件目录示意图

3）登记事项

①"住所"栏应填写市、区、街道名、门牌号、大厦名称、房间号。

②"法定代表人"即董事长或者执行董事。

③"企业类型"栏请写清楚企业类型。

④填写"经营范围"时,应将公司名称所反映的行业作为经营项目的第一项。

公司登记事项 (由企业填写)

公司名称	
住所	
法定代表人	其他信息:详见《公司法定代表人登记表》
注册资本	人民币 (大写_____万元 (实缴¥_____万元, 其中货币出资¥_____万元、非货币出资¥_____万元)
企业类型	
经营范围	
营业期限	_____年 副本数_____本

图 9-9　公司登记事项示意图

4)股东情况

①"出资方式"栏填写:货币、非货币。

②"股东类型"栏填写下述字母。

A. 企业法人;B. 社会团体法人;C 事业法人;D. 自然人;E. 国家授权投资的机构或部门;F. 其他。

③本表不够填写时,可复印续填,粘贴于后。

公司股东(发起人)情况

股东名称或者姓名	出资额(万元)	比例(%)	出资方式	证件名称及号码	股东类型

图 9-10　公司股东(发起人)情况示意图

5)备案事项

①本表不够填写时,可复印续填,粘贴于后。

②"辖区工商所代码"参见《××市工商局各工商所代码表》。

公司备案事项 (由企业填写)

董事名单

监事名单

经理_____

公司电话_____　辖区工商所代码_____

图 9-11　公司备案事项示意图

6) 代表人登记表

公司法定代表人登记表(由企业填写)

姓名	_____	产生程序	股东会委派 ◉ 董事会选举 ○
身份证号码	_____		

经审查，本公司法定代表人符合有关法律、法规规定的任职资格，不存在以下情况：
(一) 国家公务员;
(二) 无民事行为能力或者限制民事行为能力;
(三) 正在被执行刑罚或者正在被执行刑事强制措施;
(四) 正在被公安机关或者国家安全机关通缉;
(五) 因犯有贪污贿赂罪、侵犯财产罪或者破坏社会主义市场经济秩序罪，被判处刑罚，执行期满未逾五年;因犯有其他罪，被判处刑罚，执行期满未逾三年;或者因犯罪被判处剥夺政治权利，执行期满未逾五年;
(六) 担任因经营不善破产清算的企业的法定代表人或者董事、经理，并对该企业的破产负有个人责任，自该企业破产清算完结之日起未逾三年;
(七) 担任因违法被吊销营业执照的企业的法定代表人，并对该企业违法行为负有个人责任，自该企业被吊销营业执照之日起未逾三年;
(八) 个人负债数额较大，到期未清偿;
(九) 有法律和国务院规定不得担任企业法定代表人的其他情形。

股东 (发起人) 盖章 (签字):

公司法定代表人签字: _____	联系电话: _____

图 9-12　公司法定代表人登记示意图

7) 审核表

登记业务审核表 (登记机关填写)

一、登记事项

公司名称			
住所			
法定代表人		企业类型	
注册资本	人民币 (大写)　万元 (实收¥　万元,其中货币出资¥　万元、非货币出资¥　万元)		
经营范围			
营业期限	共 年		
	名称或者姓名	出资额(万元)	比例(%)
股东或发起人出资情况			

二、备案事项

董事名单	
监事名单	
经理	

三、附加事项

电话号码		工商所代码	

图 9-13　登记业务审核示意图

8）核发情况

"领执照人"为法定代表人或者其委托人。

核发《企业法人营业执照》情况

录入人	签字		打照人	签字	
	日期			日期	
校对人	签字		发执照人	签字	
	日期			日期	
领执照人	签字		装订人	签字	
	日期			日期	
备注					

图 9-14　核发情况示意图

9.4.3　刻制公司章

刻制印章申请表

单位(企业)全称	＿＿＿＿＿＿＿＿＿＿		
营业执照码	＿＿＿＿＿＿＿＿＿＿		
单位法人	＿＿＿＿＿＿＿＿＿	联系电话	＿＿＿＿＿＿＿＿＿
刻章手续经办人	＿＿＿＿＿＿＿＿＿	身份证号码	＿＿＿＿＿＿＿＿＿
是否加密码(暗记)	◉是 ○否	形式	＿＿＿＿＿＿＿＿＿
备注	请附营业执照原件，先到所在地派出所加具意见，后到区公安分局治安管理大队审批		
需刻章全称	＿＿＿＿＿＿＿＿ 及(＿＿)枚		

图 9-15　刻制印章申请示意图

9.4.4 企业代码申请

全国组织机构代码数据申报表

单位名称:	_____ (严格按营业执照填写)		
单位字号(商号):	_____ (即单位名称关键字)	**单位类型:**	企业法人 ∨
行政区划:	_____	**邮政编码:**	_____
单位地址:	_____ (严格按营业执照填写)		
联系电话:	_____ (逗号分隔)	**图文传真:**	_____
法定代表人(法人单位):	_____	**身份证号:**	_____
负责人:(非法人单位)	_____	**身份证号:**	_____
经营或业务范围:(严格按照营业执照填写)			
经济行业:	_____		
经济类型:	国有经济 ∨		
注册资金	_____ 万元 人民币 ∨		
登记批准机构:	_____		
登记批准(注册)号:	_____		
登记批准日期:	_____ 年 1 ∨ 月 1 ∨ 日		
经营期限:	至 _____ 年 1 ∨ 月 1 ∨ 日		
产权单位:	_____	**职工人数:**	_____ 人
电子邮件:	_____	**网址:**	_____
申请证书:	代码证正本、副本、信息卡一套		
填表人:			

图9-16　全国组织机构代码数据申报表

9.4.5 单位银行账户申请和领取

　　凭公章、财务章、法人代表私章、工商营业执照、法人代码证(预先受理代码证明文件)前往开立临时户的银行将临时户转为基本户,并取得银行基本户证明,也可到另一银行开立基本户。

开立单位银行帐号结算账户申请书

存款人名称		电话	
地 址		邮编	
法定代表人或负责人		证件类型	
上级法人或主管单位名称		证件号码	
申请的内容			

图 9-17 开立单位银行账户申请示意图

9.4.6 税务登记(地税和国税)

税务登记是税务机关对纳税人的开业、变动、歇业及生产经营范围变动实行法定登记的一项管理制度。从事生产、经营的纳税人自领取营业执照之日起 30 日内,持有关证件,向税务机关申报办理税务登记。新办企业申办税务登记时,应凭营业执照,前往市技术监督部门申领组织机构代码,这是办税的必备材料。具体办理税务登记步骤如下:首先,纳税人须在规定的时间内,持营业执照(正本)向税务机关提出办理税务登记申请,领取"税务登记表"。其次,按要求如实填写"税务登记表",并写明本单位或个人所在地位置,加盖印章后连同有关证件、资料报送税务机关。最后,税务登记机关通过审核资料,对符合要求的,准予登记,并发给税务登记证件。

图 9-18 税务登记示意图
(表格内容)

税务登记表							
填表日期:					代收代缴税款业务情况		
纳税人名称		纳税人识别号					
登记主册类型	请选择对应项目打"√" □个体工商户 □个人合伙						
开业(设立)日期		批准设立机关			附报资料		
生产经营期限		证照名称		证照号码			
注册地址		邮政编码		联系电话			
生产经营地址		邮政编码		联系电话			
合伙人数		雇工人数		其中固定工人数			
网站网址			国标行业	□□ □□ □□			
业主姓名	国籍或户籍地	固定电话	移动电话	电子邮箱	经办人签章:	业主签章:	
身份证件名称	证件号码						
经营范围	请将业主身份证或其他合法身份证件复印件粘贴此处						

以下由税务机关填写:

纳税人所处街乡			隶属关系	
国税主管税务局		国税主管税务所(科)	是否属于国税、地税共管户	
地税主管税务局		地税主管税务所(科)		

经办人(签章): 国税经办人: 地税经办人:	国家税务登记机关(税务登记专用章):	地方税务登记机关(税务登记专用章):
受理日期: 年 月 日	核准日期: 年 月 日 国税主管税务机关:	核准日期: 年 月 日 地税主管税务机关:

国税核发《税务登记证副本》数量: 本 发证日期: 年 月 日	
地税核发《税务登记证副本》数量: 本 发证日期: 年 月 日	

分店情况	分店名称	纳税人识别号	地址	电话

合伙人投资情况	合伙人姓名	国籍或地址	身份证件名称	身份证件号码	投资金额(万元)	投资比例	分配比例

代扣代缴	代扣代缴、代收代缴税款业务内容	代扣代缴、代收代缴税种

图 9-18 税务登记示意图

课堂互动6

兰州大学甲、乙、丙、丁四位大学生毕业后策划在兰州市成立一家有限责任公司,经营房地产业务,在一切工作准备就绪之后,四人商定应该为公司取一个响亮而吉祥的名字,以利于公司之后的发展。于是每个人为公司取了一个名字,分别为"兰州大地发展公司""兰州广厦房地产有限责任公司""兰州999房地产有限公司""兰州金星房地产股份有限公司"。另外,四人认为公司成立应该向社会公告,以便从事经营活动。

请结合本节内容思考以下三个问题:

(1)你认为哪个名称可以采用?为什么?

(2)设立该公司是否需要办理名称预先核准登记?

(3)预先核准登记应向公司登记机关提交哪些文件?该公司成立是否需要向社会发布公告?

案例分析

某互联网品牌饰品店,由最初的网上小店,到行业内首屈一指的垄断性品牌,用了近十年的时间,这背后是其创始人晓雯的努力付出,也有"双创"时代所带来的重要商业契机。

该饰品店最初成立于2006年,在那个网络购物刚刚开始的年代,店主晓雯通过互联网尝试销售一些自己的闲置物品,渐渐发现了网络销售的商机。于是她设计了网络饰品品牌。回顾该品牌的发展历史,并不复杂,甚至可以用平淡来形容,但有着非常具有学习意义的重要品质——创业者必须认清时代,及时解读和响应政策。

店主晓雯读大四时,开始在网络购物平台"易趣"上卖东西。由于做得得心应手,毕业后她索性全职投入。从最初的2 000元启动资金和第一张自己拍摄的饰品照片,到第一个自己设计的商品页面,可以说晓雯倾注了几乎所有的心血。也正是缘于该品牌完全是店主的创新设计,以独特的风格和"互联网+"的营销优势,让该品牌渐渐在网络上有了一批自己的忠实客户,晓雯也开始雇用了第一批员工,从纯粹的个人小店,逐渐蜕变成有独立工作室的网店。

2010年,该品牌受高速发展的"淘宝"冲击,行业竞争对象如雨后春笋般涌现,晓雯的企业遇到了前所未有的困难,营业额直线下降。就在她一筹莫展之际,晓雯在与同学的一次"诉苦"中找到了"救命稻草"——晓雯的同学刘刚毕业后留校任教,现在担任"大学生创新创业理论"课程的教学工作,听到晓雯的困难后,刘刚建议她前往当地的人力资源及社会保障局了解政府对创新创业的扶持政策,也正是在政府的帮助下,晓雯参加了创新创业培训,学习网络营销技巧,在此之后她十分重视对政府关于创新创业政策的了解,及时根据政策寻找市场契机。截至2017年底,晓雯的企业已经发展成年销售额几百万元的行业垄断性网络品牌。

变身董事长的晓雯坦言,正是那次跟刘刚的谈话,让她知道创业的首要事情就是了解政策,这才有了今天的成功。

思考：
1. 一个创业者实施创业时应当主动关注哪些方面的信息？
2. 在上述案例中，是什么原因让创业者最终走向成功？

本章小结

近几年，国家对大学生创业的政策十分利好，鼓励大家进行创业，想要创业首先要了解企业创建的相关内容。企业创建包含企业使命的确定、制定企业愿景、企业类型的选择及企业的注册流程。企业的使命就是你的企业存在的目的。企业愿景就是企业未来希望发展成什么样子，企业未来在相关领域希望有什么样的成就和地位。我们创建的企业是什么类型就要承担不同的责任和义务。企业注册流程有工商注册登记、法人代码证登记、开立银行基本户和办理税务登记。这一系列的流程成功完成才是一个企业的正式开始。

第 10 章
初创企业管理

知识提要

(1) 创业资金预算、创业融资渠道以及创业融资阶段;

(2) 岗位分析、员工招聘、培训、薪酬与福利以及绩效考评;

(3) 财务管理概念、财务管理核心要素;

(4) 营销计划、组织和控制。

学习目标

(1) 了解新企业的岗位设计、员工招聘的途径及培训的内容;

(2) 了解营销管理的过程;

(3) 理解三大财务报表;

(4) 掌握盈亏平衡点和投资回报率的计算;

(5) 掌握创业融资的渠道、方式和过程。

名人名言

一个企业要发展迅速得力于聘用好的人才,尤其是需要聪明的人才。

——比尔·盖茨

案例导入

一次徒劳无功的培训

W 先生是某国有机械企业新上任的人力资源部部长,在一次研讨会上,他了解到一些企业的培训搞得有声有色。他回来后,兴致勃勃地向企业提交了一份全员培训计划书,以提升人力资源部的新面貌。企业老总很开明,不久就批准了 W 先生的全员培训计划。W 先生深受鼓舞,踌躇满志地对公司全体人员——上至总经理,下至一线生产员工,进行了为期一个星期的脱产计算机培训。为此,企业还专门下拨十几万元培训费。

培训的效果怎样呢? 据说,除了办公室的几名员工和 45 岁以上的几名中层干部有所收获,其他人员要么收效甚微,要么学而无用,十几万元的培训费用只买来了一时的"轰动效应"。一些员工认为,新官上任所点的"这把火"和以前的培训没有什么差别,甚至有小道消息称此次培训是 W 先生做给领导看的"政绩工程",是在花单位的钱往自己脸上贴金! 而 W 先生对于此番议论感到非常委屈,在一个有传统意识的老国企,给员工灌输一些新知识怎么效果不理想呢? W 先生百思不得其解:"不应该呀,在当今竞争环境下,每人学点计算机知识应该是有用的呀。"

(资料来源:百度文库)

思考:

1. 培训成败的关键在哪里?

2. 如何提高培训的效果?

10.1　创业融资管理

创业融资是指创业者有了某种创意和想法时,想要将其在商业中实现,且在资金不足、需要外界资金支持的情况下,通过各种渠道和方式获得资金的行为过程。

10.1.1　创业资金预算

1)测算创业启动资金考虑的因素

①定位目标市场是测算的基础。有了市场定位,才可以计算投资规模,如店铺的规模、装修、人员配置、产品线和服务内容等。

②选址影响创业预算。选址涉及的房租是创业总投资的重要组成部分。

③留出充足的人员预算。根据市场定位,确定人员数量及工资标准,准备好 6 个月的人员工资和福利。

④考虑装修、设备等费用。

⑤预留运营费用。做好 3 ~ 6 个月生意没有起色的准备,事先筹备好充足的运转费,如进货款等。

2)了解创业企业的启动资金

创业企业所需的启动资金项目,见表10-1。

表 10-1　创业企业所需的启动资金项表

启动资金类型	包含的内容	明细
固定资产	设备	机器、工具、车辆、办公家具等
	企业用地和建筑	土地、厂房等的购置,建筑安装
流动资金	购买并储存原材料和成品	购买原材料和商品存货
	促销	广告、有奖销售、上门推销、举办活动等
	工资	员工的工资

续表

启动资金类型	包含的内容	明细
流动资金	租金	办公场所、仓库等的租金费用
	保险费用和其他费用	保险费、水电费、交通费、办公用品费
开办费	多项	办公费、验资费、装潢费、注册费、培训费、技术转让费(专利)、营业执照费、加盟费等

3)判定启动资金的合理性

创业者初步预估启动资金是否合理还需多方验证,可采用以下方法:

①向同行咨询;

②询问供应商;

③网上咨询;

④请教专家。

10.1.2　创业融资渠道

1)私人资本融资

(1)自我融资

自我融资是指创业者将自己的部分甚至全部积蓄投入新企业创办之中。研究发现,70%的创业者依靠自己的资金为新企业提供融资。个人资金具有使用成本低、得来容易和使用时间长的优势。其他投资者在提供资金支持时,也会考虑创业者个人资金投入的情况。

(2)亲朋好友融资

亲戚、朋友一般都是创业者理想的贷款人,许多成功创业人士在创业初期都借用过亲戚或朋友的资金。

(3)天使投资

天使投资是自由投资者或非正式风险投资机构对处于构思状态的原创项目或小型初创企业进行的一次性前期投资。天使投资虽是风险投资的一种,但两者有着较大差别:天使投资是一种非组织化的创业投资形式,其资金来源大多是民间资本,而非专业的风险投资商;天使投资的门槛较低,有时即便是一个创业构思,只要有发展潜力,就能获得资金。而风险投资一般对这些尚未诞生或嗷嗷待哺的"婴儿"兴趣不大。

2)机构融资

(1)商业银行贷款

在我国,中国工商银行、中国农业银行、中国银行、中国建设银行、中国交通银行等国有商业银行,中国光大银行、民生银行、招商银行、深圳发展银行、上海浦东发展银行等股份制商业银行以及各级农村信用社是创业者获得银行贷款的重要来源。商业银行不提供股权资本,主要提供短期贷款,但也提供中长期贷款和抵押贷款。

目前,我国商业银行推出的个人经营类贷款对于创业者非常适合,包括个人生产经营贷款、个人创业贷款、个人助业贷款、个人小型设备贷款、个人周转性流动资金贷款等。

（2）担保机构融资

担保机构融资是指企业根据合同约定,由依法设立的担保机构以保证的方式为债务人提供担保,在债务人不能依约偿还债务时,由担保机构承担合同约定的偿还责任,从而保障银行债权实现的一种金融支持方式。

3）政府创业的扶持基金

由政府主导的创业扶持基金不但能为企业带来现金流,更是企业壮大无形资产的利器。

政府提供的创业扶持基金通常被称为创业者的"免费皇粮"。近年来,政府充分意识到创业对促进经济增长、扩大就业容量和推动技术创新起到非常重要的作用,为此,各级政府相继设立了一些政府基金对创业者予以支持,主要包括科技创新基金、政府创业基金、专项基金等。

政府提供的创业基金通常被创业者高度关注,其优势在于利用政府资金不用担心投资方的信用问题;而且,政府的投资一般都是免费的,进而降低或免除了创业者的筹资成本。但申请创业基金有严格的申报要求;同时,政府每年的投入有限,筹资者须面对其他筹资者的竞争。

4）风险投资

创业投资也称风险投资（Venture Capital,VC）,是指投资者在企业发展初期投入风险资本,待其发育相对成熟后,通过市场退出机制将所投入的资本由股权形态转化为资金形态,以收回投资,取得高额风险收益。

由于高新技术企业与传统企业相比更具备高成长性,所以风险投资往往把高新技术产业作为主要投资对象。在美国,70%以上的创业资本投资于高新技术领域,解决了高新技术产业化过程中的"瓶颈"问题。

1946 年,美国波士顿联邦储备银行行长弗兰德斯和哈佛大学教授多里奥特发起成立世界上第一家真正意义上的风险投资公司——美国研究与发展公司（American Research & Development,ARD）。它是首家专门投资流动性差的新企业证券的公开募股公司。它的诞生是世界风险投资发展的里程碑。

10.1.3 创业融资阶段

下面我们来看看常见的融资阶段与融资金额。

1）种子轮

一般是什么都没有,只有一个创始人和一个想法的情况。种子轮的融资金额一般在 50 万～200 万元,机构很少参与,一般大使投资和孵化器基金会重点关注这块。

2）天使轮

一般是核心团队已经基本成型,项目有方向,也可能有了产品雏形,融资金额一般是几百万人民币到千万人民币。真格、险峰、梅花,包括青锐这样的机构,会重点关注这块。

3）A 轮

一般是有产品且有充分数据,商业模式已经得到验证的。融资金额在 2 000 万~3 000 万元居多。目前,市面上比较多的普通美元基金,都重点聚集在这个轮次,如经纬、金沙江、晨兴、北极光等。

4）B 轮

这个阶段的项目商业模式相对成熟,有数据,一般也有持续收入,这样的项目一般是细分领域且同类模式里面的龙头了。融资金额从 5 000 万元到上亿元。一般上述投 A 轮的 VC 也会投 B 轮。有钱的 VC,如红杉、GGV 等,一般会倾向于在这个阶段介入。

5）C 轮、D 轮

这个阶段的项目一般都是处于持续扩展中,如同另外一个竞争对手竞争。同一个细分领域的同样模式,一般不可能有第三个获得 C 轮以后融资的,最多两个。另外,一些在 B 轮后已经获得较好收入甚至达到盈亏平衡的,不一定需要 C 轮及以后的新融资了。C 轮、D 轮融资一般都是数亿元。在这个阶段,战略投资人开始活跃,参与者主要是 BAT 及其他大的上市公司。

案例故事

"空中濮院"获 Founder's Found 基金首轮联合风投,估值 3.5 亿元。一家由"90 后"青年创立的企业凭什么能获得基金公司青睐,在创立 3 年后就被估值 3.5 亿元？完成首轮融资后,"空中濮院"有何新的发展抱负？

2013 年 5 月,1992 年出生的张成超在浙江桐乡濮院创办了一家通过互联网平台充分整合濮院毛衫产业以及衍生资源的公司——"空中濮院",立足濮院这一强大的市场资源,发展服装 B2B 行业。

在首届世界互联网大会·乌镇峰会上,张成超向马云、马化腾、李彦宏赠送一份"淘宝找不到、百度查不到、微信朋友圈看不到"的礼物——一件全球仅有的"无缝立体数码印花"毛衣,厚度仅 0.5 毫米,质量才 70 克,这些工艺和原料均来自他公司平台上的供应商。大会后,"空中濮院"的平台价值就吸引了众多风投的关注。

在张成超看来,在世界互联网大会·乌镇峰会上向"BAT"巨头送礼物只是吸引了风投的关注,而真正吸引风投进行投资的最重要原因是自己沉淀了 3 年的资源、团队和 B2B 的行业前景。

短短 3 年间,"空中濮院"在中国最大羊毛衫集散中心、中国毛衫名镇、中国毛衫第一市的濮院不断发展壮大,在中国羊毛针织行业领域均占有强势的市场份额与话语权。张成超说,"截至目前,我们平台已经拥有上游工厂、门市资源 7 000 多家,拥有移动端客户 5 万多人"。据介绍,"空中濮院"现在的团队已经积累了服装 B2B 行业丰富的实战经验,这些自身优势加上目前整个 B2B 行业的发展前景,成为基金选择"空中濮院"的主要原因。

"这次融资带来的资源价值超过资金本身价值。"在对比数十家基金公司后,张成超选择了他认为最适合"空中濮院"未来发展的 Founder's Found 基金,"这只基金是由一批优秀的企业家和投资人组成的基金,他们各自都掌握了很多资源,这是我最看重的"。

完成首轮融资后,"空中濮院"有什么打算? 张成超表示,接下来的这段时间,他将静下心来积极加强团队建设。一方面对外招募管理型人才;另一方面加大内部人才培养。目前,已有一批来自前"BAT"的高级技术专家和管理人才确定将加盟"空中濮院"。此外,他还将对整个公司的技术进行大幅革新,提升技术研发能力,将原来仅仅停留在交易层面的技术上升到对产品和产品供应链的技术研发上去。最后,"空中濮院"将加大宣传推广力度,并不断扩充产业项目,从毛衫产业逐步扩展至服装产业。

课堂互动 1

选择自己团队感兴趣的创业项目,思考企业发展战略和财务战略,明确企业的财务需求,测算创业初期启动项目所需的资金。

(1)时间:30 分钟。

(2)任务:测算创办企业的资金需求,确定资金筹措渠道(表 10-2)和资金使用计划表(表 10-3)。

(3)程序:

①每个小组用 1 分钟的时间由 CEO 分配成员角色。

②CEO 组织团队开展 5 分钟的头脑风暴:开办一个企业需要哪些钱?

表 10-2 资金筹措渠道表

筹措渠道	注意事项	金额(元)	比例(%)
自主投资	易获得		
贷款	利率合理,限制条件多		
政府资金			
风险资金			
合计			

表 10-3 资金使用计划表

项目	具体项目	金额(元)	比例(%)
房租	厂房、办公室的租金		
固定资产购置	企业用地、建筑物、设备等		
原材料采购	原材料成本、运输费、半成品成本等		
人力资源	工资、保险费等		

续表

项目	具体项目	金额(元)	比例(%)
营销费用	广告费、加盟费、市场推广费等		
其他费用	市场调查费、培训费、工商注册费等		
合计			

延伸阅读1

西安大学生创业贷款申请条件及流程

申请条件：

对人社部门认定的创业孵化基地以基地不动产或其他资产为基地创业人员进行反担保的,可不受户籍限制。

户籍关系在陕西省辖区内的大学毕业生(含研究生)及国外留学归国人员,创办的经济实体注册地和纳税关系在西安市辖区的小型法人企业,创业项目资金不足或扩大规模均可申请贷款(国家限制的行业除外)。

1. 贷款对象有创业项目和创业计划书;

2. 贷款企业法定代表人为近五年毕业或年龄小于35周岁的大专学历以上毕业生及留学归国人员;

3. 贷款企业法定代表人持有《就业失业登记证》;

4. 贷款企业具有一定的自有资金;

5. 贷款企业法定代表人或实际控制人个人信用良好,创办企业信用良好,无违法乱纪行为、无不良信用记录;

6. 户籍关系未在西安市行政区域内,属于陕西省境内的大学生,所创办的企业要求正常经营1年以上。

补贴标准：

符合条件的创业大学生可申请最高额度为100万元的创业贷款,贷款期限一般为2年。大学生创业贷款按基准利率计息,到期还本付息,给予50%贴息。

申请流程：

符合条件的大学生可直接向西安市就业服务中心提出申请。

申请资料：

1.《西安市大学生创业贷款申请审核表》一式五份;

2. 借款人身份证原件、复印件;

3. 户口本原件、复印件(户主页和本人页);

4. 借款人学历证书原件、复印件;

5.《就业失业登记证》原件、复印件;

6. 婚姻状况证明;

7. 营业执照原件、复印件;

8. 组织机构代码证原件、复印件;

9. 企业开户许可证原件、复印件;

10. 税务登记证原件、复印件;

11. 中国人民银行营管部出具的个人信用报告原件、复印件;

12. 经营场所的房屋租赁合同(或房屋购买合同)原件、复印件;

13. 创业计划书。

办理地点:西安市就业服务中心

大学生自主创业贷款额度多少根据央行发布的《鼓励青年大学生自主创业》,大学生自主创业的贷款额度是最高不超过 30 万元的小额贷款,各省(自治区、直辖市)政府对创业担保贷款额度另有规定的,可参照其规定。

大学生自主创业贷款以小额贷款为载体,信贷支持青年创业。针对大学生创业无担保、无抵押的融资难问题,在人民银行、团县委的引导下,邮储银行、农商银行等多家金融机构推出青年创业小额贷款,只要毕业 2 年以内高校毕业生自主创业的,自筹资金不足的,给予与自筹资金同等额度且最高不超过 30 万元的小额贷款,并给予一定贴息支持,贷款期限一般不超过 2 年。

温馨提示:大学生自主创业贷款分财政贴息和非财政贴息贷款。贴息范围项目由省级财政等相关部门指定、告示。

另外,政府以税收优惠为激励,提升青年创业动力。以创业带动就业是提高社会就业率的重要途径,为鼓励高校毕业生创业,政府部门对大学生创业实行减免一定税收,即在毕业年度内从事个体经营或创办企业(国家限制行业除外)的高校毕业生,就可以享受在 3 年内按每户每年 8 000 元为限额一次扣减其当年实际应缴纳的营业税、城市维护建设税、教育费附加和个人所得税。

10.2　人力资源管理

10.2.1　岗位分析

1)岗位分析的概念

岗位分析或称职位分析,是一种系统地收集与岗位有关信息的过程,包括任职条件、工作职责、工作环境、工作强度及工作的其他特征,以便确认岗位整体概况,对其做出正确、详尽的描述。是人力资源管理工作的基础,其分析质量对其他人力资源管理模块具有举足轻重的影响。

2)岗位说明书的含义

整理岗位分析结果的工作描述的书面文件,包括:工作基本信息、岗位设置目的、主要职责、工作环境等,以及任职资格要求(如技能、学历、训练、经验、体能等)。

岗位分析及岗位说明书能够把组织实现战略的 职责落实到具体组织成员,确保组织正常运转,支持组织目标的实现。

在人力资源管理系统中,岗位分析和岗位评估是最基础的工作,它提供了建立其他各人力资源子系统的平台。只有把这项工作做扎实,其他各项工作才有依据。

延伸阅读2

带货主播的岗位说明书

岗位名称	带货主播	所属部门	运营部	岗位定员	1
岗位编码	MX-03-005	部门编码	YY-003	薪酬等级	C2
直接上级	经理	直接下级		下级人数	
工作综述	在拼多多进行视频直播、推广产品,解说每件产品特点,挖掘产品的卖点亮点				
岗位职责	1. 在拼多多进行视频直播、推广产品,解说产品特点,挖掘产品的卖点亮点; 2. 直播时进行商品口播(提前熟悉产品信息、当天的优惠活动); 3. 在线直播与粉丝进行互动,吸引更多的粉丝,维护好老粉丝; 4. 定期策划、组织各种活动,提高活跃度,增加粉丝的黏度以及数量				
协作关系	内部:公司各部门				
	外部:相关部门				
岗位要求	1. 年龄18~35周岁,形象气质佳,性格外向,自信热情有活力; 2. 有网络直播经验的优先考虑; 3. 有较强的语言的组织能力,镜头造型感强,喜欢与人互动交流,善于调动气氛; 4. 有责任心、沟通能力好、团队协作能力强				
任职资格	工作知识	较深的专业知识,了解行业情况			
	工作技能	熟练操作计算机办公软件			
	素质要求	工作认真负责,良好的沟通能力、组织能力; 责任心强,工作积极主动,有团队合作精神; 有耐心,工作细致认真、谨慎、调理性强			
	个性品质	对公司忠诚,具有良好的保密意识			
	职称证书	专业相关证书			
	身体要求	身体健康			
职业发展	经理				
工作环境	办公室,室外				
工作时间	每日8小时,每周5天工作时间				
使用工具	计算机				

课堂互动 2

根据创业项目设置的岗位,撰写岗位说明书。

10.2.2　员工招聘

1）招聘目的

招聘就是企业吸引应聘者并从中选拔、录用企业需要的人才的过程。企业招聘的直接目的就是获取需要的人才,但除了这一目的,招聘还有树立企业形象、降低受雇佣者在短期内离开公司的可能性、履行企业的社会义务等潜在的目标。

企业作为社会的功能组织之一,其所应当承担的义务中就应该包括提供就业岗位,招聘活动正是企业履行这一社会义务的过程。

2）招聘原则

①因事择人;

②公开;

③平等竞争;

④用人所长。

3）招聘途径

（1）内部招聘

员工的内部招聘是指在已有员工队伍中为特定职位选择合适任职者。为此不仅需要分析职位工作情况,确定人员短缺的职位,而且必须把握员工队伍状况,发挥人员调整的空间。

（2）外部招聘

人员的外部招聘是指企业从劳动力市场获取员工。在此过程中,确定职位需求、发布招聘信息、进行人员测评、签订劳动合同、开展入职教育,是招聘工作的主要环节。随着市场经济的发展,新的招聘形式不断产生,其中校园招聘和猎头公司具有重要地位。

课堂互动 3

【规则】分成 6 个组,单号组是招聘组;双号组是应聘组。单号组成员只能招聘本组所需的岗位,双号组自由选择应聘哪个岗位。

【准备】每个招聘组都准备 5 个岗位并公示应聘组成员自由行动,了解岗位需求,准备相应应聘资料。

10.2.3　培训

1）培训的概念

培训是指组织根据经济和社会发展,特别是自身实际工作的需要,采取多种多样的形式对员工进行有目的、有计划、有组织、多层次、多渠道的培养、教育和训练活动。其目的在于提高员工各方面素质和能力,使之适应现职工作或未来发展需要。

2）培训的作用

①培训是调整人与事之间的矛盾，实现人事和谐的重要手段。

②培训是快出人才、多出人才的重要途径。

③培训是调动员工积极性的有效办法。

④培训是建立优秀组织文化的有力杠杆。

3）培训的内容

（1）企业文化方面的培训

①企业文化精神层次的培训：参观厂史展览；请先进人物宣讲企业传统；请企业负责人讲企业目的、宗旨、企业哲学等。

②企业文化制度层次的培训：组织新员工学习企业规章制度，如考勤制度、奖惩制度、福利制度、考核制度等，使员工在工作中自觉地遵守企业的规章，按企业制定的规则、标准、程序、制度办事。

③企业文化物质层次的培训：让员工了解企业的内外环境如厂容、厂貌等；了解企业的主要产品、设备、品牌、商标等；了解厂旗、厂标、厂服等。

（2）业务方面的培训

①参观企业生产的全过程，请技师讲主要的生产工艺和流程。

②请总工程师给新员工上课，讲解企业生产中最基本的理论知识。

③根据每个人的不同岗位，分类学习有关的业务知识。

④开展对新员工的"传、帮、带"活动。

在对新员工集中培训之后，各部门指定专门人员对新员工进行分别的指导，使他们更加顺利地进入工作岗位。对新员工的"传、帮、带"活动，对新员工尽快独立地开展工作是非常有意义的。

延伸阅读3

微软的员工培训

1）以老带新—导师制

微软通过熟练员工来教育新雇员，这些熟练员工有组长、某些领域的专家以及正式指定的指导教师，他们除了本职工作还要担负起教导新雇员的工作。这种方法使大家觉得有权学习并自己决定学什么和不学什么，使他们在公司里的作用灵活机动。例如，对于程序经理的培训：刚开始时，新雇员的任务可能是一个单独的特性，并且在直到完成为止的这段时间内，都会有人对你进行密切的指导。随后，当这种工作已做得相当熟练之后，便会在更大的特性组中从事类似的工作，但指导会少得多。一段时期之后，受训者会拥有一个小项目或一个大项目的一部分。同时，程序经理还可以受到一些正规的培训，包括一个供选修的为期三周的培训项目。

导师制是微软培训体系中的重要一环，其目标是帮助其他员工成功。指导体系的核心是帮助所有员工提高专业素质,提供职业发展的机会。

微软指导体系由四个步骤组成,分别是建立关系、达成共识、为被指导者提供指导、结束关系。通过指导体系,导师可以帮助其他员工达成目标,训练指导及领导技巧,学习他人的优势,而被指导者则可以获得职业发展,增进与其他部门导师交流的机会,学习成为导师。

导师通常比被指导者高 2~3 个级别,导师与被指导者间的彼此选定是完全自愿的。在公司内部,教练训练是一对一进行,帮助受训者提高技能,如演讲技巧或者是解决职位上的困惑。

2)"蓝碟"午餐会

微软还不定期举行"蓝碟"午餐会,届时会有经验丰富的程序经理介绍他们自己的经验。假设你是一个被微软录用的新的开发员,那么在前几天,你会与经理以及来自其他专业部门的高级人员见面,你会听到有关开发周期的一个方向性简介,然后开发经理会立即派给你一个单独的任务或者让你与特性小组一起工作。你还可能被介绍给愿意当指导教师的高级开发员。一般来讲,你开始会从事相对容易的特性编码工作,这种工作需要一周左右时间并且与其他特性关联甚少,并且高级人员(特性组长、领域专家、指导教师)随即非常仔细地检查你编写的代码。

3)定向培训

微软对开发领域人员有更加正规的定向的培训。例如,微软为新的开发人员提供了几个为时两天的实习班,培训他们处理开发过程、产品、工具和其他专题。在微软,对于客户支持工程师的培训也是十分重要的。这主要是因为顾客不仅是购买微软的产品,他们还要享受微软优质的售后服务。因此,训练有素的客户支持工程师对于保持公司良好的形象和提高为顾客服务的能力是至关重要的。客户支持工程师不必像开发人员那样有必备的职业教育,但他们必须有关于微软产品如何工作的广博知识,并且实际上要在某种产品上具有专业知识。新的客户支持工程师在分专业之前,要接受 3~4 周培训。培训从基本的系统产品 MS-DOS 和 Windows 开始,同时他们还接受交际技巧,包括如何与顾客打交道等方面的一般性训练。作为定向培训的一部分,他们还接电话,与导师一道工作(每位技术员有一位导师)。在他们被分配处理客户的电话之前负责答复客户来信。工作确定之后,每个雇员每年还要接受大约 20 小时的再培训。"通过边干边学和言传身教培训新雇员"这一方法可谓微软独到之处。

10.2.4 薪酬与福利

1)薪酬的含义

薪酬包括狭义的薪酬和广义的薪酬。其中,狭义的薪酬是指作为雇佣关系中的一方所得到的各种货币收入,以及各种具体的服务和福利之和。广义的薪酬是指雇员在企业中所获得的全部报酬或奖酬,包括物质和非物质形式。

2）薪酬设计的基本流程

制订科学合理的薪酬制度的基本流程主要包括以下几个方面：

①制订薪酬原则和策略。企业薪酬的制定应反映企业各项战略的需求。薪酬策略要对以下内容进行明确规定：对员工本性、总体价值的认识，对管理骨干的核心价值观的认识，企业基本工资制度和分配原则，企业工资分配政策和策略等。

②岗位设置与职位分析。薪酬设计第一步是确定每个工作岗位的具体内容。职位分析反映了管理者和员工对某一职位的期待。

③职位评价。职位评价重在解决薪酬的对内公平性问题。

④薪酬调查与薪酬定位。

⑤薪酬结构设计。

⑥薪酬体系的实施与修正。

延伸阅读4

IBM 的薪酬福利

IBM 的薪酬福利内容非常丰富，主要包括以下 13 个方面。

1. 基本月薪——反映员工基本价值、工作表现及贡献。

2. 综合补贴——对员工生活方面的基本需要给予现金支持。

3. 春节奖金——在阴历新年前发放的节日奖金。

4. 休假津贴——为员工报销休假期间的费用。

5. 浮动奖金——从公司完成既定的效益目标出发，鼓励员工的贡献。

6. 销售奖金——销售及技术支持人员在完成销售任务后给予的奖励。

7. 奖励计划——对努力工作员工或有突出贡献者给予的奖励。

8. 住房资助计划——公司提取一定数额资金存入员工的个人账户，资助员工在短时间内解决住房问题。

9. 医疗保险计划——解决员工医疗及年度体检费用。

10. 退休金计划——参加社会养老统筹计划，为员工晚年生活提供保障。

11. 其他保险——包括人寿保险、人身意外保险、出差意外保险等。

12. 休假制度——除法定假日外，还有带薪年假、探亲假、婚假、丧假等。

13. 员工俱乐部——为员工组织各种集体活动，包括文娱活动、体育活动、大型晚会、集体旅游等。

10.2.5 绩效考评

1）绩效考评的含义

绩效考评是指根据人力资源管理的需要，对员工的工作结果、履行现任职务的能力以及担任更高一级职务潜力进行有组织、尽可能客观的考核和评价过程。

2）绩效考评的程序

①制订考评计划。考评计划的内容主要包括：本次考评的目的、对象、条件、时间和方法。

②确定绩效考核标准。

③实施考核评价。

④考评结果的反馈与运用。

10.3　财务管理

10.3.1　财务管理的相关概念

财务管理是基于企业再生产过程中客观存在的财务活动和财务关系产生的，它是利用价值形式对企业再生产过程进行的管理，是组织财务活动、处理财务关系的一项综合性管理工作。财务管理水平的高低直接影响企业未来的发展，决定了企业的存亡。初创企业，财务管理的首要任务是资金管理。

10.3.2　财务管理的核心要素

1）成本管理

成本是体现企业生产经营管理水平高低的一个综合指标。

成本管理是指企业生产经营过程中各项成本核算、成本分析、成本决策和成本控制等一系列科学管理行为的总称。

①不能仅局限于生产耗费活动，应扩展到产品设计、工艺安排等生产、技术、销售、储备和经营等各个领域。

②参与成本管理的人员不能仅是专职成本管理人员，还应包括各部门的生产和经营管理人员，并发动广大职工，调动全体员工的积极性，实行全面成本管理。

2）财务分析

以会计核算和报表资料及其他相关资料为依据，采用一系列专门的分析技术和方法，对企业等经济组织过去和现在有关筹资活动、投资活动、经营活动、分配活动的盈利能力、运营能力、偿债能力和增长能力状况等进行分析与评价的经济管理活动。常见财务报表由资产负债表、利润表、现金流量表及股东权益变动表与相关附注说明组成。

（1）资产负债表

①含义。资产负债表是总括地反映会计主体在特定日期财务状况的报表。主要分析流动资产、长期投资、固定资产、无形资产等信息。

②结构。基本结构是：

$$资产=负债+所有者权益$$

资产负债表

单位名称：　　　　　　　　　　　年　月　日　　　　　　　　　　　单位:元

资产	年初余额	期末余额	负债和所有者权益 （或股东权益）	年初余额	期末余额
流动资产:			流动负债:		
货币资金			短期借款		
交易性金融资产			交易性金融负债		
应收票据			应付票据		
应收账款			应付账款		
预付款项			预收款项		
应收利息			应付职工薪酬		
应收股利			应交税费		
其他应收款			应付利息		
存货			应付股利		
一年内到期的非流动资产			其他应付款		
其他流动资产			一年内到期的非流动负债		
流动资产合计			其他流动负债		
非流动资产:			流动负债合计		
可供出售金融资产			非流动负债:		
持有至到期投资			长期借款		
长期应收款			应付债券		
长期股权投资			长期应付款		
投资性房地产			专项应付款		
固定资产			预计负债		
在建工程			递延所得税负债		
工程物资			其他非流动负债		
固定资产清理			非流动负债合计		
生产性生物资产			负债合计		
油气资产			所有者权益 （或股东权益）:		
无形资产			实收资本（或股本）		
开发支出			资本公积		

资产	年初余额	期末余额	负债和所有者权益 （或股东权益）	年初余额	期末余额
商誉			减:库存股		
长期待摊费用			盈余公积		
递延所得税资产			未分配利润		
其他非流动资产			所有者权益 （或股东权益)合计		
非流动资产合计					
资产总计			负债和所有者权益 （或股东权益)总计		

③作用。初创企业可运用资产负债表的资料;分析企业资产分布状态、负债和所有者权益构成情况,评价企业资金营运、财务结构是否正常、合理;分析企业流动性或变现能力,以及长、短期债务数量及偿债能力,评价企业承担风险的能力;有助于计算企业的获利能力,评价企业的经营绩效。

（2）利润表

①含义。利润表主要反映一定时期内公司的营业收入减去营业支出之后的净收益,反映企业在一定会计期间的经营成果的财务报表,利润表依据"收入－费用＝利润"来编制。

利润表

编制单位:　　　　　　　　　　　年　　　月　　　　　　　　　　　　单位:元

项目	本期金额	上期金额
一、营业收入		
减:营业成本		
营业税金及附加		
销售费用		
管理费用		
财务费用		
资产减值损失		
加:公允价值变动收益(净损失以"－"号填列)		
投资收益(损失以"－"号填列)		
其中:对联营企业和合营企业的投资收益		

续表

项目	本期金额	上期金额
二、营业利润(亏损以"-"号填列)		
加:营业外收入		
减:营业外支出		
其中:非流动资产处置净损失		
三、利润总额(亏损总额以"-"号填列)		
减:所得税费用		
四、净利润(净亏损以"-"号填列)		

②分析途径。通过利润表,我们一般可以对公司的经营业绩、管理的成功程度做出评估,从而评价投资者的投资价值和报酬,主要从以下两个方面入手。

一是收入项目分析。计入收入账的包括当期收讫的现金收入,应收票据或应收账款,以实际收到的金额或账面价值入账。

二是费用项目分析。首先,注意费用包含的内容是否适当;其次,对成本费用的结构与变动趋势进行分析,分析各项费用占营业收入的百分比,分析费用结构是否合理。

(3)现金流量表

①含义。现金流量表是反映上市公司现金流入与流出信息的报表。包括现钞、银行存款、短期证券投资、其他货币资金。

②作用。通过现金流量表,了解企业的经营、投资和筹资活动所产生的现金收支活动,以及现金流量净增加额,有助于分析企业的变现和支付能力,把握企业的生存、发展能力和适应市场变化的能力。具体可体现为以下几个方面:来自经营活动的现金流量、来自投资活动的现金流量、来自筹资活动的现金流量、非常规项目产生的现金流量、涉及现金收支的投资与筹资活动。

现金流量表

编制单位:　　　　　　　　　　年　　　月　　　　　　　　　　　单位:元

项目	本期金额	上期金额
一、经营活动产生的现金流量:		
销售商品、提供劳务收到的现金		
收到的税费返还		
收到其他与经营活动有关的现金		
经营活动现金流入小计		
购买商品、接受劳务支付的现金		
支付给职工以及为职工支付的现金		

项目	本期金额	上期金额
支付的各项税费		
支付其他与经营活动有关的现金		
经营活动现金流出小计		
经营活动产生的现金流量净额		
二、投资活动产生的现金流量:		
收回投资收到的现金		
取得投资收益收到的现金		
处置固定资产、无形资产和其他长期资产收回的现金净额		
处置子公司及其他营业单位收到的现金净额		
收到其他与投资活动有关的现金		
投资活动现金流入小计		
购建固定资产、无形资产和其他长期资产支付的现金		
投资支付的现金		
取得子公司及其他营业单位支付的现金净额		
支付其他与投资活动有关的现金		
投资活动现金流出小计		
投资活动产生的现金流量净额		
三、筹资活动产生的现金流量:		
吸收投资收到的现金		
取得借款收到的现金		
收到其他与筹资活动有关的现金		
筹资活动现金流入小计		
偿还债务支付的现金		
分配股利、利润或偿付利息支付的现金		
支付其他与筹资活动有关的现金		
筹资活动现金流出小计		
筹资活动产生的现金流量净额		
四、汇率变动对现金及现金等价物的影响		
五、现金及现金等价物净增加额		
加:期初现金及现金等价物余额		
六、期末现金及现金等价物余额		

10.3.3 财务管理的关键点

1）盈亏平衡点

（1）概念

盈亏平衡点（Break Even Point，BEP）又称零利润点、保本点、盈亏临界点、损益分歧点、收益转折点。通常是指全部销售收入等于全部成本时（销售收入线与总成本线的交点）的产量。以盈亏平衡点为界限，当销售收入高于盈亏平衡点时企业盈利；反之，企业就亏损。盈亏平衡点可以用销售量来表示，即盈亏平衡点的销售量；也可以用销售额来表示，即盈亏平衡点的销售额。

盈亏平衡点：

$$销售收入=成本=固定成本+可变成本$$

固定成本是指不随销售额变化的成本，如租金、工资、折旧等。

可变成本是指随销售量的大小而变化的成本。如购买的原材料、支付的水电费、销售提成等。

（2）计算公式

$$盈亏平衡点=\frac{固定成本}{单位毛利润-单位可变成本}$$

其中：

$$单位毛利润=单位产品售价-单位产品进价$$

（3）实例分析

李强在地铁口附近承租了一家快捷早餐档口，每份早餐5元。这个档口每月租金2 000元。李强雇了两人来卖早点，两人基本工资共计4 000元，给员工的提成是每份0.5元。李强自己不做早餐，由早餐配送公司统一配送，每份进价2.5元，李强的店提供加热设备，加热设备每月折旧500元。计算，李强的早餐生意每天要卖多少才能实现盈亏平衡？

2）投资回报率

（1）投资回报率的概念

投资回报率是指投资与回报的比率。

（2）投资回报率计算公式

$$投资回报率（ROI）=\frac{期末资产-期初资产}{期初资产\times100\%}$$

（3）投资回报率优缺点

①优点。投资回报率能反映投资中心的综合盈利能力，且由于剔除了因投资额不同而导致的利润差异的不可比因素，因而具有横向可比性，有利于判断各投资中心经营业绩的优劣；此外，投资利润率可以作为选择投资机会的依据，有利于优化资源配置。

②缺点。这一评价指标的不足之处是缺乏全局观念。当一个投资项目的投资回报率低于某投资中心的投资回报率而高于整个企业的投资回报率时，虽然企业希望接受这个投资

项目,但该投资中心可能拒绝它;当一个投资项目的投资回报率高于该投资中心的投资回报率而低于整个企业的投资回报率时,该投资中心可能只考虑自己的利益而接受它,而不顾企业企业整体利益是否受到损害。

能力训练

投资价值分析

通过上市企业财务报表找出有投资价值的企业,以三家上市企业为例,分别寻找每家企业的三大财务报表,看懂报表的含义,初步分析哪家企业更有投资价值。

10.4　营销管理

10.4.1　市场营销计划

市场营销战略必须进一步化为整套具体行动,为此须拟定全面性的市场营销行动计划。市场营销计划的内容包括以下几个方面。

1)情况分析

这是计划的第一部分,应综合报告与总体环境、顾客、竞争者、供应商、经销商及其他问题相关的趋势与要点,并指出主要的问题及机会点。

2)市场营销目标

拟定未来年度的主要市场营销目标,并将其转换为可以衡量及能够达成的数量与金额,如目标市场销售量、销售额应达到多少,市场占有率提高到多少,以多少成本来达到这个市场占有率等。

此外目标销售额还须按企业的销售组织予以分配,如各业务区,各业务分区,以至于个别推销人员等。这样的分配数字称为销售配额,通常多以各销售单位过去的绩效及估计潜力为分配的基础。

3)市场营销策略

针对选定的目标市场,制订一组具有最好经济效益的 4P 营销组合。关于各市场营销因素的效果,在市场营销部门中往往各人有各人的意见。例如,销售经理可能希望有足够的经费、聘雇较多的推销员;广告经理可能希望增加广告;产品经理可能要求再改善产品质量和包装;市场研究经理则可能主张再对市场作更深入的研究。由于有这种意见分歧的情况,因此市场营销计划的进行必须有密切的协调。

制定市场营销策略还得决定市场营销费用。通常决定市场营销预算时,多是为销售额目标的某一个百分比。如果进入一个新市场,就需提出较高百分比的市场营销费用,以期能一举夺得适当的市场占有率。

4)市场营销行动方案

市场营销策略必须进一步化为整套的具体行动,常用的方式是分别指派适当人员,各自负责某一项营销工作。例如,企业的市场营销策略认为"需要大幅度改善广告活动",并将这任务指派给广告部陈经理担任。陈经理接受任务后,便应开列一份"大幅度改善广告活动"的工作项目清单:"列出三家最受重视的广告公司的名单","听取这三家公司提出的草案","选定最佳的广告商","核定最后的广告文案"及"核定宣传媒体计划"。每一个工作项目又分别指定广告部门的一位专人负责,并指明完成期限。其他各项策略任务的工作进行也可仿此方式进行具体行动。

最后的全面行动计划可制成表格形式,按一年 12 个月分为 12 列,分别列出各工作项目。表上注明各工作项目的开始日期、检查日期及完成日期,但是,这样的行动方案在遇到新问题或新机会出现时仍需适时修改。

5)市场营销预算

有了目标、战略和行动方案,经理即可据以编制一份支持预算书。所谓预算书本质上可以说是一份预定的损益计算书。在预算书的收入方,列明预期销售的数量及平均实际收入的单价。在支出方,则列入生产成本、货物流通成本及销售成本等项,并应再分别列出细目,收入和支出的差额,即预期利润也应列入。管理阶层审核时,可予核定,也可修改。一经核定这份预算书便是有关物料采购、生产日程、人力计划及市场营销作业等的依据。

6)市场营销控制

市场营销计划的最后一部分,应为有关如何掌握计划执行进度的控制事项。目标和预算通常分别划为逐月或逐季的数字,以便管理阶层按时检查工作成果。

10.4.2 营销组织

1)营销组织

市场营销组织是指企业内部涉及市场营销活动的各个职位及其结构。

有效的营销组织应具有灵活性、适应性和系统性,即企业组织能够根据营销环境和营销目标、策略的变化,适应需要,迅速调整自己。

2)营销组织的目标

作为营销组织,除了具有组织的一般特性,还应突出以下两个方面的特征。

(1)对市场需求的灵敏、快速反应

营销组织是企业伸向市场环境的触角,它担负着收集外部消费者需求变化趋势的职责。

(2)体现和保护消费者利益

消费者是企业营销活动的核心。奉行市场营销观念的企业必须把消费者利益放在第一位,这个重任是由营销组织来担当的。

3)营销部门的组织模式

随着情况的发展变化,营销部门本身的组织方式也在演化。概括而言,主要有以下几种基本的营销部门组织模式。

（1）职能式营销组织

这是最古老也最常见的市场营销组织形式。它强调市场营销各种职能的重要性。当企业只有一种或很少几种产品时，或者企业产品的市场营销方式大体相同时，按照职能式组织设立比较有效。但是，随着产品品种的增多和市场的扩大，这种组织方式的效率将大打折扣。因为没有一个职能部门对某产品的整个市场营销活动负全部责任，那么，各部门就强调各自的重要性，以争取到更多的预算和决策权力，致使市场营销经理无法协调工作。

（2）地理区域式营销组织

在全国范围进行销售的公司，通常按地理区域设立营销组织，安排其销售队伍。在营销副总经理主管下，按层次设全国销售经理、大区销售经理、地区销售经理、分区销售经理、销售人员。假设一位负责全国的销售经理领导 4 位大区销售经理，每位大区销售经理领导 6 位地区销售经理，每位地区销售经理领导 8 位分区销售经理，每位分区销售经理直接领导 10 位销售人员。从全国销售经理到分区销售经理，再到销售人员，所管辖的人数即"管理幅度"逐级增大，呈自上而下自然的"金字塔"形组织结构。

（3）产品管理式营销组织

如果一个企业生产多品种或多品牌的产品，并且各种产品之间的差别很大，按职能设置市场营销组织不利于产品销售，则适合建立产品管理式组织。

产品管理式组织的优点：

①能为开发某种产品市场而协调各方面的力量。

②能对市场上出现的问题做出快速反应。

③由于有专人负责，较小的品种或品牌也不致遭到忽视。

产品管理式组织的缺点：

①缺乏整体观念。各个产品经理相互独立，为争取各自的利益而发生摩擦，而实际上，有些产品就应该收缩或淘汰。

②部门冲突。产品经理未必能获得足够的权威时，还需要劝说其他部门，如广告部门、销售部门等其他部门支持。

③多头领导。由于权责划分不清，下级可能会得到多方面的指令。

（4）市场式营销组织

市场细分化理论要求公司根据顾客特有的购买习惯和产品偏好等细分和区别对待不同的市场，针对不同购买行为和特点的市场，建立市场/顾客管理型营销组织是公司的一种理想选择。这种组织结构的特点是由一个总市场经理管辖若干个子市场经理，各子市场经理负责自己所管辖市场的年度计划和长期计划，他们开展工作所需要的功能性服务由其他功能性组织提供。

（5）产品-市场管理式营销组织

产品经理负责产品的销售利润和计划，市场经理则负责开发现有和潜在的市场，适于多角化经营的公司，麻烦是冲突多、费用大，有权力和责任界限不清的问题。

4）市场营销部门与其他部门的矛盾

从理论上讲，企业的各个职能部门应该密切配合以达到企业的整体目标。但实际上，企业内部各个部门之间总是存在矛盾和争论。冲突大多来自一些问题的不同观点；也有部门和部门之间对企业资源争夺而引起的争论；每个部门看问题的角度不同，都倾向于强调自身的重要性等。

解决企业各部门之间的矛盾，关键是要强调营销导向的组织原则。从长期来说是要建立一种有持久生命力的营销文化。菲利普·科特勒指出，企业主管可以采用9种措施在全公司内塑造营销文化。

（1）明确要求所有经理都成为消费者导向型经理

在这里，董事的领导和承诺是关键要素，董事必须确认企业的高级经理都将他们的工作以消费者为中心并越来越重视市场营销观念，董事应不断地向雇员、供应商、分销商强调向消费者提供质量和价值的重要性，身体力行对消费者进行承诺并实现承诺，同时奖励那些也同样做的雇员。

（2）建立强有力的市场营销队伍

企业应雇用高级市场营销人员，组建项目小组，以便在市场营销活动中将市场营销思想和实践带入企业，项目负责小组应包括董事、销售副总裁、开发部、采购部、生产部、财务部、人事部及其他部门的关键人员。

（3）获取各界指导和帮助

在建立企业市场营销文化过程中，市场营销项目小组从咨询专家获得帮助。咨询专家在帮助企业转变为市场导向型方面有相当多的经验。

（4）雇佣市场营销精英

企业应考虑雇用市场营销专家，尤其是在一流的市场营销企业里工作的专家。花旗银行面对市场营销工作出现的严重问题，从通用食品公司聘请了一位高级市场营销经理。现在，亚洲银行都聘请花旗银行管理人员来帮助创建银行的市场营销文化。

（5）改变企业的奖励制度

如果期望企业部门的行为改变的话，那就应该改变企业的奖励制度。显然，如果采购部门和生产部门因降低生产成本而获得奖励，那么就很难让他们为了更好地服务消费者而多增加一分钱的成本。如果财务部注重短期的利润，那么很难相信他们会支持市场营销过程中的长期投资，以提高消费者的满意度和忠诚度。

（6）加强企业内部营销培训

企业为了把市场营销观念、技能灌输给经理和雇员，需要对高层管理人员、部门经理、市场营销人员、销售人员、生产人员、研究开发人员进行全面、系统的培训。

（7）建立现代化的市场营销计划制度

训练经理用市场营销思维进行工作，一个卓有成效的方法就是建立一种现代化的市场导向型的计划制度，计划形式迫使经理考虑市场营销环境、机会、竞争形势和其他各种因素。这些经理将为某些具体产品和细分市场制定市场营销战略，预设销售利润并对这些活动负责。

（8）建立年度市场营销评奖制度

企业应鼓励各业务单位提交年度最佳市场营销活动报告,通过对这些报告的评审,企业可评出最佳市场营销人员,并对其予以奖励。这些获奖者的事迹将作为"优秀市场营销案例"在企业内广泛传播。

（9）重新设计企业的组织架构

重新设计企业的组织架构,将产品导向的企业改组为市场导向的企业。企业通过建立一个专门关注具体市场、协调企业在各市场的不同产品计划和供给结构,而逐渐成为以市场为中心的企业。

10.4.3 营销控制

1）营销控制的概念

控制是管理的重要职能之一。控制是未来实现目标而进行的计划过程的延伸,它能够把计划实施过程中的信息反馈给控制者,帮助管理者调整现有的计划或编制出新的计划。控制和计划有密切关系,控制的运行都是在计划的实施中进行的。营销控制就是营销管理者用以跟踪企业营销活动过程的每一个环节,确保其按计划目标运行而实施的一套工作程序或工作制度,以及为使实际结果与预期目标一致而采取的必要措施。

2）营销控制的步骤

营销控制的步骤如图 10-1 所示。

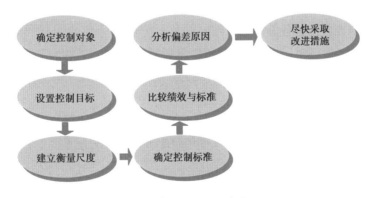

图 10-1 营销控制步骤

（1）确定控制对象

确定控制对象,即确定对哪些营销活动进行控制。

（2）设置控制目标

如果计划中已经认真设立了目标,可以直接借用。

（3）建立衡量尺度

一般情况下,企业的营销目标可以作为营销控制的衡量标准,如销售额指标、销售增长率、利润率、市场占有率等。

（4）确定控制标准

控制标准是对衡量标准定量化，即以某种衡量尺度表示控制对象的预期活动范围或可接受的活动范围。

（5）比较绩效与标准

确立了控制标准后，就要把控制标准与实际结果进行比较。检查的方法有很多种，如直接观察法、统计法、访问法、问卷调查法等，可根据实际需要选择。

（6）分析偏差原因

执行结果与计划发生偏差的情况是经常出现的。原因不外乎两种：一种是实施过程中的问题，这种偏差较容易分析；另一种是计划本身的问题。而这两种原因通常是交织在一起的，加大了问题的复杂性，致使分析偏差原因成为营销控制的一个难点。

（7）尽快采取改进措施

针对存在的问题，应提出相应的改进措施。提高工作效率是营销控制的最后一个步骤。采取改进措施宜抓紧时间。有的企业在制订计划的同时还提出了应急措施，这在实施过程中，一旦发生偏差可以及时补救。

3）营销控制的方法

（1）年度营销计划控制

年度营销计划控制是指由企业高层管理人员负责的，旨在发现计划执行中出现的偏差，并及时予以纠正，帮助年度计划顺利执行，检查计划实现情况的营销控制活动。一个企业有效的年度计划控制活动应实现以下具体目标：促使年度计划产生连续不断的推动力；使年度控制的结果成为年终绩效评估的依据；发现企业潜在的问题并及时予以解决；企业高层管理人员借助年度计划控制监督各部门的工作。

一般而言，企业的年度计划控制包括销售分析、市场占有率分析、市场营销费用对销售额的比率分析、财务分析和顾客态度追踪等内容。

（2）盈利能力控制

盈利能力控制是指在测定企业不同产品、不同销售地区、不同顾客群、不同销售渠道及不同规模订单的盈利情况的控制活动。取得利润是所有企业的最重要的目标之一。盈利能力考察有以下几个指标。

销售利润率是指利润与销售额之间的比率，表示每销售 100 元使企业获得的利润。其公式是：

$$销售利润率 = \frac{本期利润}{销售额} \times 100\%$$

资产收益率是指企业所创造的总利润与企业全部资产的比率。其公式是：

$$资产收益率 = \frac{本期利润}{资产平均总额} \times 100\%$$

净资产收益率是指税后利润与净资产所得的比率。净资产是指总资产减去负债总额后的净值。这是衡量企业偿债后的剩余资产的收益率。其计算公式是：

$$净资产收益率=\frac{税后利润}{净资产平均余额}\times100\%$$

资产管理效率包括以下测量指标：

①资产周转率。该指标是指一个企业以资产平均余额去除产品销售收入净额而得出的全部资产周转率。其计算公式如下：

$$资产周转率=\frac{产品销售收入净额}{资产平均余额}\times100\%$$

②存货周转率。该指标是指产品销售成本与存货（指产品）平均余额之比。其计算公式如下：

$$存货周转率=\frac{产品销售成本}{存货平均余额}\times100\%$$

（3）效率控制

效率控制的目的是监督和检查企业多项营销活动的进度与效果。假定企业的某些产品或某个地区市场的盈利状况不好，就有必要进行效率控制，发现问题，加以改进，从而提高企业的营销效率和经济效益。

效率控制的任务主要是提高人员推销、广告、促销、分销等工作的效率。

（4）战略控制

战略控制是由企业的高层管理人员专门负责的。营销管理者通过采取一系列行动，使市场营销的实际工作与原战略规划尽可能保持一致，在控制中通过不断的评估和信息反馈，连续地对战略进行修正。

与年度计划控制和盈利能力控制相比，市场营销战略控制显得更重要，因为企业战略是总体性的和全局性的。而且，战略控制更关注未来，战略控制要不断地根据最新的情况重新制定估价计划和新计划的进展情况，因此，战略控制更难把握。在企业战略控制过程中，我们主要采用营销审计这一重要工具。

（5）市场营销审计

市场营销审计，是对企业或战略经营单位的市场营销环境、目标、战略和市场营销活动等独立、系统、综合地进行的定期审计，以发现市场机会、找出问题所在，并提出改进的计划。营销审计实际上是在一定时期对企业全部营销业务进行总的效果评价，主要特点是不限于某一些问题的评价，而是全部问题的评价。

案例分析

郑海涛的三次创业融资故事

郑海涛在 1992 年清华大学计算机控制专业硕士毕业后，在中兴通讯公司工作了 7 年。从搞研发到做市场，从普通员工到中层管理人员。但是具有强烈事业心的他并不满足于平稳安逸的工作。在经过一番市场调查后，2000 年他带着自筹的 100 万元资金，在中关村创办了以生产数字电视设备为主的北京数码视讯科技有限公司。

郑海涛的 100 万元资金很快就用光了。他只得捧着周密的商业计划书,四处寻找投资商,一连找了 20 家,都吃了闭门羹——投资商的理由是:互联网泡沫刚刚破灭,选择投资要谨慎;况且数码视讯产品还没有研发出来,投资种子期风险太大,因此风险投资商宁愿做中后期投资或短期投资,甚至希望跟在别人的后面投资。2001 年 4 月,公司研制的新产品终于问世,第一笔风险投资也因此有了着落。清华创业园、上海运时投资和一些个人投资者共投资了 260 万元。

2001 年 7 月,国家广电总局为四家企业颁发了入网证,允许它们生产数字电视设备的编码、解码器。包括北京数码视讯有限公司。在当时参加测试的所有企业中,数码视讯的测试结果是最好的。也正是这个原因,随后的投资者蜂拥而至,清华科技园、中国信托投资公司、宁夏金蛛创业投资公司又对数码视讯投了 450 万元。

在企业取得快速发展之后,郑海涛已经开始筹划第三次融资,按计划这次融资的金额将达到 2 000 万元。郑海涛认为,一个企业要想得到快速发展,产品和资金同样重要,产品市场和资本市场都不能放弃,必须两条腿走路,而产品与资本是相互促进、相互影响的。郑海涛下一步的计划是通过第三次大的融资,对企业进行股份制改造,使企业走向更加规范的管理与运作。此后,企业还计划在国内或者国外上市,通过上市进一步优化股权结构,为企业进军国际市场做好必要的准备。

思考:

1. 北京数码视讯有限公司获得资金的渠道有哪些?

2. 试分析郑海涛为什么三次融资都能成功?

3. 你从上述故事中学到什么经验?

本章小结

初创企业管理是对企业生产经营活动进行计划、组织、指挥、协调和控制等一系列职能的总称。它涉及融资管理、人力资源管理、财务管理和营销管理。

创业融资是指创业者有了某种创意和想法时,想要将其在商业中实现,且在资金不足需要外界资金支持的情况下,通过各种渠道和方式获得资金的行为过程。创业融资的渠道有:私人资本融资、机构融资、政府创业的扶持基金和风险投资。创业融资包括种子轮、天使轮、A 轮、B 轮和 C 轮、D 轮五个阶段。

人力资源管理的内容包括岗位分析、员工招聘、培训、薪酬与福利、绩效考评。良好的人力资源管理对企业成功有非常重要的影响。

财务管理水平的高低直接影响企业未来的发展,决定了企业的存亡。财务分析主要从三大报表入手,即资产负债表、利润表、现金流量表。财务管理的关键点有盈亏平衡点和投资回报率。营销管理包括营销计划、组织和控制。

第 11 章
创业风险管理

知识提要

（1）创业风险的识别方法、创业因素的识别；

（2）创业风险的评估方法、创业风险的评估过程；

（3）创业风险的控制方法。

学习目标

（1）学会对创业风险进行识别；

（2）学会创业风险的评估方法；

（3）学会创业风险的规避、分散、转移。

名人名言

风险是创业的伴侣，没有风险，就没有伟大的企业。

——埃隆·马斯克

案例导入

来自风投企业访谈的案例

2021 年 12 月，采访者就某风投企业在实际发展过程中的融资活动问题对管理人员进行一系列相关问题的独家采访，以期促进区域科技型企业更好地发展，打造有利的金融科技服务环境。

Q：咱们的企业从成立到现在已经很长时间了，您能简单说一下咱们企业的大致情况吗？

A：在 2014 年我们放过一批面向科技中小企业的优先股，实际上是明股实债。到了 2017 年，我们跟厅里和集团商量从做 LP 的角色转换为做基金管理人，让科技中小企业自己去拿张牌照。厅里同意了以后，从 2017 年底开始探索基金管理人的角色。从 2017 年底到现在为止，有 3 张牌照，管理了 12 只基金。目前，刚刚到 10 个亿，大概投了有不到 60 家企业，我们主要是三个方向。第一个是院所改制，因为我们也参与过一些政策方面设计的起草，审批的过程也参与过，相对来说有一些基础，所以院所改制是我们作为投资人来讲是一个重点方向。第二个是高校成果转化，比如说秦创园，目前这个也是我们的一个主要工作，我们投了将近30家这样的企业。第三个方向就是创业投资或者股权投资，因为从2009年国家就开始有这方面的政策引导，所以陆陆续续的政策也下沉到了基层的地市这一级别。我们通过以投代招，引导到当地去做新产业的布局和发展，通过这种投资的方式，帮助当地有特色的科技中小企业取得政策上、银行上的优惠。现在，我们还会对创业投资行业进行政府端的政策分析、数据整理、政策建议等，同时还对被投资企业的高企项目研发加计扣除进行辅导。我们每年都会有一些课题，围绕我们投资的机构，内部的交流培训，人员培养。

Q：在提供融资服务时，作为风投企业是从哪些方面来选择合作企业的？

A：在早期的项目中，一些企业的素质管理团队非常优秀，未来发展的预期会比其他企业要强一些，那么这种项目我们就会积极地去辅导和参与。作为一个管理机构，对于终端后端的项目，一方面早期的尽量看能不能发现，另一方面是跟后端的极快上市的企业，我们也会尽量想办法能参与就参与，因为作为一个机构来讲，最后还是需要业绩来支撑自己的发展。

Q：在早期的过程中，是基于科技型企业的哪些特点来投资？

A：早期项目的人员大多来自上市企业、研究院所或者高校里面的某一个行业牵头技术人，他的技术水平或者是本身自己的市场的能力很强。这些人员组成一个团队，它其实本身要么在技术端，要么在市场端，一定是有很多自己独到的资源的，他得有可能去做成这件事，因此好的资源也是投科技型企业的一个原因。

Q：不管是早期还是后期这些企业，都存在融资难这个问题，您认为主要原因是什么？

A：我们国家对于真正的早期项目，尤其是这种研发类的科技创新类的早期项目的金融支持，现在确实在一个发展过程当中，已经比以前有很大的提高了。这一部分的企业采用的主要还是股权工具，就是我们经常讲的中小企业，融资难可能更多的是站在一个金融工具的角度上来说。传统金融工具让它来支持有点勉为其难，所以更多地应该发展这种创业投资也好，私募股权投资也好，或者天使投资人也好，这些工具来支持最早期的这种项目。因此，我个人觉得将来一定是会把我们国家长期的金融工具也引到实体经济中去，因为一个早期项目通过七八年其实可以有几十倍、上百倍的回报，那么这个东西其实应该是适合长期工具的，短期工具往往都熬不到，那个时候看不到这个就到期了，所以在这些方面应该去做一些新的技术探索和设计，才能够为我们的早期项目真正解决问题。企业的现金流跟银行的要求是冲突的，仅依靠银行的普惠金融是行不通的，故我觉得就这个方向我个人不看好。

Q：你认为政府或者行业协会还需要加强哪些措施来促进这些科技型企业来融资？

A：如果想促进当地政府支持，首先你要促进当地本身的融资，把"弹药"准备足，所以我觉得像陕西最大的问题是要先把投资机构的营商环境建创好，然后剩下的事就是市场的事情了。你这里有100个亿每年在投项目或者有1000个亿投项目完全是不一样的，就把重心放在创投机构的生态环境，包括工商、税务等方面。母基金的管理规模，母基金相应的制度设计，然后对于外地人在陕西当地开展业务的这些支撑条件，就把这些东西都设计好，自然就会促进融资。

Q：从基金这个角度来看，投初期的风险更大，那么风险分担过程是如何实现的？

A：我个人觉得风险的大小是相对的。首先，每投一个项目也都是从二十几个项目中挑出来的,总体来讲风险是可控的。其次,是现在国家的政策导向也好,资本市场的趋势也好,这个行业是蓬勃发展的。最早的时候我们投这些早期项目都必须熬到上市才能退出,但是现在因为钱多了,国家也鼓励现在多轮动的情况。所以我个人觉得早期项目的投资,因为它确实是 1 个项目就可以覆盖至少 10 个、20 个项目风险,同时 10 个、20 个完全死掉的项目的可能性又是 1/10,就很小。因此,这个事情算总账确实还是可以的,需要一个时间来最后体现它的价值。

思考:

通过风投企业的访谈案例,你对创业风险有什么认识?

11.1 创业风险识别

11.1.1 创业风险因素识别

创业风险指的是企业在创业过程中可能遇到的各项风险,包括创业环境的不确定性、创业活动偏离预期目标的可能性、创业机会与创业企业的复杂性等。创业风险因素如图 11-1 所示。

图 11-1　创业风险因素图

1)**融资风险**

融资风险存在于知识层面和商业层面之间,知识转化为成果、成果转化为商品都需要资金的支持,往往投资初期的预算会出现缺口,由于没有足够的资金支持,就很难使知识转化成商业化,从而给创业带来风险。

2)**研究风险**

当代大学生理论功底扎实,却缺乏现实的经验,当预想的产品真正转化为商品时,是否会达到预计中的各项性能、低廉的成本和高质量的产品,并能从激烈的市场竞争中生存下来,这需要大量复杂而且可能耗资巨大的研究工作,从而形成创业风险。

3）管理风险

"企业管理""人力资源管理"都是大学课程，但理论和实践往往是两条路，甚至可以说与现实脱节，没有实践的检验，大学生是不具备真正的管理才能。创业主要有两种：一是创业者利用某一新技术进行创业，他们可能在技术方面是专才，但却不一定是管理方面的专才，因而形成管理风险；二是创业者往往有某种创意，但由于不善于管理具体的事务，从而形成管理缺口。

4）竞争风险

只要是企业就必须面对竞争的必然性问题，对于新创办的企业更是如此。因此大学生要进入某个行业时，必须考虑其竞争对手和自己的优劣势，什么是对手做不到而自己能做到的，充分发挥自己在竞争中的优势，考虑好如何应对来自同行的残酷竞争，这些是创业企业生存的必要准备。

5）环境风险

无论在何时创业、创业者身份如何，环境都是需要考虑的因素之一。这之中主要包括国家宏观经济政策是否变化；企业生产经营活动与外部环境是否相违背；社会文化对于企业运营是否会有重大影响等。创业不是"闭关锁国"，不可忽视周边环境变化对企业造成的影响。

延伸阅读1

凡客诚品的衰败之路

成立于2007年的凡客诚品，曾经是互联网快时尚的典型样本。"我是凡客"等凡客体风靡一时，2009—2011年凡客迎来了疯狂扩张，但随之而来的是巨大的管控漏洞：数亿积压库存报损、被销毁或低价出售；由于过分扩张品类，凡客早期清晰的服装品牌定位逐渐模糊，供应商和质量管理出现失控；人员急剧增加，但很多员工无所事事……在获得雷军等投资人的新一轮资金后，凡客开始了一场"小米式的变革"，但越来越多的迹象表明，凡客已经无法通过常规手段收复失地。此时公司人员极速扩张，素质却良莠不齐，迷信营销的力量而忽视更基本的质量问题。管理跟不上，再好的形势也容易丧失。

11.1.2 创业风险识别方法

选择正确的、适合的风险识别方法是保证风险识别准确性的重要因素之一，目前我国常用的风险识别方法通常以定性识别方法为主，主要有以下几种常见的方法。

1）调查法

创业企业可以通过定期调查来辨识相关因素的变化以及时发现风险。具体可以通过现场调查法，问卷调查法，专家咨询法了解市场的变化、需求的变化、竞争对手的变化，以及时发现各方面出现的不确定性给创业企业带来风险的可能性、损失的幅度等。调查的对象范围也较为广泛，如创业企业管理者、研发人员、风险投资家、一线生产人员、营销人员、外部专家和消费者等。

2）风险清单法

风险清单法是指通过编制风险清单,列出各种可能的风险,并将这些风险与创业企业及其生产经营活动联系考察,以发现各种潜在的风险因素。在罗列风险因素时,既要考虑创业企业所处的自然、社会、经济、法律、政治等宏观外部环境因素,也要充分考虑市场、消费者、竞争者、企业自身条件等微观环境因素,使风险清单更加全面、更具普遍性。

3）图示法

在创业企业的风险识别中还可以广泛使用更加形象的流程图法、因果分析图法、事故树法、幕景分析法等图示法。①流程图法:将创业企业的发展阶段和经营过程中的各环节按其逻辑关系以流程图显示出来,并以此判断各要素之间的联系和风险因素的传导机制,进而识别风险;②因果分析图法(又称石川图或鱼骨图):通过鱼骨图将导致风险结果的各种可能因素列出来,一方面可以有效地分析风险成因,另一方面也可以反过来通过原因推断结果,进行潜在风险的识别;③事故树法:利用图解的形式,调查损失发生前的种种失误事件情况,以将大的风险分解成各种小的风险,具体判断哪些失误最可能导致损失风险发生;④幕景分析法:通过数字、图表、曲线等形式描述创业企业在某种特定的情景条件下、特定的时间内发生的某种事件的可能结果,来找出引起风险的特定因素及其影响程度。

4）现场勘查法

俗话说"百闻不如一见",创业企业可以通过对现场的勘察,更加直观地了解风险是否存在以及可以预见的解决办法。例如,企业拥有实体的工厂或生产线,通过安全检查便可得知生产设备是否出现老化、故障等易造成风险的情况,从而得出解决方案防止风险的发生。

课堂互动 1

除了以上提到的风险识别方法,你还了解哪些方法,请试着列举出来。

11.1.3 创业风险关键事件识别

企业在创建过程中会伴随着许多事件的发生,而这些事件也会给企业带来风险。创业者要仔细地分析自己在创业过程会遇到哪些事件带来的风险,风险中哪些是可以控制的,哪些是不可控制的,哪些是需要极力避免的,哪些是致命的或不可管理的。一旦这些风险出现,应该如何应对和化解。特别需要注意的是,一定要明白最大的风险是什么,最大的损失可能有多少,自己是否有能力承担并渡过难关。

1）项目选择

大学生创业时如果缺乏前期市场调研和论证,只是凭自己的兴趣和想象来决定投资方向,甚至仅凭一时心血来潮做决定,一定会碰得头破血流。大学生创业者在创业初期一定要做好市场调研,在了解市场的基础上创业。一般来说,大学生创业者资金实力较弱,选择启动资金不多、人手配备要求不高的项目,从小本经营做起比较适宜。

2）资金筹集

资金风险在创业初期会一直伴随在创业者的左右。是否有足够的资金创办企业是创业者遇到的第一个问题。企业创办起来后,就必须考虑是否有足够的资金支持企业的日常运作。对于初创企业来说,如果连续几个月入不敷出或者因为其他原因导致企业的现金流中断,都会给企业带来极大的威胁。相当多的企业会在创办初期因资金紧缺而严重影响业务的拓展,甚至错失商机而不得不关门大吉。如果没有广阔的融资渠道,创业计划只能是一纸空谈。除了银行贷款、自筹资金、民间借贷等传统方式,还可以充分利用风险投资、创业基金等融资渠道。

3)人员管理

一些大学生创业者虽然技术出类拔萃,但营销、沟通、管理方面的能力普遍不足。要想创业成功,大学生创业者必须技术、经营两手抓,可从合伙创业、家庭创业或从虚拟店铺开始,锻炼创业能力,也可以聘用职业经理人负责企业的日常运作。创业失败者,基本上都是管理方面出了问题,其中包括:决策随意、信息不通、理念不清、患得患失、用人不当、忽视创新、急功近利、盲目跟风、意志薄弱等。特别是大学生知识单一、经验不足、资金实力和心理素质明显不足,更会增加在管理上的风险。

课堂互动 2

请你运用本节学过的图示法(如流程图、鱼骨图),对自己在创业过程中可能遇到的风险进行识别。

11.2　创业风险评估

11.2.1　创业风险评估的过程

创业风险评估是创业者在决策制定和行动执行之前对潜在风险进行分析和预测的过程。要想创业不失败,提前做好风险评估则变得尤为重要。创业者要仔细评估自己创业过程中会遇到哪些风险,这些风险中哪些是可以控制的,哪些是不可控制的,哪些是需要极力避免的,哪些是致命的或不可管理的,一旦这些风险出现,应该如何应对和化解。创业风险评估过程分为创业风险的识别、创业风险的分析和创业风险的评价。

图 11-2　创业风险评估过程

1）创业风险的识别

风险识别是风险评估全过程的第一步。风险识别是发现、承认和描述、记录风险的过程。对于一个风险,首先是发现,其次是认可、承认,最后是对其进行描述和记录。风险识别的输入是风险环境的描述和建立,输出是一些记录,把这些识别出来的风险汇集起来,就构成了企业的风险库。

创业风险识别是识别可能影响企业目标得以实现的事件或情况,也就是可能发生什么,可能存在什么状况等。其主要目的是建立一个基于风险事件的、综合的、广泛的风险清单,这些事件可能创造、加强、阻碍、降低、加速或推迟目标的实现。事件是风险的载体,风险清单也以风险事件为基础。风险清单应广泛、全面。广泛的风险清单非常关键,因为在这一过程未被识别的风险将不会被包含在进一步的风险分析中。

风险识别过程包括对风险源、风险原因、风险事件识别,对于可能对目标产生重大影响的状况、影响的性质进行识别。风险识别的方法包括:基于证据的方法,如检查表法;基于结构化的提示或问题的方法,如访谈法或问卷调查法;归纳推理的方法,如危险与可操作性分析法。实际识别过程中,应注意多种方法的组合,但无论采用哪种技术和方法,在风险识别过程中应关注人的因素。

2）创业风险的分析

风险分析是理解风险性质和确定风险等级的过程。风险分析为风险评价和风险应对提供了基础,在风险评估过程中起到承上启下的作用。创业风险分析的目的在于:第一,揭示对风险的理解;第二,为风险评价和风险应对提供输入,以确定风险是否需要处理以及最适当的处理策略和方法。

创业风险分析是对"已识别的风险"进行"后果和发生可能性"分析,这就提示风险分析的具体工作内容是包括对风险源、风险原因,以及风险的正面、负面的结果和这些结果发生可能性的考虑。同时,还要考虑现有的风险应对措施及其有效性,然后结合风险发生的可能性及后果确定风险等级。

企业可根据风险分析的目的、可获得的数据、组织决策的需要等因素,采用定性的、半定量的、定量的方法或以上方法的组合来进行风险分析。定性分析是通过重要性等级"高、中、低"这样的表述来界定风险事件的后果、可能性及风险等级,然后将后果和可能性结合起来,并与定性的风险准则相比较,从而得出企业最终的风险等级。半定量分析是利用数字分级尺度来测量风险的可能性及后果,然后运用公式将两者结合起来,得出风险等级。常见的公式有四分量表、五分量表、七分量表等。定量分析是估计出风险后果及其可能性的实际数值,计算出风险等级。由于相关信息不可能完全穷尽,受此影响,全面的定量分析在经济上或实际操作层面上也不一定可行。因此,此种情况下,由经验丰富的专家对风险进行半定量或定性的分析,显得尤为重要。但要定性分析,就应对使用的术语进行明确界定,并对风险准则的设定进行详细记录。

3）创业风险的评价

风险评价是风险评估全过程的第三步,本步骤是把风险分析的结果与预先设定的风险准则相比较,或在各种风险的分析结果之间进行比较,以确定风险的重要性等级。创业风险评价的目的在于协助决策,这个决策是考虑风险是否需要应对以及实施应对的优先顺序方面的决策。

简言之,创业风险的评价就是要完成以下工作:第一,检查风险分析的输出结果,并把得到的风险等级与风险准则相比较;第二,决定是否需要风险应对;第三,对需要进行风险应对的风险按优先次序进行排序。最简单的风险评价结果是仅将风险分成两种:需要处理的与无须处理的。这样的处理方式无疑简单,但其结果通常难以反映出风险估计时的不确定性因素。常见的方法是将风险划分为三个等级段,即不可容忍的、可接受的、介于两者之间的。对于不可容忍的,必须不惜一切代价进行风险应对。对于可接受的,则无须采取应对措施,保持监测即可。对于介于两者之间的,则是风险管理的核心任务之一。应着重考虑实施风险应对的成本与效益,并权衡机遇对目标的影响。

延伸阅读 2

乐视生态战略的危机

乐视成立于 2004 年,创始人贾跃亭,从成立乐视网到组建乐视影业,继而正式发布超级电视,伴随着乐视商城在电视、手机、体育、影视娱乐、互联网金融等领域的全面覆盖。乐视一直致力打造基于视频产业、内容产业和智能终端的"平台+内容+终端+应用"的全产业链业务体系,被业界称为"乐视生态"。乐视垂直产业链整合业务涵盖互联网视频、影视制作与发行、智能终端、大屏应用市场、电子商务、互联网智能电动汽车等;旗下公司包括乐视网、乐视致新、乐视影业、网酒网、乐视控股、乐视投资管理、乐视移动智能等。2014 年 3 月,乐视体育独立,由乐视网的一个频道,发展为基于"赛事运营+内容平台+智能化+增值服务"的全产业链体育生态型企业。2015 年 4 月,乐视超级手机正式面世,进入了中国主流智能手机企业行列。2016 年,乐视与广汽集团、众诚汽车保险共同投资成立了大圣科技股份有限公司,打造修车、用车、买车、租车换车一站式平台。乐视一路迅猛发展,从一家二流视频网站起家,迅速成长为横跨七个行业、涉及上百家公司和附属实体的大型集团,仅乐视网市值最高峰时就超过了 1 500 亿元。随之而来的是日益凸显的资金与组织压力。2016 年 11 月,乐视手机、乐视汽车相继曝出资金链紧张、拖欠供应商货款等问题。次年 3 月乐视体育接连失去中超、亚足联旗下赛事版权,引发乐视生态资金链紧张和员工离职热潮。鉴于乐视面临的资金困局,7 月 6 日,乐视创始人贾跃亭辞去乐视网董事长等所有职务,前去美国开拓乐视汽车业务,随之被曝出身陷资金危机。2017 年 7 月 21 日,在以电话会议形式召开的乐视网董事会上,孙宏斌当选为乐视网董事长。

截至 2019 年上半年,乐视网的营业成本及销售费用、管理费用、研发费用合计 3.16 亿元,管理层尽力控制成本费用,使日常运营成本、CDN 费用、人力成本大幅下降,但并未扭转经营性亏损局面。乐视创业 12 年,横跨 7 个行业,而且这种跨产业链的多元跨界经营的天量投资全靠输血在支撑,以致身陷资金困局无法自拔。

11.2.2 创业风险评估的方法

大学生创业者要系统、科学、全面和准确地了解企业的总体风险,需要一定的专业知识,必须根据不同性质与条件,按照一定的途径,运用一定的方法,或者借助一定的工具来实施。比较重要的风险评估的方法包括:SWOT 分析法、ATA 分析法、模糊综合评价法、AHP 层析分析法及大数据进行风险评估等。

1)SWOT 分析法

SWOT 分析法指列出企业可能面临的各种风险,并将这些风险与大学生的创业活动联系起来考察,以发现各种潜在的危险。风险涉及创业企业的所有资源,包括实物、金融、无形资产等,要尽可能列出创业企业需要的其他设施、条件,以及企业的宏观环境(自然、社会、政治、法律和经济等)和微观环境(投资者、消费者、供应商、政府部门和竞争者等)。通过对上述因素的分析,明确企业面临的机会及威胁,发现企业的优势与劣势,采取相应对策。

2)ATA 分析法

ATA 分析法指利用逻辑关系、因果关系以及事物发展的规律性等,运用逻辑推理,对创业中涉及的主要风险事件,按时间顺序和事件的成功或失败因素组合在一起,确定系统最后的状态,发现风险产生的原因及条件。本方法有利于对各种系统性风险进行识别和评价,了解创业过程中风险的动态变化。

3)模糊综合评价法

由于有创业过程中随机事件发生的不确定性和企业本身状态的模糊性。在这种认知不确定的状态下,基于模糊数学的隶属度理论把定性评价转化为定量评价,即用模糊数学对受到多种因素制约的事物或对象做出一个总体的评价,再分别确定各因素的权重和隶属度向量,获得模糊评判矩阵,最后进行归一化的模糊运算并得到模糊评价的综合结果。它具有结果清晰,系统性强的特点,能较好地解决模糊、难以量化及非确定性情境下的企业风险识别及评价问题。

4)AHP 层次分析法

AHP 层次分析法是决策者对复杂系统的决策思维过程模型化、数量化,定性与定量相结合的决策分析方法。该方法按企业风险的性质和企业的总目标将此问题分解成不同层次,分为最低层(供决策的备选方案)、中间层(考虑的因素、决策的准则)和最高层(决策时的备选方案)。AHP 层次分析法最终问题归结为最低层(供决策的方案、措施等),相对于最高层(总目标)的相对重要权值的确定或相对优劣次序的排定。有利于降低信息不对称、信息不足对企业带来的风险。在运用上述评估方法时首先要通过调查、问询、现场考察等途径获得;其次,需要敏锐地观察和科学地分析对各类数据及现象做出处理。根据信息的分析结果,确定风险或潜在风险的范围。根据量化结果,运用定量分析、定性分析、假设、模拟等方法,进行风险影响检验评估,预计可能发生的后果,最后提出方案选择及确定处理风险的方法和行动方案,避免损失时间、精力和资源。

5)大数据风险评估

大数据风险评估是指通过对庞大数据集进行分析、挖掘和预测,确定潜在的风险因素和可能出现的风险情况,是一种结合了现代互联网技术的新型评估方法。该评估方法的运行通常需要掌握以下几种关键技术:建立庞大的数据集;使用数据分析与挖掘工具;投入预测和模拟技术。通过统计大量的数据并运用人工智能等技术进行判断,以此预测、评估企业或项目面临的风险。这种方法精度更高,可以得出理论上最优的结果,由于存在门槛,在使用时可能需要专业人员的指导。目前,在银行、电商行业等已投入使用。

11.3　创业风险控制

11.3.1　创业风险规避

风险规避是风险应对的一种方法,是指通过计划的变更来消除风险或风险发生的条件,保护目标免受风险的影响,但它并不等同于消除风险。大学生创建的企业既然无法避免企业成长的风险,那么,如何规避风险对企业的成长至关重要。企业管理者必须对企业成长的风险防患于未然,将企业成长的风险降到最低,以减少对企业利益的损害,让企业健康稳固地立足于社会。根据对风险出现原因和风险表现形式的分析,分别制定相应的应对措施,引导大学生企业成长进行风险规避。

创业风险规避是指由于考虑到损失的存在或可能发生,主动放弃或拒绝实施某项可能引起风险的项目。创业风险规避是指公司在决策中对高风险的领域、项目和方案予以回避,进行低风险选择。创业风险规避分为主动规避和被动规避。主动规避也可以称为风险集合,当一个创业项目方案遇到较大风险时,可以改变原有方案,以此绕过可能有的不可克服的风险。被动规避是指在创业企业发展过程中,遇到高风险或无力控制的风险即行撤退。如对于风险极大,创业者又没有控制风险的把握及承担风险的能力的创业项目,创业者可以放弃,转而从事一些风险利润适中,企业又有较大把握控制风险及有能力承担此风险能力的项目。当在某项目的产业化过程中遇到相当大的风险因素而创业者又无法克服这种风险时,可以中止该项目。

11.3.2　创业风险分散

风险分散是指通过投资组合或资产的多元化将风险分散。创业企业的风险分散是指创业者通过科学的投资组合,如选择合适的项目投资组合、投资主体的组合使全面风险得到分散而降低,从而达到有效的控制风险。

创业风险分散主要有两种方式:①投资主体多元化。在现代企业制度下,风险的最终承担者是资本投资者。创业企业可通过吸收社会资本企业、团体以及个人资金实现资本投资主体的多元化,使创业的风险分散到广大投资者身上,尽可能依靠社会资本来提高企业的抗风险能力。②经营多角化。即将创业企业的技术和经营领域多样化。创业企业应用多种不同的技术开发、生产经营不同的产品或业务,使企业收益实现"东方不亮西方亮"的结果,使风险影响在不同方向的经营过程中相互冲抵,或者以"小风险养大风险",从而增强企业的总体抗风险能力。

11.3.3　创业风险转移

风险转移是指风险承担主体将自身可能遭遇的损失或不确定性后果转嫁他人的风险处理方式。尽管风险转移者的原因和手段各异,但都试图达到同一目的,即将可能由自己承担的风险损失转由其他人来承担。

创业风险转移一般采用三种形式,其一是转移会引起风险及损失的活动,即将可能遭受损失的财产及有关活动转移出去,这种随所有权转移而实现的转嫁属于风险控制型转移,是转移风险的一种重要形式。另外两种风险转移的形式同属于风险管理的财务工具,即将风险及损失的有关财务后果转嫁出去而不转移财产本身。如通过变更合同的某些条款或巧妙运用合同语言、谈判技巧将某些潜在损失后果转移给合同另一方。一种形式是保险转嫁,即将标的物面临的财务损失转嫁给保险人承担,保险是财务型转移的最重要形式。另一种形式的转移称非保险转移,主要有出售、外包、负责约定、保证书等。比如:①利用合同转移风险。即创业企业可通过各种合同将风险转移到合同的对方。例如,雇佣合同、外包、期货合同、期权合同、贷款合同以及各种合作合同等。②参与科技保险或项目保险。保险是一种补偿措施,旨在使被保险人能以确定的小额成本保险费来补偿大额不确定的损失,最高补偿金额以保险金额为限。项目的承担主体不发生变化,仍是原来的企业,但风险损失的承担主体发生了变化。当创新项目失败时,保险公司将承担部分损失,即保险公司成了财务风险的承担主体之一。

案例分析

张轶的光圈直播为什么倒下

清华大学历史系毕业的张轶在 2014 年创办光圈直播,不过,刚投身创业大潮的张轶当初选择的创业方向是图片社交,他的目标是做中国的"Instagram"。

2015 年 9 月,张轶发现图片流量的大头还是被微信收割,创业者很难有立足之地。后来看到美国移动端直播 App-Periscope、Meerkat 相继出现,这引起了张轶的兴趣。

于是,2015 年 10 月,光圈转型为视频直播 App,致力于打造互动手机全民直播平台,成为直播行业最早的创业者。2016 年初,直播行业开始高速发展,在短短 3 个月时间里,包括映客、花椒、一直播等超过 100 家直播平台拿到融资,而这一众直播平台背后也不乏腾讯、欢聚时代等上市公司的身影。随后,为了在直播行业脱颖而出,光圈直播与旅游卫视联合举办了"光圈之星校花大赛"并一举成名。统计数据显示,彼时,光圈直播的用户数超过 40 万人,日收入突破 800 万元,俨然成为直播行业的独角兽。只是,一切高兴得有点太早。

2016 年下半年,伴随着巨头入场,在激烈的烧钱竞争中,光圈直播尽管花光了所有的钱来获取流量,但始终无法获得投资人的投资。2016 年 7 月,光圈直播发放了 6 月份的薪水,其后员工就再也没拿到过一分钱工资。除了员工,光圈直播还拖欠了平台上主播 5 000 ~ 90 000 元数额不等的薪资。目前,光圈直播的官网已经无法访问,CEO 张轶在微信中坦承了融资失利。

思考：

1. 什么因素最终压垮了光圈直播？

2. 面对激烈的市场竞争,张轶采取的措施有哪些问题？ 如果你是张轶,在资金缺乏时,你会怎么做？

3. 创业之初,张轶只考虑创业痛点,这样做有什么弊端？

4. 当企业经营困难时,张轶采取止损措施了吗？ 如果时光可以倒流,你打算怎么帮助他全身而退？

本章小结

创业风险是企业在创业过程中可能遇见的各项风险,包括创业环境的不确定性、创业活动偏离预期目标的可能性、创业机会与创业企业的复杂性等。创业所遇到的风险是比较多的,因而我们要提前进行创业风险识别、风险评估及风险的控制,对其进行创业风险管理。创业风险识别的方法有:调查法、风险清单法、图示法、现场勘察法。风险评估可以通过SWOT 分析、ATA 分析、模糊综合评价、AHP 层次分析和大数据分析这些方法来进行评估。风险管理不是把风险消灭,而是在可控的前提下,追求收益的最大化。总的来说,超出认知范围的风险,就需要风险管理的方法论来保驾护航。

第 12 章
创业计划书

知识提要

(1)创业计划书的作用、规范;

(2)创业计划书的撰写;

(3)创业计划书展示的准备和内容。

学习目标

(1)理解创业计划书的作用;

(2)了解创业计划书的主要内容;

(3)掌握创业计划书展示的方法与技巧。

名人名言

没有一个计划模型而贸然创业是十分危险的。

——亚信总裁田溯宁

案例导入

刘先生和他的创业计划书

刘先生毕业于某著名大学,经过多年的业余研究,他在建筑节能材料方面取得了一项重要突破,这项技术如果在实际中得到应用,将显著减少建筑物的能源消耗,前景非常广阔。于是刘先生辞去原来的工作,准备自己创业。

但由于多年来的积蓄都用在了建筑节能材料的研究上,在七拼八凑注册了一家公司后,已经无力再招聘员工、购买实验材料。无奈之下,刘先生想到了风险投资基金,希望通过引入合作伙伴的方式解决困境。为此,他多次与一些风险投资机构或个人投资者接洽商谈,虽然刘先生反复强调他的技术多么先进、应用前景多么好,并拍着胸脯保证投资他的公司回报绝对低不了,但总是难以令对方相信,而且他对于投资人问到的多数数据也没有办法提供,如你的产品的市场需求量有多少? 一年可以有多大的销售量? 投资后年回报率有多高? 就连他想招聘一些技术骨干也比较困难,这些人总是对公司的前景缺乏信心。这时,曾在刘先生注册公司时帮助过他的一位做管理咨询的朋友的一句话点醒了他:"你的那些技术有几个投资者搞得懂？你连一份像样的创业计划书都没有，怎么让别人相信你，投资者凭什么相信你？"于是，在向有关专家请教咨询后，刘先生又查阅了大量资料，然后静下心来，从公司的经营宗旨、战略目标出发，对公司的技术、产品、市场销售、资金需求、财务指标、投资收益、投资者的退出等方面进行了论证和分析。在这个过程中，他搞了大量市场调研，一个月后，他拿出了一份创业计划书初稿，经过几位相关专家的指点，又再次进行了修改和完善。凭着这份创业计划书，刘先生不久就与一家风险投资公司达成了投资协议，有了风险投资的支持，员工招聘问题也迎刃而解了。

现在，刘先生公司经营得红红火火，年销售利润达 500 多万元。回想往事，刘先生感慨地说："创业计划书的编制与我搞的节能材料差不多，绝不是随便写一篇文章的事，编制计划书的过程就是我不断清理自己思路的过程，只有企业家自己思路清晰了，才有可能让投资者、员工相信你。"

思考：

创业计划书有什么作用？

12.1 创业计划书的作用

创业计划书是创业者就某一产品或服务，向潜在投资者、风险投资公司、合作伙伴及其他相关人员进行阐述，以获取风险投资或取得合作支持的可行性报告，是全面介绍公司或项目发展前景，阐述产品、市场、竞争、风险以及投资收益和融资要求的书面材料。

为什么要撰写创业计划书？

作用一：帮助创业者厘清创业思路；

作用二：更细致地展现创业想法；

作用三：成为各个阶段具体行动的指导；

作用四：为创业团队吸引高价值的投资人与合作者。

延伸阅读1

名人谈创业计划书

同微软的谈判开始于我们公司的第一个周年纪念之后，也就是 1997 年 7 月。我们做出了一份详尽的商业计划书，里面是关于如何给他们的用户提供电子邮件服务。他们看了我们的商业计划书后，很快就明白了我们并不满足做一家电子邮件公司，我们想把定制化新闻等其他功能都整合进来。

恰巧在跟我们接触时，他们也想做一家门户网站，他们说："我们不能让自己的电子邮件服务提供商成为竞争对手的，所以你们是否想过收购？"于是我说："我确实是从没想过收购的事，但是如果价格合适的话，一切好商量。"

——巴蒂亚（Hotmail 创始人）

12.2 创业计划书的规范

一般来说撰写创业计划书，首先需要"6C"的规范。

第一是概念(Concept)。就是让别人知道你要卖的是什么。

第二是顾客(Customers)。顾客的范围要很明确,比如说认为所有的女人都是顾客,那50 岁以上、5 岁以下的女性也是你的客户吗?

第三是竞争者(Competitors)。需要问,你的东西有人卖过吗? 是否有替代品? 竞争者跟你的关系是直接的还是间接的? 等等。

第四是能力(Capabilities)。要卖的东西自己懂不懂? 比如说开餐馆,如果师傅不做了找不到人,自己会不会炒菜? 如果没有这个能力,至少合伙人要会做,再不然也要有鉴赏的能力,不然最好是不要做。

第五是资本(Capital)。资本可能是现金,也可以是有形资产或无形资产。要很清楚资本在哪里、有多少,自有的部分有多少,可以借贷的有多少。

第六是持续经营(Continuation)。当事业做得不错时,将来的计划是什么?

12.3　创业计划书的撰写

12.3.1　封面、目录

1)项目名称

(1)公司名称 vs 项目名称。

(2)应该有企业名称、地址、电话号码、日期主创者的联系方式、企业网址。写在封面页的上半部分。

(3)如果企业有标志或 Logo,置于封面页的正中间。

(4)封面下部应有一句话,提醒读者对商业计划书的内容保密。

2)口号

(1)内容:产品(类型、功能)、消费者(对象或提供什么价值)、市场、少情怀。

(2)结构:名词性、动词性、句子。

(3)修辞:类比、形容词。

注意:太多的概念,如跨境垂直的自媒体电商社会群。

(4)典型口号的例子。

①搜活动,就用活动搜。

②以连锁加盟方式打造农家乐市场的"如家"。

③放在口袋里的专属汽车专家。

④以 5G 流量为工具的移动互联网任务分发平台。

3)目录

(1)目录是正文的索引,需要按照章节顺序逐一排列章节大标题、小标题,以及对应的页码。

(2)目录可以自动生成。显示二级、三级小标题为宜。

12.3.2 执行概要

①执行概要也称执行概览,是创业计划书第一页的内容,是整个创业计划书的概述,能给投资者简短而全面的了解。

②执行概要是创业计划书中最重要的部分,是创业计划书的灵魂,包括了所有内容,但只是所有内容的提炼。

③主要是为抓住读者的兴趣,措辞应严谨正式而条理清晰,同时不失热情和憧憬。

④要避免在执行概要中使用专业词汇和术语,应以尽可能浅显的语言让读者了解创业计划书的内容。

⑤如果是为了筹集资金,则明确拟筹集的资金数额以及性质。

⑥如果是股权投资,则可进一步明确投资者不同投资额下所占企业的股权比例。

⑦执行概要在形式上置于前面,但撰写要在计划书完成之后。

⑧执行概要不是引言或前言,而是整份计划书的概要,是精华和亮点。篇幅为 1～2 页。

这部分主要说明资金需求的目的,并摘要说明整份计划书的重点,目的是为吸引投资者进一步评估的兴趣。这部分在撰写时力求精练,列出结论但不做阐述,涉及财务数据尽量使用表格形式,做到一目了然,尽量控制在 2 页以内的篇幅。主要内容如下:

①企业名称与经营团队介绍。

②主要产品与业务、盈利模式、市场潜力、技术和资源保障。

③企业主要发展战略、企业现状与发展规划。

④关键市场机遇和竞争环境。

⑤主要财务数据,包括投资预算额及五年的营业收入预测、资产负债预测、损益预测。

⑥申请融资的金额、形式、股权比例及价格。

⑦资金需求的时机与运用方式。

⑧未来融资需求及时机。

⑨投资者可望获得的投资报酬。

12.3.3 企业简介

这部分的目的是让读者了解创业者要成立一个什么样的企业,不但了解企业的过去和现状,更能看到一个充满希望的未来。主要内容如下:

①企业成立时间、法律形式与创立者。

②企业股东结构,包括股东背景资料、股权结构。

③企业发展简史,包括现状。

④企业业务范围。

⑤企业宗旨与企业战略。

⑥企业未来五年的发展规划及更长远的设想。

12.3.4 产品和服务

投资人最关心的问题之一就是产品、技术或服务能否解决现实问题,或者能够在多大程度上解决现实问题,或者能否帮助客户节约开支、增加收入,这就是客户价值。

此部分主要阐述提供的产品或服务的概念、性能、技术特点、市场竞争力、典型用户,产品的研究和开发过程,产品的品牌和专利,产品的市场前景预测,以及未来产品研发计划和成本分析。在定义产品和服务时,创业者应从客户的需要和利益的角度进行考虑。同时,投资人本质上是极看重收益和回报的商人,他们更加认同市场对产品的反映,因此在这部分只需要讲清楚企业的产品体系,向投资人展示企业产品线的完整和可持续发展能力,将重点放在产品的盈利能力、典型客户、同类产品比较等内容的介绍上,表述既要准确,也要通俗易懂,使不是专业人员的投资人也能明白。一般情况下,产品介绍都要附上产品原型、照片或其他介绍。主要内容如下:

①用户是谁? 他们的需求是什么?

②企业提供的产品或服务是什么? 介绍其主要特点、用途(功能)、目标用户、应用范围等,如果能提供图片则更好。

③产品或服务处于哪个阶段(包括创意、原型、量产)? 是否已在某一范围(领域)内得到应用? 若产品或服务已经在市场上得到验证,则会大大增加说服力。

④产品的生命周期多长? 如果产品生产出来就已经被淘汰(质次价高),那么创业计划是不可行的。

⑤产品或服务与市场上现有的产品或服务相比较的优势在哪里? 是否具有品牌优势、专利技术或其他形式的知识产权? 是否获得过奖励? 是否为独一无二的产品或垄断性产品? 是否具有新颖性、独特性或替代性?

⑥产品的技术原理是什么? 产品的技术水平如何? 与同类产品相比怎样?

⑦为什么产品定价可以产生足够的利润? 为什么用户会大批量购买企业的产品?

⑧产品或服务规划。企业将如何通过产品或服务的规划来满足客户的需求,实现利润最大化,同时保证在与对手的激烈竞争中保持优势。创业者要把企业提供的所有产品和服务的种类,以及分别满足什么样的用户都要列出来。

⑨研究与开发。对于技术型企业来说,研发是企业的生命,应说明研发目的、研发投入、研发力量、研发决策机制等,让投资人对企业的研发及后续发展潜力充满信心。

⑩售后服务与技术支持。很多产品在使用和保养方面较为复杂,阐明解决相关问题的相应组织机构、方式和规定方面的计划。

⑪未来产品或服务规划。产品或服务一成不变必然招致淘汰,创业者应考虑今后几年的产品计划,包括现有产品的升级换代和研制新产品。

12.3.5 市场分析

市场分析通过对宏观和微观市场环境的分析,说明市场机会在哪里、有多大,为什么创业企业及其产品（服务）具有可行性，为什么企业的战略和营销策略是可行的，为什么企业及业务可以持续发展。这部分是创业计划书的重要内容，具有承上启下的作用，需要较大篇幅论述。具体内容如下：

1）宏观环境分析

创业者应该对创业企业所处的宏观环境对创业计划提供了何种机遇或帮助，或者对特定计划产生的阻碍必须有清楚的认识。同时，还应当说明宏观环境的变化将如何影响企业，以及企业应如何应对。

2）目标市场分析（客户分析）

目标客户是谁？他们的需求是什么？他们在哪里？他们有多大规模？他们的购买欲望和购买力如何？目标市场的现在市场购买总量多大？发展趋势如何？创业企业的目标市场份额够大，目标营业收入多少？

3）行业分析

该行业发展程度如何？现在发展动态如何？该行业的总销售额有多少？总收入多少？发展趋势怎样？经济发展对该行业的影响程度如何？政府是如何影响该行业的？是什么因素决定它的发展？行业竞争的焦点是什么？企业采取什么样的战略？进入该行业的障碍是什么？将如何克服？

4）竞争分析

了解竞争者应如同了解自己的企业，对竞争者的产品、市场份额和营销策略都应了如指掌。主要解决以下问题：创业企业目前的竞争对手是谁？他们控制了什么资源？他们的产品（服务）质量和价格如何？他们如何分销产品（服务）？他们的地址和设备如何？他们的员工素质如何？他们做广告吗？他们有什么特别的营销手段？他们的优势和劣势是什么？他们对于新企业进入该行业的决策有什么反应？创业企业如何应对竞争对手的反应？谁还有可能发现并利用相同的机遇？有没有办法通过结盟或其他形式将潜在的或实际的竞争对手争取过来？在此基础上，可以阐述企业的竞争对策，主要从产品或服务、战略、价格结构、营销手段、销售对象、人事政策等方面，回答如何在竞争中做到与众不同。

5）企业所在地环境分析

在以上论述中，要特别注意分析本地环境。除了目标客户和竞争情况，还要针对相关的成本开支情况（房租、费用、税收等）、基本建设情况（交通设施、公用设施、商用设施等）、员工素质（来源和素质）、地方政府政策和规定等进行分析。

12.3.6　营销计划

在了解企业、产品和市场后，接下来要解决的问题是产品或服务如何销售给目标用户，从而实现企业的经营目标和财务指标来回报投资者，这就需要一个可行的营销计划。制订营销计划的一种方法是从市场营销的 4P 着手，4P 是指市场营销的四个方面，即产品

（Product）、价格（Price）、渠道（Place）、促销（Promotion）。市场营销计划主要包含与 4P 相对应的产品策略、价格策略、渠道策略、广告与促销策略，以及营销目标（预测）和营销管理方面的计划。具体内容如下：

1）产品策略

企业产品之间的关系与组合是怎样的？品牌与产品之间的关系是什么？如何将本企业的产品与竞争产品区分，带给客户独特的冲击力？产品的生命周期各阶段对企业的影响及对策（产品的更新或扩充）？

2）价格策略

定价的依据和基本方法是什么？定价如何体现企业与渠道各环节的利益？内部各产品间的价格关系是什么？同一产品在不同阶段的价格如何处理？与竞争产品、替代产品的价格关系是什么？不同渠道和不同区域的价格如何管理？针对终端客户与中间商是否有特别的价格政策？

3）渠道策略

销售渠道有哪些？使用何种分销模式？是直接还是间接销售？分销的广度和深度达到什么程度？如何吸引中间商参与销售？中间商如何定位（代理、经销、加盟）？给中间商的利益分配如何？交易条款如何？有什么额外的渠道激励方法？各阶段渠道策略是否调整？调整的依据和方向是什么？

4）广告与促销策略

营销采用推式策略，还是拉式策略，抑或是综合策略？广告与促销的目的是什么？广告与促销的投入总预算占销售额的比例？广告与促销的费用分摊率是多少？广告与促销选择哪些主要手段？有没有一些独特、创新的营销方法？

5）销售预测

预估未来几年的产品系列、销售区域、销售渠道、客户数量、销售数量、市场份额、价格水平、销售收入的发展目标，分析销售数量和销售额实现的可能性。如果将销量目标分解到销售人员和客户的平均数或者到每月甚至每日平均数，则将更有说服力。

6）销售组织机构及控制

为了实现营销目标要建立什么样的营销组织机构（营销队伍）？如何有效激励和管理队伍？有什么特别的方法？

7）营销成本预测

营销成本主要包括营销队伍薪酬福利和差旅费用、广告与促销费用等，并计算出未来几年营销成本与销售收入的比例。

12.3.7 生产运营

①产品生产制造方式（公司自建厂生产产品，还是委托生产，或其他方式，请说明原因）。

②公司自建厂情况下,购买厂房还是租用厂房,厂房面积是多少,生产面积是多少,厂房地点在哪里,交通、运输、通信是否方便。

③现有生产设备情况(专用设备还是通用设备,先进程度如何,价值是多少,是否投保,最大生产能力是多少,能否满足产品销售增长的要求,如果需要增加设备,采购计划、采购周期及安装调试周期;如果需要大规模建设,是否选择"交钥匙"方式进行,"交钥匙"工程的承包机构是否提供工期、质量方面的保证,如何对这些保证加以实施)。

④请说明,如果设备操作需要特殊技能的员工,如何解决这一问题?

⑤简述产品的生产制造过程、工艺流程。

⑥如何保证主要原材料、元器件、配件以及关键零部件等生产必需品的进货渠道的稳定性、可靠性、质量及进货周期? 列出 3 家主要供应商名单及联系电话。

⑦正常生产状态下,成品率、返修率、废品率控制在什么范围内? 描述生产过程中产品的质量保证体系,以及关键质量检测设备。

⑧产品成本和生产成本如何控制,有什么具体措施?

⑨产品批量销售价格的制订,产品毛利润率是多少? 纯利润率是多少?

12.3.8　组织与管理

在投资人考虑的所有因素中,管理团队的素质是首要的,它甚至比产品或服务更重要。高素质的管理人员和良好的组织结构,是管理好企业的重要保证。该部分应详细介绍以下内容:企业的法律形式;组织结构,以及未来组织结构的可能演变;各部门的功能与责任;各部门的负责人及主要成员;公司的报酬体系;公司的股东名单,包括认股权、比例和特权;公司的董事会成员及其背景资料等。具体内容如下:

1)创业团队

要在创业计划书中对创业企业的关键管理角色和将要担任这些角色的人员进行描述。要对每一个关键人员的教育背景、工作经历、专业知识、工作业绩、商业技能、领导能力、个人品质等进行详细描述,向投资人展示他们完成所分配任务的能力。这里要特别强调的是,关键管理人员以前的创业经历和管理方面的业绩,要列出每个关键管理人员的完整简历,包括他们曾接受过的相关培训等。除对他们的优点进行描述外,还应适当提及他们的弱点,使投资人感觉可信。在创业计划书中还必须突出团队整体在个人知识结构、能力结构、动力结构、年龄结构上的互补性,让投资人感到这个团队在整体上能够取长补短、个体上能够用人所长。同时,还要突出创业团队是个团结的领导集体,高层管理人员之间能够互相支持。如果可能,也可以在创业计划书中介绍创业企业的关键雇员,向投资人展示雇员的爱岗、敬业、勤奋。

2)企业外脑

要在创业计划书中对创业企业需要的支持和服务进行描述。创业企业的发展离不开其他社会资源的支持和服务,这种社会资源又被称为企业外脑。要在创业计划书中列出企业需要的支持和服务,指出创业企业所选的法律顾问、财务顾问、管理顾问、广告专家、营销顾问、投资顾问、银行顾问、咨询专家、产业专家等的名字、所属公司、背景资料以及他们将提供的支持和服务,当然也可以是企业外的可以建立合作关系的相关专业机构。

3)企业所有者形式及组织模式

要在创业计划书中说明企业将采取哪种所有制形式,即企业是独资公司、股份合作制企业、有限责任公司还是股份制企业,同时要在创业计划书中说明以何种组织模式体现所有者权利和义务。讨论企业董事会的规模、拟定的董事会成员,并对董事会成员的背景进行说明;阐明股东大会和董事会的权力分配和决策机制;阐明企业的其他股东的权利和义务,其他投资人拥有股份的百分比,以及他们的股票被收购的时间和价格的限制情况。

4)企业管理的组织结构

组织结构就是实现企业职能如何进行分工、分组和协调合作的组织形式,包括企业的组织机构图(体现部门设置)、各层级和各部门的角色与职责、各部门的主要负责人及主要成员。注意,组织结构设置是为了充分有效地实现企业的各项业务职能,明确针对业务而设,不能一味地追求大而全,要综合考虑权力责任的明确与有效的协作、信息的通畅与反应的敏捷、保证执行力与成本合理等因素。

5)激励约束机制

投资人十分看重企业的激励约束机制,要在创业计划书中说明所有员工(包括管理团队中的关键成员)的工资发放办法和水平,员工的持股计划、股票期权实施办法、红利分配原则,员工升迁发展的机会,员工股票持有和处置的限制,员工凭业绩分配股票期权及其他奖金计划,企业有什么样的企业文化,如何增强企业的凝聚力,如何加强对员工的持久激励,企业的内部约束机制和外部约束机制,企业吸引人才的计划以及吸引人才的原则、条件和待遇等。

12.3.9 财务分析

创业计划书的前面几部分内容已经说明了建立什么样的企业、提供什么样的产品或服务、市场机会在哪里、如何实现销售收入及销售收入预测、如何组织生产营运、如何建立相应的组织,读者已经基本了解创业企业营运的全貌,本部分主要对整个计划进行财务分析,说明企业是否能够盈利、企业财务是否安全、需要多少资金、投资回报是多少等。对于一个真正的投资人而言,本部分是绝对不能忽略的,通常也是投资人投资决策的关键因素。

通常财务计划与投资报酬分析应该包含以下内容:

①若是已经开始经营的企业,应提供企业过去的财务状况,包括过去五年的资产负债表、损益表的比较,以及过去融资的来源与用途,并提供财务分析统计图表,指出统计图表异常处,同时也应说明使用的会计方法。

②提供融资后 3~5 年财务预估。编制的一般原则是第一年的财务预估按月编制,第二年按季编制,最后三年按年编制,并且应说明每一项财务预估的基本假设与会计方法。

③上述财务预估应包含资产负债表、损益表、现金流量表、销售收入与销售成本预估表（销售数量、价格与总成本、收入金额）。

④提供未来五年损益平衡分析（或敏感性分析）、投资回报酬率预估。

⑤说明未来融资计划，包括融资时机、金额与用途。

⑥若是成熟期企业，应附上企业股票公开上市的可行性分析。

⑦说明投资人回收资金的可能方式、时机以及获利情形。

12.3.10　风险管理

本部分应列出可能的风险因素，并估计其严重性发生的概率，且提出解决方法。从事风险分析是为确认投资计划伴随的风险，并以数据的形式衡量风险对投资计划的影响，目的是向投资人说明风险的对应策略。

经营企业的常见风险包括：普遍存在的风险，多数是由于管理制度不完善、使用人员不当、没有建立有效的监督机制；市场风险；政策风险；财务风险；贪污、盗窃风险；灾害风险；质量风险等。

风险管理的基本策略包括回避风险策略、减少风险策略、接受风险策略、转移风险策略等。

12.3.11　附件

"我在校园"
创业计划书

①附上能够证实前述各项计划的资料。

②附上详细的制造流程与技术方面的资料。

③附上各种佐证资料。

④附上创业者详细经历与自传。

延伸阅读2

周鸿祎版的商业计划书提纲

第一，目前市场中存在一个空白点，或者存在一个什么问题，以及这个问题有多严重。

第二，你有什么样的解决方案或什么样的产品，能够解决这个问题。

第三，你的产品将面对的用户群是哪些？一定要有一个用户群的划分。

第四，说明你的竞争力，为什么这件事你能做，而别人不能做？

第五，再论证一下这个市场有多大？你认为这个市场的未来会是什么样？

第六，说明你如何挣钱？

第七，再用简单的几句话告诉投资人，这个市场里有没有其他人在干？具体情况是怎样的？

第八，突出自己的亮点。只要有一点比对方亮就行。刚出来的产品肯定会有很多问题。说明你的优势在哪里。

第九，倒数第二张纸做财务分析，可以简单一些。说明未来一年或六个月需要多少钱，用这些钱干什么？

第十,最后如果别人还愿意听下去,介绍一下自己的团队、团队成员的优势之处,以及自己做过什么。

(资料来源:百度文库)

12.4　创业计划书展示

12.4.1　创业计划书展示的准备

为了取得比较好的展示效果,在正式展示活动之前,要做一些展示的准备。而这个展示的准备又包括两个方面,一方面是演讲前的准备,另一方面是演讲过程中的准备。

演讲前的准备可能需要做好 PPT,需要准备好指定谁来演讲。也就是说,要做好人员的分工。

演讲过程中的准备则是在整个的演讲过程中,熟悉要展示的内容,而且在演讲时团队之间要分工协作,在演讲的过程中还要准备回答各种问题,当展示准备做好之后,就可以进行下一步了。

12.4.2　创业计划书展示的内容

1)6-6-6 法则

每一张展示的 PPT 最好不要超过 6 行。

每一行不超过 6 个字。

连续的 6 张文字的 PPT 之后最好有一张图表来进行说明。

当然 6-6-6 法则可能听着过于苛刻,但是只要按照该法则来进行演讲准备,PPT 的效果就会比较好。

2)12 ~ 15 张原则

在整个展示的过程中,PPT 的张数最好在 12 ~ 15 页。因为一般情况下,如果参加创业比赛,PPT 展示的时间是 7 ~ 8 分钟;如果与创业者沟通,比如电梯演讲,时间可能不超过 3 分钟,而目前绝大多数风险投资家,在创业者或者创业团队找到他们的时候,他们往往不要求创业计划书是比较全面的 Word 版,而是 PPT 格式,这样的话,一般他们花的时间就只有 3 ~ 5 分钟,如果在 3 ~ 5 分钟或者 7 ~ 8 分钟的时间里,PPT 的数量太多,就可能没办法充分地展示项目内容,因此 12 ~ 15 张是一个比较合适的区间。

3)PPT 都应该说些什么呢?

第 1 张 PPT 是企业的概述。要说一下企业的名称、现状、创业者等。

第 2 张 PPT 是关于要解决的问题。这个创业项目准备解决什么样的问题? 目前市场的供给又有什么样的不足?

第 3 张 PPT 要说明解决的方法。这个创业项目是想提供一个全新的产品还是想对原有的产品进行一些改进？是从功能还是外观上进行改变？等等。

第 4 张 PPT 是关于这个项目的机会以及目标市场的描述。为什么要做这个项目？这个项目未来有什么样的市场机会？详细的目标市场又是什么？

第 5 张 PPT 是关于技术的介绍。要解决所发现的问题，要利用未来的机会需要什么技术，这个技术目前是什么现状？目前，技术是不是已经拥有了，未来技术的变化又如何？

第 6 张 PPT 是关于竞争的描述。做这个项目的话，目前市场上都有哪些竞争对手？这些竞争对手取胜的关键因素是什么？这个项目和竞争对手相比有哪些优势？整个市场的竞争状况是白热化的吗？是红海还是蓝海？

第 7 张 PPT 是关于市场和销售的。既要对现有的市场状况进描述，也要对未来的市场发展进行预测，还有要对销售计划、营销策划、促销的渠道和方式等进行展开。

第 8 张 PPT 是关于管理团队的。管理团队这部分要重点陈述管理团队的构成、核心，或者关键管理员的教育背景、资质、经历以及他为什么来负责这部分工作。还有，如果在我们的管理团队中有相应的技术顾问、法律顾问或市场顾问的话，则一定要重点突出。

第 9 张 PPT 是关于财务规划。财务规划既包括对资金需求的预测，未来资金的可能的筹集渠道，也包括项目实施之后可能的盈利状况，以及企业在发展一段时间之后的资产负债状况，那可能你会说了，一张 PPT 能放下这么多内容吗？确实说不能，因此在财务规划这块，往往要用 2~3 张，一张对创业资金进行描述，另一张对未来的利润状况进行预测，再一张是对资产负债状况进行预测。

第 10 张 PPT 是关于现状的。现状就是说现在到底是一个什么样的状态，是注册了企业还是没有注册，如果已经注册了，有没有形成收入；如果还没有注册，是否已经提出了申请；等等。

第 11 张 PPT 是关于财务的要求。也就是说写这个创业计划书的目的是什么，是想筹集财务资金还是想筹集股权资金，如果想筹集债权资金，希望的金额是多少，如果想筹集股权资金，能够出让的股权比例是多少；当然，未来分配利润的时候，大家又是一个什么样的分配方式，如果吸引的是天使投资或者风险投资，它又有什么样的退出渠道；等等。

最后一张就是总结，总结一下这个项目到底是一个什么样的性质，要解决什么样的问题，通过什么样的方式解决，在解决的过程中，对于整个团队、对于社会、对于用户会有一什么帮助，能够产生什么价值，总结完成之后要听取大家的问题和意见。

课堂互动 1

以下是 AirBnb 的创业计划书，它具有什么优点？

Welcome 欢迎   1

AirBed&Breakfast

Book rooms with locals, rather than hotels.

除了酒店，你还可以在Aribnb预定房间和早餐

Problem 解决的痛点   2

Price is a important concern for customers booking travel online.

价格：是消费者在线预定房间时最关注的

Hotels leave you disconnected from the city and its culture.

酒店：让你脱离了旅行所在的城市和文化

No easy way exists to book a room with a local or become a host.

最简便地方式：让用户预定房间或者成为房东

Solution 解决的方案   3

A web platform where users can rent out their space to host travelers to:

运用网站平台，让用户可以把多余的房间租给旅客

SAVE MONEY	MAKE MONEY	SHARE CULTURE
when traveling	when hosting	local connection to the city
房客省钱	房东省钱	体验文化

Market Validation 市场的验证   4

Couchsufing.com   Craigslist.com

660,000   **50,000**

total users   temporary housing listings per week in the US. 07/29 - 07/05

Coushsufing.com 有66万用户   Craigslist.com 有5万用户

Market Size 市场规模   5

2 Billion+ — TRIPS BOOKED (WORLDWIDE) — Total Available Market

全球旅行订房市场 20亿美元

560M — BUDGET&ONLINE — Serviceable Available Market

在线订房市场 5.6亿美元

84M — TRIPS W/AB&B — Share of Market

Airbnb的市场规模 8400万美元

Product 产品   6

SEARCH BY CITY → REVIEW LISTINGS → BOOK IT!

搜索城市 → 查看房间列表 → 订房！

Business Model 商业模式   7

We take a 10% commission on each transaction.

我们从每笔交易中收取10%的佣金

$84M → **$25** → **$2.1B**

TRIPS W/AB&B — AVG FEE — REVENUE

Share of Market — $80/night @ 3 nights — Projected by 2011

Airbnb的市场规模 8400万美元 — 平均每晚收费 25美元 — 2011年预计收入 210亿美元

Adoption Strategy 推广方案   8

EVENTS — target events monthly

- Octoberfest (6M)
- Cebit (700,000)
- Summerfest (1M)
- Eurocup (3M+)
- Mardi Gras (800,000)

with listing widget

PARTNERSHIPS — cheap / alternative travel

GoLoco — KAYAK — ORBITZ

通过合作伙伴

CRAIGSLIST — dual posting feature

Craigslist 在Craigslist同步发布房源

事件营销
德国十月啤酒节
德国汉诺威博览会
欧洲杯

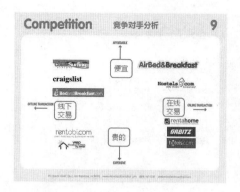

延伸阅读3

风投公司最希望看到的创业计划书

风险投资公司每天从各种渠道收到的商业计划书很多,每天能用来看商业计划书的时间却很有限。因此,我建议第一次给投资人的商业计划书,最好用PPT做。一方面,PPT图文排版更方便、表现更丰富,更容易讲清楚创业项目;另一方面,PPT一般是按页查看,让人更有耐心去了解。内容大概在20张。不要刻意控制页数,重在把每块内容说清楚。

第一部分(2~3页):What——讲清楚你要做什么

用2~3页PPT讲清楚你准备干一件什么事。不要整页PPT都是大段文字,你要做的事应该是一两句话就能说清楚的。最好能配上简单的上下游图或功能示意图,让人对项目一目了然。

这里核心是要突出专注,表明你就想做一件事,而且就想解决这件事中的某一个关键问题。不要追求大而全,也不要产业链太长。

另外,目前商业巨头明显要做的项目、已经有几家在竞争且获得较好融资的项目不要去做。这样的项目已经有太多失败教训。不是说你做不成功,而是投资人不感兴趣。相对成功概率低,投资人不愿意赌。

第二部分(4~6页):Why now——行业背景、市场现状

用4~6页PPT讲清楚行业背景、市场发展趋势、市场空间。要说明你在正确的时间做正确的事,而且市场空间大。

市场大,不代表有需求。要描述在目前的市场背景下,你的项目抓住了用户的痛点。或者你的项目可以为用户带来更高性价比的产品或服务。尽量列出与竞争对手的对比分析,说明当前的商业机会。

第三部分(5~10页):How——如何做,以及现状

用5~10页PPT讲清楚商业模式实现的具体方案,包括产品的研发、生产、市场、销售策略。

这里就是描述这个项目是如何实施的,以及最终达成的效果。建议多研究一下精益创业,产品规划和创业步伐要小步快走,阶段性验证,调整产品思路和商业模式。

第四部分(2~3页):Who——你的团队

用2~3页PPT讲清楚团队的股份和分工。团队要有合理分工,需要介绍团队主要成员的背景和特长。强调个人的能力适合该岗位,团队的组合适合创业项目。

项目是靠人来执行的,不同的团队做出来的效果不同。要让投资人知道你不是一个人在战斗,有没有团队也从侧面说明了你的个人领导力。当然投给个人的钱与投给团队的钱完全不一样。有些创业者认为网上报道的某某名人获得大笔投资,自己的项目更靠谱,更应该获得相应的投资。但他不知道的是,产生高议价的是团队而不是项目,某某名人有一帮团队和相应的资源在背后。

第五部分(1~2页):Why you——优势

用1~2页PPT讲清楚你的项目和团队优势。"事为先、人为重",让投资人相信你要做的事非常有前景,而且你们团队很适合这个项目,即回答好两个问题:"为什么是现在做这个项目""为什么你们能做成功"。

第六部分(2~3页):How much——财务预测与融资计划

用2~3页PPT讲清楚前三年的财务情况,以及后三年的财务预测。早期项目的盈利不重要,投资人主要对高增长性感兴趣。表明你的融资计划,需要多少资金,准备稀释多少股份。

资金需求一般做一年规划,这一年项目要达成什么目标,达成这个目标需要多少钱。稀释的股份要少于30%,稀释太多,你就是打工的了;稀释太少,投资人可能不太感兴趣。建议了解一下我们以前写的精益融资,设定阶段目标、小步快走。

很多投资人会从商业计划书的准备情况来判断创业者的综合素质。因此,商业计划书是创业者给投资人的第一印象!

课堂互动 2

1)训练目的

(1)通过15分钟游戏演讲训练,以团队形式针对形成的创业项目提炼演讲词,然后指定一个人完成最终的创业计划书演讲稿。演讲训练可以提高学生的口头表达能力、总结归纳能力、语言组织能力。

(2)流畅、准确的语言表达,是每一位成功者必备的基本功。

2)训练题目

(1)简单、清楚地简述要创业的项目,时间不得超过5分钟。

(2)要求把创业项目中最关键的部分表达出来,并且打动投资商。

游戏规则:

整个游戏分为两个阶段,即构思和定稿,为了方便构思,将下列标题按顺序写在挂图板上。

①目标客户是谁?

②客户需求是什么?

③产品名称是什么?

④市场类别是什么?

⑤关键收益是什么?

⑥竞争对手(产品)是谁(什么)?

⑦产品有哪些与众不同之处?

这些为电梯演讲词的构成要素,将它们按照下面的句型结构顺序排列。对于(目标客户),谁拥有(客户需求),(产品名称)是一种(市场类别),它拥有(关键收益)。不像(竞争对手),该产品拥有(独特优势)。

在准备游戏之前,先向大家解释这些要素及它们之间的相互关系。

接下来,团队讨论演讲词及定稿是团队最难确定的地方。我们是否充分了解竞争对手,进而展示我们具有独特的优势? 我们是否就目标客户达成共识? 我们的市场类别是否确定,还是试图定义新的东西? 我们需要将重点放在哪里?

定稿阶段:遵循讨论的结果,根据参与者人数,将大家分成几个小组,每个小组根据创业构思,完成电梯演讲稿的撰写。

角色扮演是测试电梯演讲最快的方式,参与者可扮演成目标客户,倾听演讲并加以评论,或向演讲者提出不同的问题。

3)训练方法

(1)每4位同学分成一个小组。

(2)商定小组要创业的项目,并且拟定好演讲稿。

(3)选出大家认为本组表达能力最好的同学代表本组上台演讲。

(4)其余组给演讲组打分(五分制)。

(5)所有组打分的平均分为该组成员得分。

能力训练

设计与撰写创业计划书

1）训练内容

（1）组建创业公司的训练团队。

按学生意愿，将学生分为 10 组，每组 5~7 人，并推荐一个负责人，分配相应角色。

（2）撰写创业计划书。

①对市场商业机会进行研究，并分析市场竞争形势。

②制订出合理的创业计划书。

创业计划书的内容主要包括摘要、公司简介、市场分析、竞争分析、产品服务、市场营销、财务计划、风险分析、内部管理等方面。

（3）实验报告。

以小组为单位，提交 Word 文档和 PPT 两种形式的创业计划书，要求在课下完成，并于课上展示。

2）训练要求

要求学生组建创业公司的训练团队，对市场商业机会进行研究，并分析市场竞争形势和创业风险，制订销售计划、财务计划和资金筹措计划，撰写公司名称，制定公司章程，并编写一份完整的创业计划书。

案例分析

骑行者创业项目创业计划书的执行摘要

1）企业背景

骑行者是一家专注高端运动自行车装备、配件的研发与销售和服务的新创企业。企业主营业务包括国际知名品牌整车及配件的国内代理业务、自有品牌产品的研发与销售、运动自行车休闲服务三大类，2017 年全年实现销售额 1 597 万元。企业已成功与 2 784 家捷安特车店、432 家自行车工作室、65 家高端综合自行车店、1 500 家健身房（其中，15 家门店以上的连锁健身房有 30 家，50 家门店以上的连锁健身房有 2 家，200 家门店以上的连锁健身房有 1 家）建立了稳定的合作关系。目前，企业已直接带动 20 多人就业，间接带动 1 000 多人就业，为 100 多人提供实习机会。

2）企业规划

企业规划未来 3~5 年内，在做好现有国际品牌代理的基础上继续拓展新的国际高端品牌代理合作，做大做强自有品牌 RICHY，使品牌产品成为国内运动自行车零配件首选；深耕骑行休闲服务，成为关联产品推广、高端骑行旅游活动的首选。

3）市场分析

国内自行车运动，尤其是群众性自行车运动迎来了更好的发展机遇。截至 2016 年，中国运动自行车的爱好者有 600 万人左右，占全国总人口的 0.4%，人均自行车整车消费 1 500元，人均零配件消费 1 200 元，平均每年换一次车。据此测算，运动自行车的年产值在 162 亿元左右,占自行车总销售额的 6%,而欧美国家的这个比例非常高,运动自行车占整个自行车消费产业的 50% 以上,英国甚至达到了 62%。根据欧美的经验,当中国人均 GDP 为 5 000~10 000 美元时,运动自行车占整个自行车消费产业的比例会大幅提升。预计 2025 年国内自行车运动人口最高可以达到全国总人口的 6%,市场规模可达 4 200 亿元左右。

4)行业竞争分析

自行车运动和国内骑行俱乐部的蓬勃发展,带动了企业相关业务的发展。自行车行业的分类呈金字塔形,以出行为目的的自行车位于金字塔最底端,而高端运动自行车位于金字塔最顶端。共享单车模式的崛起,让自行车金字塔的基数迅速扩大,同时扩大了高端运动自行车的潜在客户。自行车行业技术含量低,资本要求不高,且目前无太多强有力的在位者,因此会有很多潜在进入者,使竞争进入白热化。

5)组织与人事分析

根据业务特点,企业将财务、部分人力资源工作等进行外包。为更有效地开展工作,企业采用了扁平型矩阵组织结构,在分工明确的基础上保持了充分的适应性和灵活性。

6)财务分析

企业计划总投资约 259.4 万元,其中非流动资金投资 23.1 万元,流动资金投资 236.3 万元。拟筹集股权资金 259.4 万元,其中创业团队出资 159.4 万元,创业团队技术入股 50 万元,拟筹集风险投资资金 50 万元。融资后创业团队占股权 75%,风险投资公司占股权 20%,预留 5% 用于经营团队股权激励。项目静态投资回收期为 12.1 个月,项目 3 年后投资利润率可达 331%,3 年的净现值即可达到 3 974.4 万元,从各项财务评价指标来看均可接受。

7)风险分析

在经营的过程中,面临的主要风险包括供应链风险、竞争风险、市场风险、技术风险、资金风险和管理风险。面对这些风险,团队拟从争取多品牌代理和经销权、规范公司管理等方面加以预防。

思考:

1.阅读案例,思考创业计划书的执行摘要的主要作用有哪些?

2.此案例中,创业项目的计划给了你什么启发?

本章小结

创业计划书是创业者就某一产品或服务,向潜在投资者、风险投资公司、合作伙伴及其他相关人员进行阐述,以获取风险投资或取得合作支持的可行性报告。创业计划书是创业过程中必不可少的书面成果,创业计划书的好坏直接关系到创业项目的成败;创业计划书撰写遵循 6C 规范,即概念、顾客、竞争者、能力、资本和持续经营。创业计划书内容包括封面、目录、执行概要、企业简介、产品和服务、市场分析、营销计划、生产运营、组织与管理、财务分析、风险管理等内容;创业计划书展示包括展示内容的法则及技巧。

参考文献

[1] CASADESUS-MASANELL R, RICART J E. 22 Competing through business models1［M］. Cheltenham, UK：Edward Elgar Publishing, 2012.

[2] CAVALCANTE S A. A Process-Based View of Business Model Dynamics：An exploratory study［M］. Handelshøjskolen, Aarhus Universitet, 2011.

[3] JOHNSON M W, CHRISTENSEN C M, KAGERMANN H. Business model［M］. Astute Competition, Emerald Group Publishing Limited, 2006.

[4] Kirzner I M. The alert and creative entrepreneur：A clarification［J］. Small Business Economics, 2009, 32：145-152.

[5] LI S T, ZHANG Y. Analysis on Brand Marketing Strategy of Perfect Diary［J］. E-Commerce Letters, 2019, 8(3)：107-112.

[6] OSTERWALDER A, PIGNEUR Y, CLARK T. Business model generation：A handbook for visionaries, game changers, and challengers［M］. Hoboken, NJ：Wiley, 2010.

[7] TEECE D J. Business models, business strategy and innovation［J］. Long Range Planning, 2010, 43(2/3)：172-194.

[8] VERSTRAETE T, JOUISON-LAFFITTE E. A business model for entrepreneurship［M］. Cheltenham：Edward Elgar Publishing, 2011.

[9] ZOTT C, AMIT R. Business model design：An activity system perspective［J］. Long range planning, 2010, 43(2-3)：216-226.

[10] 八八众筹.族群与成瘾,隐藏在互联网光环下的赚钱本质［J］.中国机电工业,2015(8)：90-94.

[11] 陈睿绮,李华晶.创业生态系统绿色化与数字化协同演进研究:基于功能性状的案例分析［J］.创新科技,2021,21(1):20-32.

[12] 陈婷.基于纵向一体化战略转型的商业模式研究［D］.北京:北京交通大学,2011.

[13] 陈忠卫.创业团队企业家精神的动态性研究［M］.北京:人民出版社,2007.

[14] 程愚,孙建国.商业模式的理论模型:要素及其关系［J］.中国工业经济,2013(1):141-153.

[15] 褚俊洁,鲍壹方. 虚拟商业化方法在设计教育中的研究与实践[J]. 工业设计研究, 2017(1):27-33.

[16] 崔楠,唐宇池. 大学生创业环境优化策略探析[J]. 沈阳师范大学学报(教育科学版), 2022,1(4):65-72.

[17] 董青春,曾晓敏. 创业行动手册[M]. 北京:清华大学出版社,2018.

[18] 多湖辉. 创造性思维[M]. 北京:中国青年出版社,2002.

[19] 冯青. 论民间非盈利组织会计信息披露质量问题[J]. 商业2.0(经济管理),2021 (14):371-372.

[20] 范晓莹,刘九龙. 大学生创新创业[M]. 北京:清华大学出版社,2022.

[21] 方晓波. 专业孵化器商业模式创新探析[J]. 科技创新导报,2019,16(11):250- 251,253.

[22] 胡铨. 管理核变来自于互动:管理培训互动游戏100例[M]. 北京:中国标准出版 社,2002.

[23] 胡保亮,疏婷婷,田茂利. 企业社会责任、资源重构与商业模式创新[J]. 管理评论, 2019,31(7):294-304.

[24] 黄志云. 简述大学生创业机会与创业风险[J]. 南昌教育学院学报,2016,31(6):60-62.

[25] 李岱松,王瑞丹,马欣. 我国孵化器产业发展的特征、问题和发展思路[J]. 北京交通大 学学报(社会科学版),2005,4(1):33-38.

[26] 李东,王翔,张晓玲,等. 基于规则的商业模式研究:功能、结构与构建方法[J]. 中国工 业经济,2010(9):101-111.

[27] 李昊. 应用型本科院校大学生创新创业教育研究:以沧州师范学院为例[J]. 才智,2017 (25):82.

[28] 李雯. 基于就业视角的大学生创业教育研究[D]. 徐州:徐州师范大学,2011.

[29] 梁思敏,陈彩虹,梁睿晴,等. 企业主导型孵化器运营模式研究[J]. 合作经济与科技, 2019(12):31-33.

[30] 刘璇,孙明松,朱启荣. RCEP关税减让对各成员国的经济影响分析[J]. 南方经济,2021 (7):34-54.

[31] 吕洪雁. 商业模式创新、内部资源配置与乐视危机[J]. 会计之友,2018(17):111-113.

[32] 罗兆. 家润多百货服务营销策略研究[D]. 西安:西安理工大学,2010.

[33] 马敏. 外资寿险公司在华本土化营销策略研究[D]. 济南:山东大学,2010.

[34] 宁萍,何波,何涛. 新版QMS标准基于风险思维的剖析[J]. 科学咨询(科技·管理), 2016(10):19-20.

[35] 茹志业. 基于项目管理的营销管控信息化系统研究[D]. 南京:南京邮电大学,2019.

[36] 人力资源和社会保障部职业能力建设司,中国就业培训技术指导中心. 创办你的企业: 创业计划培训册[M]. 2版. 北京:中国劳动社会保障出版社,2017.

[37] 孙姣姣. 互联网环境下完美日记营销策略及其优化研究[D]. 北京:北京交通大

学,2021.

［38］唐莉,胡京波,李江生.亲子幼教网创业生态系统动态演化的案例研究:机会识别与利用适配视角［J］.北京理工大学学报(社会科学版),2019,21(3):86-93.

［39］唐琳,许荣福,侯振华,等.创新创业能力培养视域下大学生信息素养研究［J］.高教学刊,2023,9(17):51-54.

［40］唐琳,梁丽华,侯振华.创新创业教育视域下高校图书馆服务体系研究［J］.高教学刊,2023,9(24):66-69.

［41］王锋.大学生创业风险与防范策略探析［J］.吉首大学学报(社会科学版),2011,32(6):141-144.

［42］王磊.俞敏洪:破解组建核心创业团队之道［J］.国际人才交流,2011(10):31-33.

［43］王馨怡.社区团购电商平台运营模式分析:以美团优选为例［J］.对外经贸,2022(8):33-36.

［44］魏晓文.双创示范基地如何发挥带动作用?:具体行动看这里［J］.科技创新与品牌,2020(10):23-25.

［45］魏炜,朱武祥,林桂平.基于利益相关者交易结构的商业模式理论［J］.管理世界,2012,28(12):7.

［46］威桥.泡泡玛特的盛世与泡沫［J］.销售与市场,2021(2):32-34.

［47］闻斋.马化腾那些趣事［J］.企业文化,2010(9):40-41.

［48］吴小春,宣燊斐.国内外孵化器运营模式比较研究［J］.创新与创业教育,2018,9(5):39-43.

［49］吴亚平.高校众创空间建设对于创新创业教育作用的研究:以扬州市职业大学科技产业综合体为例［J］.内江科技,2021,42(2):120-121.

［50］徐爱农,曹中.我国企业价值评估中的相关问题研究［J］.商业研究,2009(10):94-97.

［51］闫长坡.数字经济驱动企业全方位管理创新［J］.市场观察,2019(12):10-12.

［52］杨雪梅,王文亮.大学生创新创业教程［M］.2版.北京:清华大学出版社,2021.

［53］杨斌,朱平,王雪,等.我国科技企业孵化器理论研究综述［J］.企业科技与发展,2020,(2):7-10,13.

［54］叶阳,王月.互联网环境下的美妆品牌营销策略:以完美日记为例［J］.质量与市场,2020(19):70-72.

［55］应志坚.论强化大学生创业教育“三个意识”的培养［J］.常州信息职业技术学院学报,2019,18(2):78-80.

［56］余江,孟庆时,张越,等.数字创业:数字化时代创业理论和实践的新趋势［J］.科学学研究,2018,36(10):1801-1808.

［57］余云珠.麦肯锡:企业创新四大类型［J］.企业管理,2018(8):57-59.

［58］张赫挺,李申伟.商业模式研究现状及其发展综述［J］.经济研究导刊,2014(5):7-8.

［59］张玉利,陈寒松,李乾文.创业管理与传统管理的差异与融合［J］.外国经济与管理,

2004(5):2-7.

[60] 张玉利，薛红志，陈寒松，等.创业管理[M].4版.北京:机械工业出版社,2016.

[61] 张一驰,翟耀.知乎十年:最大中文问答社区的商业化探索[J].中国经济评论,2021
    (9):76-80.

[62] 章国平,李德平.大学生的创业问题探析[J].东华理工大学学报(社会科学版),2010,
    29(3):257-260.

[63] 郑志刚,邹宇,崔丽.合伙人制度与创业团队控制权安排模式选择:基于阿里巴巴的案
    例研究[J].中国工业经济,2016(10):126-143.

[64] 庄真.公益创投参与社区养老的可行性分析[J].现代营销(经营版),2019(6):58-60.

[65] 周艳春.关于创业与创新关系的研究综述[J].生产力研究,2009(22):255-256.

[66] 周昌发.科技金融发展的保障机制[J].中国软科学,2011(3):72-81.